风云中国史

争强斗胜的
大明王朝

史海渔夫 ◎ 著

大明

中国铁道出版社有限公司
CHINA RAILWAY PUBLISHING HOUSE CO., LTD.

图书在版编目（CIP）数据

风云中国史 . 争强斗胜的大明王朝 / 史海渔夫著 . —北京：
中国铁道出版社有限公司，2024.8
ISBN 978-7-113-31217-6

Ⅰ.①风… Ⅱ.①史… Ⅲ.①中国历史 - 明代 - 通俗读物
Ⅳ.① K209

中国国家版本馆 CIP 数据核字 (2024) 第 088422 号

书　　名：**风云中国史：争强斗胜的大明王朝**
　　　　　FENGYUN ZHONGGUOSHI：ZHENGQIANG DOUSHENG DE DA MING
　　　　　WANGCHAO
作　　者：史海渔夫

责任编辑：荆然子　马慧君　　　　电　　话：（010）51873005
装帧设计：尚明龙
责任校对：刘　畅
责任印制：赵星辰

出版发行：中国铁道出版社有限公司（100054，北京市西城区右安门西街 8 号）
网　　址：http://www.tdpress.com
印　　刷：河北燕山印务有限公司
版　　次：2024 年 8 月第 1 版　2024 年 8 月第 1 次印刷
开　　本：710 mm×1 000 mm 1/16　印张：13.5　字数：188 千
书　　号：ISBN 978-7-113-31217-6
定　　价：88.00 元

明朝建立于 1368 年，灭亡于 1644 年，是中国历史上继元朝之后又一个大一统的政权。它历经十二世、十六位皇帝，走过了二百七十六年的光景。

有人说明朝是中国历史上最恐怖的朝代，有人说明朝是中国历史上最有骨气的朝代，有人说明朝是中国历史上最活跃的朝代，还有人说明朝是中国历史上最荒唐的朝代……数百年来，不同的人，站在不同的角度，有着相异甚至相反的看法。

但无论怎样，明朝无疑是一个具有鲜明特色的朝代。它是中国历史上为数不多的由社会底层人士建立的王朝之一，由一个乞丐白手开创了它的历史，为我们生动地演绎了一幕"叫花子也能做天子"的真实版励志故事。然而在一片内忧外患中，它最终又走向穷途末路，成为中国历史上最后一个由汉民族建立并统治全中国的封建王朝。

王朝虽逝，历史的印记却还清晰地刻在那里。

在这个中国封建社会后期的王朝中，既有英明盖世的帝王，也有不务正业的昏君，既有"舍得一身剐，敢把皇帝拉下马"的士大夫，也有一手遮天、扰乱朝纲的嫔妃和权宦，还有人微言轻却悄然间改变了历史走向的小人物……君与臣的博弈，忠与奸的对峙，内与外的相争，莫不在这个龙争虎斗的时代演绎得淋漓尽致。

本书以历史资料为基础，将人物和具体时间作为主线，用宏大浩荡的气魄、充满激情的笔墨，描绘了一幅幅波澜壮阔的历史画卷，为读者

全景展示了一大批个性鲜明、呼之欲出的帝王嫔妃、王公权贵和小人物的命运，让读者在轻松的氛围中充分领略大明王朝的风采和沧桑巨变。

本书通俗易懂，雅俗共赏。既没有正史的艰深枯燥，又不似野史般的信口开河，而是以清新幽默的文笔叙述严肃的历史故事，全面详细地剖析历史事件，解读历史人物，研读历史智慧，力图给读者还原一个直观而又贴近生活的明朝历史。

衷心感谢您对本书的关注，希望本书能带给您不一样的感受。

目 录

第一章　赤贫中起家的"和尚皇帝"

一个穷酸的放牛娃

人们常说，苦难就像一块磨刀石，可以把人打磨得锋利无比。这句话在朱元璋身上得到了最好的体现……

朱元璋（1328—1398），出生于安徽濠州（今安徽凤阳）一个贫苦农民家里。他的祖籍是江苏沛县，祖上数代都是老实巴交的庄稼人，后来世道不好，家境日益败落。到朱元璋的父亲这一代，其一家人不得不流落到濠州，在这里才生下了朱元璋。父亲给其起名朱重八。

"重八"就是"八八"，也就是说，朱元璋又叫"朱八八"。为什么其父会给朱元璋起如此奇怪的一个名字呢？

实际上，朱家几代人的名字，都跟数字有关。

朱重八高祖名字：朱百六；

朱重八曾祖名字：朱四九；

朱重八祖父名字：朱初一；

朱重八父亲名字：朱五四。

朱家人之所以取这样的名字，并非因为朱家世世代代是搞数学研究的，或者对数字有特别的嗜好，而是因为在元朝时实行了"数字化管理"。

据清朝人俞樾的《春在堂随笔》第五卷记载："元制，庶人无职者不许取名，而以行第及父母年龄合计为名。"意思是说元朝禁止普通老

百姓取正式名字，只让他们按排行或者父母的年龄编个号。也就是说，在元朝，地位低下的汉人尤其是南方的汉人，如果不能走上仕途就没有名字，只能以父母年龄相加或者家族排行命名。

当然，也有人不认同这种说法，这里姑且不讨论。总之，这从侧面反映了朱家当时社会地位的低下。

不单名字怪，朱元璋的相貌也怪。

关于朱元璋的相貌，历来传说众多。不过综合众多资料，他的长相应当不敢恭维，《明史》只是说"姿貌雄杰，奇骨贯顶"。到底什么是"姿貌雄杰，奇骨贯顶"，那就凭个人自己去理解了。反正做了皇帝，自然会有人主动想办法去为他遮掩粉饰。

据说，因为他的长相让画师很为难，因此，为了给他画像，还出了好几条人命，甚至有几位画师因为揣摩不到"圣意"而丢了脑袋。其实，画像是一件小事，但它反映出的问题却很严重，一个连自己的相貌都忌讳的人，怎么会虚心听从别人的意见和批评？后来做了皇帝的朱元璋，似乎确实丢弃了贫穷时的某些美德。

其实，根据民间传说，朱元璋不同于常人的地方还远远不止这些。

传说在他还没出生时，有一天，他的母亲陈氏在麦场坐着休息，突然从西北方向来了一个道士。这道士面如冠玉，留着长胡子，头戴簪冠，身穿红服，手里拿着象简（即象笏，象牙制的手板）。他来到麦场也不说话，只用象简在手中拨弄白丸。

陈氏很好奇，就问道士："这是什么东西？"

道人抬起头来，神秘地一笑说："这是大丹，你若要，我给你一粒。"

陈氏鬼使神差地伸出手接过大丹，只见它晶莹圆润，很好吃的样子，就情不自禁地把它吞了下去。说也奇怪，她刚一吞下大丹，那个道士就忽然一下消失不见了。

十个月后，陈氏生了一个男孩，当然就是朱元璋。

还有一种传说也很有趣，说朱元璋出生的时候，自东南飘来一股白气，贯穿房屋，奇特的香味弥漫在整个屋子里，一整夜都没有散去。于是，邻居们议论纷纷，说朱家肯定要出贵人。

据一本叫《龙兴慈记》的书上记载，朱元璋诞生时，屋上红光冲天，於皇寺（又名皇觉寺、于觉寺等）的僧人远远地望见了，都以为发生了火灾。第二日一打听才知道，原来是有一个孩子出生了。朱元璋出生不久，母亲抱着他来到河中洗澡。这时候，水中忽然漂来一方红罗，母亲顺手捞起这方红罗，回家便做了婴儿的襁褓。后来，那漂来红罗的地方就被叫作"红罗幛"。

传说虽然美好，也透露出朱元璋生来就很是不凡的味道，但传说毕竟只是传说，事实上，朱元璋出生时，家里已经穷得揭不开锅了。可以想象，一个孩子的出生，就意味着多一张嘴吃饭，应该不会给这个原本就很贫困的家庭带来太多喜悦。

而这些灵异的传说，多半也是朱元璋当了皇帝之后，让人编造出来的，用意当然是为了告诉天下人，什么叫"君权神授"。

为了让人彻底信服"君权神授"之类的道理，类似的传说还有很多……

朱元璋跟其他穷苦孩子一样，很小就靠替地主家放牛过活。有一天，他嘴实在太馋，就把东家的牛犊给杀了，然后大伙儿一起把小牛煮熟吃掉。吃完之后，伙伴们都为朱元璋担心，东家知道后肯定不会放过他。朱元璋却不慌不忙，他把吃剩的牛尾巴插进地里，哄骗东家说："地开裂了，小牛陷进去了！"

东家当然不肯相信，怒气冲冲地拽住牛尾巴。不料，牛尾巴真的往地里钻去。东家大吃一惊，只好相信了朱元璋的话，没让他赔偿牛犊。

还有一个传说是，小时候朱元璋在地主家看牛放羊，他最会出主意闹着玩，别的同年纪的甚至大几岁的孩子都习惯地听他指挥。最常玩的一个游戏是做皇帝。虽然光着脚，一身蓝布短衣裤全是窟窿补丁，朱元璋却会把棕树叶子撕成丝丝，扎在嘴上做胡须，找一块车辐板顶在头上当平天冠，弄一条黄布包袱披在身上，往土堆上一坐，自己做起皇帝来了。拣一些破木板，让孩子们毕恭毕敬地双手拿着，当作朝笏，一行行，

一排排，整整齐齐地三跪九叩头，同声高喊"万岁"。

这些传说虽然荒诞，也有其目的，但从中不难看出，朱元璋小时候的确比一般孩子聪明、顽皮。也许正是这种不安分的性格，使他以后的人生才如此多姿多彩。

不管怎么说，父母对朱元璋寄托了很大的希望。这种希望其实也很简单，那就是，这个社会虽然不"和谐"，但如果他将来能够过上吃得饱、穿得暖的"小康"生活，他们也就心满意足了。

而朱元璋本人，当初也不是什么胸怀大志的人。如果不是发生了一系列变故，也许他会在那个穷乡僻壤平平淡淡地度过一辈子。

可是，所谓时势弄人。元朝末年，政治腐败，民不聊生，而且天灾更是一场接一场，不是旱就是涝。再加上当时的元朝统治者不把汉族人当人看，老百姓的日子简直苦不堪言。年幼的朱重八就是在这种缺衣少穿、忍饥挨饿中度过了自己的童年。

元至正四年（1344年），朱元璋已年满十七岁。这一年，淮西蝗旱突起，瘟疫横行，朱元璋残破的家庭也随之毁灭。先是父亲生生被饿死，接着大哥又死了，再后来，母亲也撒手而去。史书记载，由于家里穷，入殓的时候："殡无棺椁，被体恶裳，浮掩之尺，奠何肴浆。"就是说，家里没有棺木盛殓亲人，只用破烂的衣被裹了尸体，用黄土掩埋了，也没有任何东西可用来祭奠。

这也是当时所有穷苦百姓的真实写照吧。

在接踵而至的灾难面前，朱重八彻底绝望了，他也曾经不止一次地祈求上天，只希望自己能和父母一起生活下去，有口饭吃，哪怕只有一碗清汤寡水的稀饭也行，但结果却令他失望，于是他那颗幼小的心灵开始变得冰冷，对这个世界充满了仇恨。

在埋葬了父母和大哥以后，朱元璋又不得不和二哥分别。因为二哥年纪比较大，要离家到别的地方去谋生。如今，空荡荡的一个"家"里，只剩下朱元璋孤苦伶仃一个人，几乎活不下去了。这时候，好心的邻居汪妈妈看朱元璋很可怜，就出主意说，让他去当和尚，图个温饱。

对于朱元璋来说，当和尚也是个走投无路的选择，但这年头，当和尚也未必能吃得饱，那些寺庙真能收留自己吗？他心里有些不安。汪妈妈自有办法，她给附近於皇寺的住持送了点礼，劝他们收下了朱元璋。

连做个和尚都要贿赂送"红包"，可见当时的社会已腐败到了何种程度，但无论如何，朱元璋终归进入寺庙当起了小和尚。

抓住机遇脱颖而出

所谓"机不可失，时不再来。"机遇对人生的重要性是不言而喻的。当机遇来到面前时，朱元璋勇敢而果断地抓住了它⋯⋯

在於皇寺里待了不到两月，由于寺里僧多粥少，朱元璋被打发到外面去云游化缘，美其名曰"游方僧"，其实就是"叫花子（乞丐的俗称）"。

在其后的三年中，朱元璋走遍了淮西、豫南的都邑村落，对当地的山川地理形势和风土人情了如指掌。千村万社，哀鸿遍野，百姓流离失所，怨声载道，这一切也给朱元璋留下了深刻的印象。

这三年里，他拓宽了视野，增加了人生经验，磨砺了在逆境中生存的本领。朱元璋毕竟怀念家乡，于是又回到了於皇寺。回来后，他开始发奋读书，伴随青灯黄卷，早功晚课，读书念佛。

在这期间，朱元璋除了读佛经外，也广泛接触各类书籍。游历和读书，为他后来争霸天下奠定了良好的基础。

长期的困难生活最能磨炼一个人的意志，有很多人在遇到困难时怨天尤人，得过且过，而另外一些人虽然也会在困难面前低头，但他们的心从未屈服，朱元璋毫无疑问属于后一种人。如果说，在出去要饭之前，他还是个什么都不懂的小和尚，但在经过三年的漂泊回到於皇寺后，他已经是一个有信心战胜一切的战士了。

这是一个伟大的转变，对很多人来说，可能一辈子都难以完成。转

变关键在人心，只有心的强大，才是真正的强大。这时的朱元璋在等待一个机会，一个能使他一飞冲天的机会。谁也不会想到，就在不久以后，命运之神开始向他微笑。

我们都知道有一句话叫：哪里有压迫，哪里就有反抗。元朝末年，政治腐败，再加上天灾频繁，走投无路的贫苦农民要活命，要改变现状，就不得不拼死杀出一条生路。豪杰振臂一呼，应者四方云集。元顺帝至正十一年（1351 年）五月，韩山童、刘福通在颍州揭竿而起，士兵们头裹红巾，号称"红巾军"。

几个月之间，各地纷纷响应，起义大军形成了燎原之势。

於皇寺此时已不是安全之地，和尚们也可能随时被当成"乱民"抓走，朱元璋面临人生的一个重大选择。就在他徘徊无计的时候，他接到了一封邀请信，原来是小时候一同放过牛的伙伴汤和写来的。

这时的汤和已今非昔比，他投了红巾军，并且在濠州郭子兴麾下做了个千户。朱元璋小时候就是孩子们的首领，汤和深知朱元璋的能力，于是劝朱元璋"速从军，共成大业"。

朱元璋不想在小庙里坐以待毙，可是又不想做"贼"，举棋不定。官府听说於皇寺住持与"反贼"汤和串通，便派人来抓，朱元璋闻讯，赶紧脱下僧衣，直奔濠州，成为郭子兴所部的一名士卒。这年朱元璋二十五岁。这一行动，使他加入了历史的大潮之中，开始了人生的角逐。

郭子兴（？—1355），濠州定远（今安徽定远）人。其父是一位走方郎中兼算命先生。郭郎中年纪轻轻就出来闯荡江湖，一直在定远一带转悠。定远县里有一位土老财，家有万贯家财，可惜没有儿子继承家业，只有一个老闺女又瞎又胖，一直没有出嫁。

也是郭郎中走运，歪打正着娶了这瞎而胖的女人为妻，成了土财主家的上门女婿。于是，江湖郎中摇身一变成了有钱人，那叫一个阔气。腰中有了钱不算，瞎老婆还为他生下三个儿子，其中老二就是日后的郭子兴。

郭子兴长大后，任侠好施，喜宴宾客，俨然一个地方土豪。不久天下大乱，风云际会之下，郭子兴也聚数千青年人，一举攻克濠州，一时间声名大振。郭子兴也将自己封为"元帅"。

再说朱元璋来到濠州城下，守卫上上下下打量着他，见他长得粗头大脸，人不像人鬼不像鬼，还口口声声要见元帅，心里很有些蔑视他。于是就像影视剧中的某些官府门前的"看门狗"一样，很快就给他定了个罪名"间谍"。不但将他五花大绑，还要杀掉他。

吵嚷之间，郭子兴听说了此事，跑过来一看，见到了朱元璋。郭子兴觉得他相貌奇特，气宇不凡，就把他收了下来。由于朱元璋一出场就表现不俗，所以郭子兴对他非常器重，没有将他编入汤和的部队，而是放在身边，当自己的警卫员。

从这一天起，朱元璋的军旅生涯就正式开始了。

朱元璋是一个很优秀的小兵，不但作战勇敢，而且很有计谋，处事冷静。同时，他还很讲义气，有危险的时候第一个上，这一切都让他有了崇高的威望。加上他的同乡汤和帮忙，他在当兵两个月后，就被提拔为十夫长（当时一种最低的军职），这是他的第一个官职。此后有什么重要的军事行动，郭子兴总是派朱元璋领兵出战。

朱元璋运气不错，往往旗开得胜。更难得的是，他从来不贪图财物，每次得到战利品都会献给郭子兴。于是，郭子兴对他更加看重，把他当成自己的心腹与智囊。

随着战功越来越大，朱元璋在军中的地位也逐渐重要起来。

朱元璋投军的目的原是为了活命，但当他驰骋在沙场上时，发现自己并不是弱者，不仅可以统领千军万马，还可以掌握自己乃至许多人的命运。

就这样，凭着一股子精明强干的劲头，朱元璋每战必胜，逐渐得到郭子兴的喜爱。为了进一步笼络这位爱将，郭子兴给他取了个正式的名字叫朱元璋。从此，朱元璋这个响当当的名字正式登上了历史的舞台。

开辟出一片自己的天地

成功从来不会从天而降，更不会一蹴而就，朱元璋也不例外。他是凭着自己的真本事打出了属于自己的一片天地……

就在朱元璋依附郭子兴，并颇受重用的时候，郭军内部发生了互相倾轧事件。

原来，当年与郭子兴一起起兵的，还有孙德崖、赵均用、彭大、彭早住（彭大之子）四人。占领濠州之后，除郭子兴外，其他四位领头大哥都自封"元帅"，谁都不服谁。郭子兴好歹也是有钱人，而另外四位都是小混混出身，粗鲁野蛮，跟土匪一样，郭子兴很看不起他们。于是四人心里很不爽，一心想合谋干掉郭子兴。

一天，郭子兴一个人在街上散步，孙德崖、赵均用派人将他绑架，投入孙家的地窖中，企图以此挟制郭子兴的部众。郭的部下投鼠忌器，都不敢动，就连郭的两个儿子也躲了起来。

朱元璋这个时候正在淮北前线作战，听到这个消息，连忙赶回来。他认识到这是关系他成败的一件大事，处理不好，将后患无穷。当时他手下的亲信劝阻他说："现在郭元帅已经被绑，接下来他们定是捉拿你，你回去不是自投罗网吗？"

朱元璋比他们看得要远，他说："郭元帅对我有大恩，现在他有难了，我不去救援，还算得上大丈夫吗？"朱元璋知道，这是一次危机，但也是他出头的机会。他不敢怠慢，回去后，马上来到郭家，却只见到了家中的妇女，没有见到郭子兴的儿子郭天叙和郭天爵。朱元璋向她们询问二人去处，都不敢相告。

朱元璋说："我可不是外人啊，如果我没安好心，就不会冒险回来了。我回来，就是要救郭元帅啊！"众人这才告诉实情，把郭氏兄弟请了出来。

朱元璋对二人说："郭元帅向来尊敬彭大，轻视赵均用。这件事表面上看是孙德崖做的，实际上赵均用才是主谋。要救元帅，只有向彭大求援。"大家觉得有理，就让朱元璋带着郭氏兄弟立即行动。

朱元璋知道事不宜迟，当天夜里就来到彭大的家中，向他陈说事实，分析利害得失，请他出兵帮助。彭大原本就赏识年轻有为的朱元璋，认为他是难得之才，此时听他说得在理，当即拍着胸脯说道："没事，你甭怕，有我彭某在此，看他们谁敢胡来！"便答应和朱元璋一同去救郭子兴。

当夜，朱元璋和彭大所部逾墙而进，及时找到了囚禁郭子兴的地窖，将他救了出来。由于朱元璋的机智勇敢，巧妙地化解了濠州义军内部的自相残杀，在大敌当前之际，保住了实力。朱元璋自己也通过处理这次危机，更得到郭子兴的信任，树立了极高的威信，跻身于义军领袖的行列。这时，朱元璋来濠州才仅仅几个月的时间。

不久，元朝的中书右丞相脱脱任命中书左丞贾鲁率领大军进攻濠州。朱元璋领兵浴血奋战，攻取了怀远、安丰。濠州被合围之后，他又带兵突出重围，攻克了含山县、灵璧县和虹县。随后，贾鲁在军中暴亡，元军撤围。

濠州虽转危为安，但人员伤亡惨重，粮草告急，急需补充。朱元璋发现彭大、赵均用等人依然存在矛盾，无法化解。濠州城内的将领们也各怀私志，争权夺利。更让他担心的是，义军将领都胸无大志，企图死守濠州这块弹丸之地，而不愿去开拓新局面，做大做强。

朱元璋认为应该拓展自己的空间，发展自己的势力，以免寄人篱下难以施展拳脚。他决心依靠自己的努力，闯出一片新的天地。于是在至正十三年（1353 年）六月，朱元璋征得郭子兴的同意，回到自己的家乡招兵买马。由于朱元璋已经初步树立了威望，很多人慕名来投。他童年时期的伙伴们大多来到他的身边，其中最著名的就是后来的大明开国第一名将徐达。

朱元璋用了十天的时间募集到七百多人，圆满地完成了任务。然后就带领着这批军队回到了军营。郭子兴大喜，提拔朱元璋为镇抚，把这七百多人交给他统领。这样，朱元璋终于算是有了自己的一支军队，可

以独当一面了，但朱元璋知道困守濠州只能是死路一条，于是他借着这个机会，大力发展自己。他巧设计谋，又招抚了很多人马，并降服了附近的义军数千人，招降元军大将缪大亨，使军力增加到数万人。《明史·太祖本纪》记载："时彭、赵所部暴横，子兴弱，太祖度无足与共事，乃以兵属他将，独与徐达、汤和、费聚等南略定远。计降驴牌寨民兵三千，与俱东。夜袭元将张知院于横涧山，收其卒二万。"与此同时，他招贤纳士，冯国用、冯国胜和名儒李善长等先后来投，使他有了自己的智囊团。当郭子兴因为与赵均用等人的矛盾，又先后两次面临生命威胁的时候，仍然是朱元璋挺身救了他。朱元璋的威望日益高涨，实际上已经成了郭部的灵魂。

所谓"树大招风"。不断壮大的朱元璋也引起了郭子兴的猜忌，逐渐被排挤，有时连一日三餐都无法保证。不过，这对于在贫困中成长起来的朱元璋来说不算什么，他在忍耐中等待机会。不久，在强大敌人的压迫下，郭子兴不得不重新重用朱元璋。当朱元璋率兵打下和州后，就传檄任命他担任和州总兵，使之成为独当一面的军政长官。这时，朱元璋才二十七岁。

由于朱元璋参加红巾军比较晚，但升迁比较快，一些老资格的将领早就对其表示嫉妒和不满。他们总认为朱元璋不过一毛头小子，论资排辈的话，也没有自己老，所以这些人就不愿意听从他的安排，各行其道。这些人中，以郭子兴的妻弟张天佑为首。由于在攻打和州的时候，他率先攻入城内，自认为立下了头功，就以功臣自居，气势凌人，被那些共同反对朱元璋的人奉为秘密的首领。

朱元璋要维护义军内部的团结，就要处理好与老将之间的关系，让他们口服心服地听从军事调度，进而树立自己的威望。经过一番仔细考虑之后，朱元璋决定利用战前会议来做文章，他故意先把郭子兴给他的任命状藏起来，没有进行宣示。

等到第二天开会的时候，朱元璋特意迟到，将领们先来先坐，这样，等到朱元璋进来时，就只剩下一个最右端的座位了。按照礼仪，这是最末等级别的一个位置，说明将领们压根就没把他当成一回事。朱元璋没有表现出任何的不满，只是不动声色地直接走到座位上坐了下来。

会议讨论的是如何面对当前严峻的战场形势。朱元璋要将领们先各自发表自己的作战方案。那些平时夸夸其谈而无真才实学的将领们此时个个呆若木鸡，拿不出一个行之有效的计策，显得十分尴尬。倒是坐在边角末座的朱元璋站起来扫视了一下左右，然后挥洒自如，侃侃而谈，向各位将领讲述了自己的观点。这些观点不但有条有理，而且切实可行，使得众人纷纷表示同意。会议开的次数一多，朱元璋的威信就树立起来了，将领们也逐渐意识到朱元璋确实有大将之能，慢慢地就主动把最上面的位子留给了朱元璋。

为了加强和州的防御设置，城墙需要重新修整。朱元璋把城墙分成了十段，命令每个将领承包一段，规定在三天的期限里修好。三天之后，朱元璋把人都召集过来，一段一段地检查，众将这才发现，只有朱元璋所负责的那一段城墙完工了，而其他将领负责的城墙修复工作进展非常缓慢，有的才刚刚着手，有的刚修了一点又撂下了。朱元璋见状之后一声不吭，带领着队伍来到了议事厅。

在议事厅上，朱元璋南面而坐，把郭子兴的委任状拿了出来，脸色一沉，严肃地对众将说："我担任和州的总兵，是由郭帅决定的。元帅命令我做总兵，我就要行使职权，约束纪律。现在筑城，你们都违令失期，该当何罪？"

众人一听，吓得面如土色，浑身战栗，不敢仰视。朱元璋见效果已经达到，就缓和了一下口气说："念大家都是元帅旧部，首次违令，暂不追究，但从今以后，我所下的命令都要认真执行，如果再有违抗者，我就要行使我的总兵职责，以军法治罪，无怪我言之不预也！"

众将闻言无不变色，遂加紧施工，如期完成了任务。经过这番较量，将领们不但见识了朱元璋的能力，也感受到了他的威势。从此，不但服其能，也畏其威了。朱元璋也由此牢牢地掌握了濠州义军。元至正十五年（1355 年）三月，郭子兴病死，朱元璋就成了名正言顺的郭军统帅。

这时，他也不过二十九岁。

其时，刘福通已把元末红巾军领袖韩林儿迎到亳州立为皇帝，国号称宋，年号龙凤，韩林儿称小明王，并任命郭天叙为都元帅，朱元璋为左副元帅，张天佑为右副元帅。

朱元璋愤然说道："大丈夫宁能受制于人耶！"意不欲受封。他的部下将领和谋士提醒说，韩林儿势力尚可借为声援，于是朱元璋才接受了任命。军中纪年文告仍称龙凤，遇事则皆不受龙凤政权节制。

同年五月，朱元璋收服了巢湖水师廖永安、俞通海的战船千艘。不久，猛将常遇春、邓愈也归附了朱元璋。于是舟楫具备，军威大振。这以后，朱元璋先后攻下太平、集庆、法南行口，并在应天（今江苏南京）称吴国公，置江南行中书省，朱元璋兼总省事，置僚佐参议、左右司郎中、都事。并设行枢密院、理问所、提刑按察司、营田司等机构，分别掌管军政、刑狱、司法、监察、屯田、水利等事宜。朱元璋在应天很快组建起一整套军事、政治、经济机构，标志着江南政权已正式建立。

此后，朱元璋以应天为中心，东征西战，迅速扩大地盘。经过七年艰苦奋战，朱元璋已从当初一个食不果腹的小和尚成长为了威震一方的霸主。

至正十七年（1357年），在胜利攻占徽州之后，朱元璋亲自来到石门山拜访老儒朱升，讨教治国平天下之策。朱升高瞻远瞩，送了他九个字："高筑墙，广积粮，缓称王"。就是说，要扩充兵力，巩固后方；发展生产，储备粮食；不图虚名，暂不称王，以减少受攻击的目标。朱升的话非常符合当时的形势和朱元璋所处的地位，所以成了以后指导朱元璋夺取天下、建立大明王朝的行动纲领。

朱元璋按照朱升的策略，抓紧军事训练，利用战争的空闲时间开荒种田，积攒了许多粮食。就这样，经过数年的积蓄力量和开拓疆土，朱元璋已经具备了争夺天下的条件。

终于一统天下

在元末群雄逐鹿中，朱元璋之所以能笑到最后，与他绝不骄傲自满是分不开的……

朱元璋建立江南政权后，此时的元军已基本被清除。在他周围的割据势力中，只有陈友谅和张士诚二人是朱元璋的劲敌。一山难容二虎，何况三虎。接下来朱元璋、陈友谅、张士诚三方的正式较量就展开了。

陈友谅，沔阳（今湖北仙桃）人，打鱼出身。当初徐寿辉起兵反元后，陈友谅前去投奔，很受徐寿辉部下倪文俊重用。后来，倪文俊谋篡徐寿辉，事败后前去投靠陈友谅处，结果陈友谅杀了他，这成了陈友谅向上爬的敲门砖。陈友谅很快取代倪文俊成为实际掌权者。

至正二十年（1360年）闰五月，陈友谅在江州（今江西九江）杀死了徐寿辉，自立为皇帝，定国号为汉。然后他向朱元璋发起进攻，企图一举消灭朱元璋。

陈友谅的部队一开始很是疯狂，朱元璋部下驻守的太平（今安徽省当涂县）被抢占了。

由于太平是南京的门户，军事地位非常重要。因此，太平失守的消息传到应天后，朱元璋军部一片混乱，有人提议投降，有人提议放弃应天以躲避陈友谅，也就是逃跑。这两种意见无论是否可行，朱元璋听后都不同意。原因很简单，如果投降，以陈友谅的胸襟和手段，必然不会容朱元璋再活在这世上。陈友谅连自己的上司都敢杀，更何况朱元璋这样一个降臣。如果放弃应天，又能退到哪里呢？陈友谅兵不血刃占领应天，必然乘胜追击，赶尽杀绝。朱元璋是不会投降和逃跑的。他历尽千辛万苦才有了今日的局面，难道就是为了投降和逃跑吗？让他投降逃跑，还不如战死。因此他只有拼死一战，别无他路。

幸好不是所有人都要放弃，还有一个人没有发表意见。谁呢？刘伯温。一片嘈杂中，刘伯温双目圆睁，一言不发。朱元璋一看，肯定有文

章，连忙请进内室。刘伯温早已在外边憋了半天气，这时慷慨陈词："说降说走，都可斩首，斩了方可破贼。"

朱元璋道："依先生高见，计将安出？"

刘伯温胸有成竹："后举者胜，我以逸待劳，何患不克？"

朱元璋终于找到了知音，接着就商讨在哪里迎击陈友谅。收复太平难度很大，决死一战，自己又实力不够，怎么办呢？朱元璋心里很清楚，为今之计只有速战速决，万一张士诚跟陈友谅联合起来，应天腹背受敌，自己将"大势已去"。

兵贵神速。朱元璋迅速命令胡大海进攻信州（今江西省上饶市广信区），牵制陈友谅的部分兵力，而后派人诈降。在用人上，朱元璋一向很有水平，他挑中的是原与陈友谅相识的康茂才，用康茂才诱骗陈友谅再合适不过。

我们不得不佩服朱元璋的眼光和军事才干，他确实是个罕见的统帅和军事家。在四处征战的过程中，他的计策十有八九都是正确的。

假聪明的陈友谅还真以为朱元璋要投降于他，因此放松了警惕。朱元璋大军迅速向陈友谅的部队掩杀过去。陈友谅的部队节节败退。朱元璋随后收复太平，攻占安庆、信州等地。陈友谅在朱元璋的挤压下，属于自己管辖下的疆土面积越来越小。

以陈友谅的性格，他不会甘心失败的。他在等待时机报复。

机会终于来了。至正二十三年（1363年）二月，朱元璋北上安丰（今江苏省东台市境内），救援小明王韩林儿。陈友谅立即出动大军，乘虚而入，但对象是洪都，也就是今天的南昌。洪都本是陈友谅的领土，被朱元璋占去了，陈友谅此次想顺路报仇。他很相信自己的实力，认为解决洪都，就像一个人走在路上，顺便碾死一只蚂蚁那样容易。

人算不如天算。朱元璋派侄子朱文正和邓愈守洪都，两人都是当时的名将。所以，陈友谅花了三个月的时间都没能攻下洪都。朱文正和邓愈以一座孤城挡住陈友谅六十万大军三个月，不愧为一代名将。

随后，朱元璋和陈友谅在鄱阳湖展开决战。此次战役是有史以来最大规模的"海战"，双方共投入兵力八十万，成败在此一举。结果，陈友谅彻底败了。

取得这次战役胜利后，朱元璋的势力已扩大到长江中下游的广大地区。至正二十四年（1364年）正月，朱元璋在应天自称吴王，并乘胜亲征武昌，湖广又纳入朱元璋的势力范围。

陈友谅解决了，下一个障碍就是张士诚。

张士诚，小名九四，贩私盐出身。至正十三年占据高邮，自称诚王，国号大周。

张士诚建立大周政权，打败来攻元军，奠都隆平府（今江苏苏州）后，便与朱元璋相邻，双方为争夺势力范围不断发生战争。

张士诚胸无大志，亦无主见，终日寻欢作乐，不理政事，其属下的将军大臣们也腐化堕落，有的将军打仗还带着舞女解闷。其军队战斗力可想而知。

朱元璋对张士诚的进攻分三个步骤：首先是扫除张士诚在淮水流域的据点。至正二十五年十月起，徐达相继攻取了通州、兴化、盐城、高邮、淮安、徐州、宿州、邳州、安丰等苏北和淮河下游地区。接着于至正二十六年五月，传檄声讨张士诚的八条罪状。十一月，大将军徐达、副将军常遇春率师二十万攻占了湖州、嘉兴、杭州、绍兴等外围之地，对苏州形成包围之势。不久城破，张士诚自缢身死。

消灭了陈友谅、张士诚，朱元璋就摆脱了东西两侧受敌夹攻的困境，可以放心地收拾盘踞在浙东的方国珍了。早在至正十八年，朱元璋攻占婺州与方国珍接壤后，就曾派使者去诏谕方国珍。方国珍看到朱兵势强盛，难与为敌，便向其奉送金银绸缎，表示愿合力攻张士诚，又讲明朱元璋攻下杭州，就献出温州、台州、庆元。当朱元璋攻取杭州后，方国珍怕被并吞，就暗地里北通扩廓帖木儿（元军将领），南交陈友定，图谋顽抗。并连夜运珍宝，治船具，准备万一抵挡不住时就潜逃海上。至正二十七年九十月间，朱元璋调兵遣将，分三路进攻方国珍。一路由征南将军汤和、副将军吴桢攻庆元（今浙江宁波），一路由参政朱亮祖率

军攻台州，另一路由水师将领廖永忠从海道进袭，截断方国珍窜逃海上的退路。同年十一月，汤和进占庆元，方国珍逃入海岛，又被廖永忠的舟师击败。方国珍计穷势屈，只好投降。

至此，南方群雄中实力雄厚的割据势力已被消灭，朱元璋控制了南方的大部分地区。

当朱元璋扫灭了南方对手之后，北方残存的元政权最后摆在面前。不断的胜利和一心想尽快坐天下的思想，使诸将中不少人认为应以百万之师直捣元都。朱元璋则不仅看到己方的优势，也看到元军的优势。

他认为，元军经过红巾军的打击以及本身的火并，其实力已大大削弱，但他们毕竟占据着半壁江山，拥有众多人口和无数坚固的城池，如果北伐策略不当，"捣元"会遇到极大困难。他提出，最佳进军路线是："先取山东，撤其屏蔽，旋师河南，断其羽翼，拔潼关而守之，据其户槛……然后进兵元都。"也就是说，先肃清外围守敌，等到"天下形势入我掌握""彼势孤援绝"之时，一举夺取元都。可见，这是一个极为稳健的办法。

当一切准备妥当后，朱元璋便立即调集精锐部队实施北伐，同元朝政权展开最后的大决战。徐达、常遇春所率北伐军在平定山东后，兵分两路，进军河南。

其他人也没闲着。汤和、廖永忠、胡廷瑞、何文辉、周德兴、张彬、朱亮祖等人出兵东南、广西，所向披靡，捷报频传。统一天下已是指日可待，朱元璋登基称帝的时机已经成熟。

至正二十八年（1368年）正月初四，朱元璋不负众望，登基称帝，国号明，年号洪武，1368年即为洪武元年。洪武元年八月，徐达率领的北伐军在平定河南后，逼近大都，元顺帝携后妃、太子仓皇出逃上都（今内蒙古自治区锡林郭勒盟正蓝旗境内），统治中国九十七年的元朝宣告灭亡。洪武四年，四川平定，洪武十四年，云南平定，至洪武二十年（1387年），山西、陕西以及东北平定，至此，中国全境基本统一。

元末群雄蜂起，斗争异常残酷。许多曾经独领风骚的厉害角色，如陈友谅、张士诚等，个个都不是省油的灯。朱元璋用他惊人的军事天赋战胜了这些敌人。可以说，他几乎是赤手空拳、单枪匹马凭借着自己的勇气和决心建立了庞大的王朝，一举登上皇帝宝座，这在中国历史上非常罕见。时至今日，朱元璋仍然可以堪称绝好的励志榜样。

彻底终结"北元"的统治

元朝灭亡后，退出中原的元廷统治集团，在漠北的广袤草原依然维持着自己的统治，史称"北元"。北元又苟延残喘了一段时间……

洪武元年（1368 年）八月，徐达率领的北伐军攻占大都（今北京）后，朱元璋将大都改名为北平，然后命孙兴祖等留守于此，而令徐达等人进取山西。北逃的元顺帝不甘心自己的失败，令元将王保保自太原北上，出雁门关，入居庸关以攻北平。

王保保可不是"一般"人。

王保保又名扩廓帖木儿，这个名字是元顺帝所赐。他的父亲是汉人，母亲是元朝末年将领察罕帖木儿的姐姐，后来成为舅舅察罕帖木儿的养子。朱元璋的起义军崛起后，元顺帝下诏封王保保为河南王，总领天下兵马。在与朱元璋和其他农民起义军的战争中，王保保也取得了不少的胜利。后因为代皇太子出征，与军阀李思齐发生冲突，互相攻伐，元顺帝削王保保兵权。徐达等人率军攻克大都后，元顺帝于危急之中封王保保为齐王，决定再次起用他。

王保保不仅是元末重要将领，同时也是北元政府的支柱。他虽是汉人，却忠于北元，拒不投降明朝。明太祖朱元璋曾多次写信招降，但王保保从不回信。朱元璋派人祭祀王保保的义父察罕帖木儿在河南的坟墓以试图感化王保保，但没有效果。王保保退出塞外之后，明廷派李思齐（当时已经投降明朝）前往漠北与王保保通好，王保保对李思齐的态度一开始还比较友好，但在将其送回明朝之前，却逼迫他砍掉了自

己的胳膊。

对王保保的所作所为，朱元璋虽甚恼怒，却也很佩服。就在王保保率军于和林击败明军不久，有一天朱元璋大宴将领时突然问道："天下奇男子谁也？"

众人都回答说："常遇春是也。遇春将不过万人，横行无敌，真奇男子也。"

朱元璋笑着说："遇春虽人杰，吾得而臣之。吾不能臣王保保，其人，奇男子也。"

这一著名典故见《明史·扩廓帖木儿传》。明人姚福《清溪暇笔》载，在朱元璋夸赞王保保为天下奇男子后，"其后民间凡遇有微劳自矜者则诮之曰：'尝西边拿得王保保来耶'，至今遂成谚语。"也就是说，当时如果有人做了一点小事就牛气冲天的话，可以用"尝西边拿得王保保来耶"这一谚语来讽刺。这句话的意思是，这点事算什么，有本事到西边把王保保抓来。

当然，王保保不一般，徐达更不一般。

徐达（1332—1385），字天德，安徽凤阳人，是明朝的开国军事统帅。他出生于一个世代种田的农民家庭，小时曾和朱元璋一起放过牛。元朝末年，徐达目睹政治黑暗，民不聊生，慨然有"济世之志"。元末农民战争爆发后，在郭子兴起义军中当小军官的朱元璋回乡招兵，他"仗剑往从"，从此开始了戎马倥偬的军事生涯。投奔朱元璋后，徐达作战勇敢，智勇兼备，战功卓著，为大明王朝的建立立下了汗马功劳，被朱元璋誉为明王朝的"万里长城"。

这样有勇有谋的名将岂能对王保保之流有畏惧之心。因此，当他听闻王保保的动向后，立刻胸有成竹地对诸将说："王保保远出，太原必虚。北平有孙都督在，足以御之。今乘敌不备，直捣太原，使进不得战，退无所守，所谓批亢捣虚者也（撇开敌人充实的地方，冲击敌人空虚的地方）。彼若西还自救，此成擒耳。"于是，他引兵直趋太原。

王保保在半路上得到消息，赶紧回师救援太原。徐达用精兵夜劫其营，王保保被打个措手不及，逃奔宁夏。明军占领太原后，山西很快就被平定了。

徐达平定山西后，奉命进图关陇。他乘元将张思道等人不敢出击而观望之际，直捣奉元（元代西安旧称），进逼临洮，围困庆阳，威震关陇。

猛将常遇春完成了自己的北上追击任务后，准备赶回庆阳助攻徐达，可在走到柳河州时，竟染病而亡。徐达不胜悲伤，报知朱元璋，朱元璋痛惜不已，厚葬之。

关陇虽平，但王保保等在西北活动频繁，还趁徐达班师回京之际，大举围攻兰州。在洪武三年（1370年）夏，朱元璋遂令徐达为大将军，率军再次北征。他此次进军取得较大胜利，逼使元朝残余势力北撤。从此，明朝北边的防御趋于稳定。

同年十一月，徐达班师回朝，朱元璋亲自出城迎接北征将士。随后，再次大封功臣，徐达因功授太傅等官职，加封魏国公，岁禄五千石，子孙世袭。

为了进一步打击残余元军，洪武五年（1372年）正月，徐达再次率军北征，并再败王保保军。然而王保保败逃后，与贺宗哲联合起来，在岭北布阵反攻明军。明军死伤严重。徐达一方面立即改变策略，紧急收缩战线，坚守营垒，以保存实力；另一方面上奏朝廷，自我弹劾，好在朱元璋并未怪罪。之后，徐达整军而还，将兵力聚在一起守住要塞。

朱元璋先后七次招降王保保，他均置之不理。洪武八年（1375年）八月，王保保病死，但蒙古的军事力量一直难以被消灭，明朝对北方的战略遂以进攻为主转为以防御为主。因此，徐达长期在北平、山西一带练兵备边，镇守北平十余年。他前后移民三万五千多户，共计十九万余人，建立屯田点二百五十余个，垦田一千三百多顷。

徐达的这些措施大大减轻了北方军队的粮饷供应问题，使明朝北部边疆渐渐平静，同时也在一定程度上促进了民族融合。

此后，经过十余年的休养生息，明朝的内部政治稳定下来，经过长期战乱破坏的经济生产也得到了一定的恢复。这时朱元璋的目光又移向

了北方，他决定彻底消除北元的威胁。

洪武二十年（1387年），朱元璋派遣冯胜、傅友德和蓝玉等率领二十万大军北伐。明军绕道庆州，包围了北元大将纳哈楚军队驻地。纳哈楚在得到明军的许诺后，率十余万北元兵将投降，明军得胜回朝。不久，冯胜获罪，明军的军事指挥权转移到了蓝玉身上。次年，蓝玉率领明军继续北上，在捕鱼儿海（今内蒙古贝尔湖）彻底击败了北元军。北元皇帝脱古思帖木儿汗仅与数十骑逃遁，途中被元世祖忽必烈之弟阿里不哥的后裔也速迭儿所杀。随后也速迭儿自立为汗。

脱古思帖木儿的被杀使"黄金家族"——忽必烈家族的大元政权丧失了在蒙古人中至高无上的中央汗国的地位，大多数蒙古部落宣布脱离它而独立。明建文元年（1399年），乞儿吉斯部（分布在叶尼塞河上游沿岸）首领贵力赤，否认北元皇帝额勒伯克的宗主权，打败并杀死了他，取得了统治各部的霸权。此后，蒙古各部又回到了争夺蒙古汗国大汗宝座的纷争当中。明建文四年（1402年），北元去国号，改称鞑靼。至此，元朝及其残存势力——北元彻底终结。

良莠掺杂的治国之术

做了皇帝的朱元璋，用他的方式在管理着他的王朝。当然，他的治国之术良莠掺杂，众说纷纭……

明朝建立伊始，中华大地经过近二十年战乱的破坏，民生一片凋敝。朱元璋实行了发展生产、与民休息的政策。1368年，朱元璋称帝不久，外地州县官来朝见，朱元璋对他们说："天下初定，老百姓财力困乏，这就像刚会飞的鸟，不可拔它的羽毛；如同新栽的树，不可动摇它的根。现在重要的是休养生息。"他接受大臣建议，鼓励开垦荒地，并下令：北方郡县荒芜田地，不限亩数，全部免三年租税。他还采取强制手段，把人多地少地区的农民迁往地广人稀的地区；对于垦荒者，由官府供给耕牛、农具和种子，并规定免税三年，所垦之地归垦荒者所有；还规定，农民有田五至十亩者，必须栽种桑、棉、麻各半亩，有田十亩以上者加倍种植。这些措施大大激发了农民垦荒的积极性。

朱元璋出身农民，深知灾荒给农民造成的痛苦，在他即位后，常常减免受灾和受战争影响地区的农民赋税，或给以救济。朱元璋还十分爱惜民力，提倡节俭。他即位后，在应天修建宫室，只求坚固耐用，不求奇巧华丽，还让人在墙上画了许多历史故事，以提醒自己。在朱元璋积极措施的推动下，农民生产热情高涨。明初农业发展迅速，元末农村的残破景象得以改观。农业生产的恢复发展，促进了明代手工业和商业的发展。朱元璋的休养生息政策巩固了新王朝的统治，稳定了农民生活，促进了生产的发展。

同时，朱元璋在位期间，还大力加强君主专制的中央集权统治。

朱元璋在中央废除了丞相制度，六部尚书对皇帝直接负责。如此一来，等于皇上兼任首相。这下，皇上又忙不过来了。朱元璋就设立殿阁大学士，由翰林学士入职内阁。这些翰林学士品级很低，不会对中央政权构成威胁。不过，在他之后，翰林学士品级越来越高，到后来干脆由各部的尚书兼任内阁大学士。

朱元璋在加强君主专制的过程中，清除了一批权臣，凸显了其"血腥皇帝"的残忍。

左丞相胡惟庸本是开国第一号功臣李善长的女婿，他在朝中大权独揽，独断专行，卖官鬻爵，打击异己。一天，胡惟庸的儿子乘马车在南京城里招摇过市，不小心从车上跌下来摔死了，胡惟庸判车夫抵命。此事让朱元璋逮了个正着，非要胡惟庸给车夫偿命不可。此时，恰逢有人上书告胡惟庸谋反。朱元璋遂以"枉法诬贤""蠹害政治"等罪名，将胡惟庸处死，并对其抄家灭族。胡惟庸案株连蔓引，先后持续了数年，前后共杀掉了官员三万多人。连位居"勋臣第一"、退休在家且年已77岁的李善长及全家七十多口人，也一齐被杀。此事过后不久，朱元璋借口大将军蓝玉谋反，又掀起另一场大狱，杀掉了一万五千多人。

那么，胡惟庸等人真的是要谋反吗？

实际上，《明史·胡惟庸传》里清楚地记载着：胡惟庸被处死的时候，其谋反的罪行还不清楚。那么，事实的真相究竟是怎么一回事呢？

原来，早在洪武十一年（1378 年）三月，为了限制丞相的权力，朱元璋就下令凡奏事不得先"关白"中书省。在此之前，各地送给皇帝的奏章都要"关白"中书省，即给皇帝一份，同时也要给中书省丞相送一份。接着，他又下令六部奏事不得"关白"中书省，这样就大大削弱了中书省的权力。然而即使这样，也还不能令朱元璋满意。

胡惟庸当了丞相后，其独断专行的相权与皇权的冲突更加明朗化。胡惟庸之前，当过丞相的李善长小心谨慎，徐达经常带兵在外，汪广洋只知饮酒吟诗，皇权与相权的矛盾尚不突出。但胡惟庸为相七年，擅权乱政，有的时候发生了一些事情也不向皇帝报告，还随便提拔人和处罚人，使得朱元璋大有皇权旁落之感。

朱元璋最恨的就是胡惟庸的专权，所以即使他没有罪，也要把他杀掉。胡惟庸死后，朱元璋立刻宣布裁撤中书省。丞相被废除后，其事由六部分理，六部直接对皇帝负责，这样朱元璋就大权独揽了。秦、汉以来实行了一千多年的宰相制度从此被废除，皇权得到进一步加强。

明朝是朱家的天下，朱元璋要把它传给子孙，因此他不仅不愿意自己的权力被丞相分割，而且也不允许子孙的权力被丞相分割。因此，他把撤销宰相制度这件事写到《祖训》里头，规定子孙后世永远不允许立丞相，如果有人建议立丞相，必须严惩。

同时，朱元璋也不愿意和当年一起出生入死打天下的"战友"瓜分胜利的果实。分少了，积怨；分多了，则势必大权旁落。所以，还是将这些人赶尽杀绝最安全，永绝后患。这就是他以胡惟庸案为引子，最终导致数万人被杀的心理根源。

很显然，胡惟庸独断专行确有其事，但谋反却实在是子虚乌有，它只不过是朱元璋废除宰相制度的一个借口而已。至于蓝玉谋反的事，也跟胡惟庸案一样，都是子虚乌有的事。朱元璋之所以要杀他们，不过是为了"权力"二字而已。

就这样，经过这两次史无前例的政治运动，明朝开国的文武功臣基本上被屠戮殆尽，明王朝的权力也最大限度地集中到了朱元璋手里。

除了杀权臣，朱元璋还杀贪官，而且有过之而无不及。

由于朱元璋出身贫苦，从小饱受元朝贪官污吏的敲诈勒索，这使得他对贪官污吏深恶痛绝，认为元朝覆灭就是由于官员腐败以致民不聊生、民心相悖而起。这让他一登上皇位，就开展了雷厉风行的反贪运动。在处罚罪犯时，朱元璋往往并不按照《大明律》的规定来实行刑法，而是大开杀戒。他杀了许多贪官污吏，杀人之多，用刑之严，开创了中国几千年专制统治之最。

由于官吏被杀极多，甚至造成了一些地方州县一时无人办公的尴尬局面。

除了杀戮过多外，朱元璋统治时期，最为人诟病的就是他实行特务统治。朱元璋把自己身边负责警卫事务的亲军都尉府（前身是拱卫司）改为锦衣卫，授予他们侦察、缉捕、审判、处罚罪犯的一切大权，让他们监视大臣、百姓的言行，并在锦衣卫内设立了特殊的法庭和监狱。这样，锦衣卫实际上就变成了专为皇帝服务的特务机构。

朱元璋在位的三十一年间，特务多如牛毛，遍布街巷路途，严密监视着朝野内外、文武百官的活动。

吏部尚书吴琳已告老回到自己的家乡，但朱元璋对他仍不放心，便派特务到吴琳家乡去侦察其活动。特务来到稻田间，只见一个农民模样的老人从小凳上站起来，便上前问道："这里有个吴尚书吗？"老人回答："敝人便是。"朱元璋听了特务的这一报告才对吴琳放了心。

大学士宋濂一次在家设宴招待客人。第二天朱元璋问他，"昨天请客，喝酒了吗？做的什么菜？"宋濂如实做了回答。朱元璋笑道："说得对，没骗我。"

国子监祭酒宋讷一天在家暗生闷气，监视他的特务竟把他当时的样子画了下来上报皇上。朱元璋见了宋讷问道："昨天你在家生什么闷气

呀？"宋讷照实做了回答。他吃惊地问朱元璋如何知道此事？朱元璋将画像递给他，他展图一看，方才醒悟，慌忙磕头谢罪。

还有位大臣一日无事，在家与妻妾玩麻将，无意中丢了一张"二万"，怎么找也找不着。第二天上朝，朱元璋问这个大臣昨天在家干什么，该大臣如实说是在家与妻妾玩牌，请皇帝恕罪。朱元璋听后说："卿不欺我，朕不怪也。"说完从袖中摸出一张"二万"扔给了他。

有一个在外省任职的大官，身边有名仆人，做事聪明、勤快，善解人意，多年来任劳任怨，从未做错过一件事。主人对他也日见倚重，诸事都征求他的意见。忽然有一天，仆人来向主人告辞，主人极力挽留，并问他为什么坚持要走，仆人见主人挽留意诚，被逼无奈，才说明真相。原来他本不是仆人，而是锦衣卫派来的密探。主人万万想不到多年来自己一直倚重的奴仆竟然是潜伏在身边的特务要员，吓出了一身冷汗，庆幸并没有说过什么不妥的言语，也没有得罪这个仆人。从中可见，朱元璋后期任用的锦衣卫，特别为他倚重，权势极大，分布极广，行动也极为隐秘。

锦衣卫的成员都是小人物，本身没有社会地位可言，而授予他们某种特权，这就使他们足以扳倒大人物，这种成就感使他们受宠若惊，自然会摇尾邀功，忠于君王。虽然他们要整什么人，归根结底还得由朱元璋点头才行，但其行径卑劣、权逾三司，使得百官自危，民怨难伸，锦衣卫实际上充当了明朝统治者超越司法、滥施淫威的特殊工具。

洪武三十一年（1398 年）五月五日，白手起家做了皇帝的朱元璋病逝，享年七十一岁，葬于南京钟山孝陵。

综观朱元璋一生，他生于乱世，少年孤苦，颠簸流浪，历尽坎坷。继而投军建业，割据一方，广招人才，收取民心，败强敌，取大都，即皇位，平天下。在位三十一年，重典治国，打击腐败，鼓励农桑，减免赋税。重刑之下，多有枉死，天下富户，破产过半，诛杀功臣，实寒人心，建制改制，贻害不浅。世人评价，毁誉参半，是非功过，难有定论。

当然，无论如何，朱元璋的经历也具有励志的作用。一个人，无论

你出生有多么的贫寒，只要你不甘于现状，不屈从于命运的安排，那么，成功就离你不远。

揭秘明代之谜：惩治贪官真要剥皮吗

人人都恨贪官，为了王朝的不致覆灭，历朝历代也都要惩治贪官。然而，说到惩治贪官之"狠"，则非明朝莫属，因为民间传说那时的贪官一旦抓住是要被剥皮的……

史书记载，洪武二年（1369年），朱元璋曾经对他的大臣们说过这样一番动感情的话："从前我当老百姓时，见到贪官污吏对民间疾苦丝毫不理，心里恨透他们，今后要立法严禁，遇到有贪官敢于危害百姓的，决不宽恕！"朱元璋是说到做到的，他颁布了有史以来最为严厉的肃贪法令："贪污六十两以上银子者，立杀！"

六十两银子在当时并不算什么大的数目。明朝的县官，每月工资是四两银子。贪污六十两银子，用今天的银价折算，大约还不到两万元人民币。这个数目搁在今天，恐怕还不够有些人一顿饭钱吧？

不过，千万别以为，说朱元璋肃贪"狠"是因为他定的"贪污线"低——这当然是一个方面——更为重要的是，朱元璋规定，凡是贪污超过六十两银子的官员都要将其"剥皮实草"，也就是将贪官处死后，剥其皮，做成皮囊，在里面填满草，然后挂到所在官署的外面，以儆效尤。

这个酷刑效果如何，先不必说。问题是，它虽曾在史书中有过记载，却无旁证可以证明。那么，明代贪官真的要被剥皮实草吗？

关于明代贪官要被"剥皮实草"的记载，最早出现在清人赵翼所著的《廿二史札记》中。他谈到朱元璋痛革元代放纵贪官污吏的弊政时，引用明人叶子奇的笔记《草木子》中的记载，"明太祖严吏治，凡守令贪酷者，许民赴京陈诉。赃至六十两以上者，枭首示众，仍剥皮实草。"

书中还引述《草木子》中的记载说，当时各地方官府专门建立庙宇，

第一章　赤贫中起家的『和尚皇帝』

用以供奉土地神，实际上常常作为明初剥贪官皮的场所，所以在民间的俗称中，土地庙往往被称为皮场庙。

然而许多学者在仔细考证后却发现了其中的漏洞。

有学者在查证《廿二史札记》所引述的原文时发现，虽然赵翼说"剥皮实草"的说法引自《草木子》，可是现在能见到的《草木子》一书中却根本没有任何记载。

还有，记录朱元璋亲自惩治官民案犯的《大诰》等法规文献中，汇集了明初官民犯罪的典型案例，而且百分之七十以上是官吏贪赃案，赃额多在六十两白银以上。要了解朱元璋惩贪是否使用"剥皮实草"的酷刑，这部分材料应是最有说服力的证据。可是详查后，也没有在其中发现任何关于"剥皮实草"的记载。

那么，明代用来剥皮的场所是否存在呢？这样一个具有鲜明特色的建筑，地方志自然不可能缺载。可是，如果仔细搜寻就会发现，地方志中还真缺少这样的记载。比如，明代江苏的《嘉靖江阴县志》记载，当时县衙门两旁有土地庙、旌善亭、申明亭，可就是没有皮场庙，在同省的《弘治句容县志》中记载共有四个祠、四十四个庙，也根本没有皮场庙的记载。

不过，这并不表明古代文献就真没有皮场庙的记载。

明朝人田汝成编撰的《西湖游览志》是研究杭州西湖及周边景物历史变迁、兴废沿革的重要史料。《西湖游览志》记载了一个叫"皮场庙"的地方，但与剥贪官皮无关，是为了祭祀河南汤阴皮场镇的场库吏张森而设。由于当时技术落后，一些皮革腐烂后滋生出的剧毒蝎子将人蜇死，张森采用一些中草药来治疗蝎毒或杀灭蝎子，十分奏效。人们便附会他"祷神杀蝎"，张森也从此被尊为神，祭祀他的庙宇被称"皮场庙"。

由此看来，所谓明朝贪赃六十两银以上的官吏要被"剥皮实草"之说实在不能成立，皮场庙是专剥赃吏之皮的场所的说法也是无稽之谈。

然而，有人并不认同上述说法。

我国台湾学者罗元信在详细研究《草木子》一书时发现，此书本来有二十八篇，在明代正德年间刊刻之时缩略成了八篇。他提出，今本《草木子》没能发现"剥皮实草"的记载，并不能就此断言原著也没有记载，当时未收入的部分应该可以通过其他途径流传下来的。到底是什么途径呢？

有人研究后认为，除了《草木子》一书外，明朝还有一本叫《草木子余录》的书。

那么，清人赵翼在《廿二史札记》中引用的"剥皮实草"说会不会是来自于《草木子余录》一书呢？

于是罗元信四处寻找此书。虽然没找到，却发现明人文集中的一些记录注明系出《草木子余录》。

他确定，除现行八篇本《草木子》之外，"旧书"的其他部分应被《草木子余录》所保存。

此外他还在明朝人祝枝山、李墨、沈德符等人的笔记中发现了关于"剥皮实草"的记载。种种迹象表明这种酷刑似乎又真的存在过，可明初的司法文献中却没有任何记载，这又做何解释呢？

经进一步研究，罗元信发现《草木子》成书于明太祖洪武十一年（1378年），而《大诰》等法律文献中可以基本确定时间的九十四个案例条目，大都发生在洪武十八年至二十年间。而"剥皮实草"很可能在洪武十一年就已经废止了。换句话说，《大诰》里找不到"剥皮实草"不足为奇，这种刑罚的案例本不在《大诰》的取材时间范围内。

罗元信还认为，光就"皮场庙"的名称去地方志中寻找公署建构的记载，这就如同犯了"刻舟求剑"的错误。公署建构内固然没有"皮场庙"，但"土地神祠"却是有的，《草木子》中说"剥皮实草"是在土地庙中，等到这项刑法废除后，土地庙的政治意义没有了，只剩下祭祀土地功能，恢复土地庙的称呼也是自然而然的事，所以在地方志中只能见到土地神祠的记载。

他深入研究《明实录》后发现，万历年间，著名的清官海瑞曾给神宗皇帝上了一道奏疏，认为当时天下贪官太多，如不采取特别严酷的重

刑就不能遏止贪官疯狂贪污的趋势，他提议恢复明太祖时期的做法，凡贪污八十贯以上的官员都处以绞刑，死后一律"剥皮实草"。

当时海瑞恢复明初酷法惩贪的言论一出，立即将其置身于赞成与反对两派论争的风口浪尖。

奏疏内容除了当时的皇帝明神宗之外，海瑞在吏部的同僚及上司，甚至其他部门的官员都应有所知晓。在这里，海瑞明白提到"剥皮实草"是朱元璋用过的，如果是这种提及开国皇帝所用之法的内容出现错误，疏上之后绝难逃过纠正，但是无论是明神宗，还是大臣都对海瑞所举例的真实性没有提出任何反驳，这更是"剥皮实草"确实存在过的明证。

因此，罗元信深信"剥皮实草"的记载应该是准确无误的。

那么，这种说法是否可信呢？还有没有别的旁证能证明这件事呢？

有专家在一本叫《国朝群雄事略》的书中找到了答案。明朝人钱谦益所著的《国朝群雄事略》是一本记载明初史事的书，书中提到一本俞本所著名为《明兴野记》的书，所记内容大多是元明之际以及明初的历史，书中有多处关于剥皮实草的记载。如洪武十一年，都督毛骧因为收受贿赂，败坏法制，朱元璋命人在他的胸背刺上"奸党毛骧"四个字，然后"剥皮实草"，放在都府大堂之上，警示后任官员。这是贪官"剥皮实草"完整执行的明证。此外还有几处明确提到有官员被执行了"剥皮"之刑，如洪武六年六月，中书省右丞杨希武因为"奸党"一事败露，被锁在天界寺山门前，沿身刺上"奸党杨希武"，然后把皮剥下来，套在凳子上，放置于省府台堂之上，让后人来坐，以示警诫。

可《明兴野记》的作者俞本所记录的这种酷刑峻法是否可信呢？据研究，俞本十五岁参加元末大起义，二十岁成为朱元璋亲兵都指挥使冯国兴麾下的"帐前黄旗先锋"，此后一生追随朱元璋南征北战，直到洪武三十年才退职，是元末明初历史的亲历者和见证人。他的记录自然是值得采信的。

不过，根据《明兴野记》的记载，剥皮实草并非仅用于对付贪官，朱元璋还用此种酷法残杀民众。如，洪武二十九年（1396年），朱元璋怀疑宫内有人同外界私通，竟然将宫中妇女五千人和守门的宦官全部"剥皮实草"示众。

　　只可惜，在专制制度下，无论施行多么严酷的刑法，不但解决不了官员的贪腐问题（实际上，有明一代，官员之贪腐，丝毫不弱于中国古代各朝各代），而且还很有可能成为统治者发泄私恨、滥杀无辜的工具。

第二章　激情与凶残相伴的岁月

朱棣装疯卖傻夺皇位

　　明成祖朱棣算得上是明朝历史上一个有所作为的皇帝，然而他的皇帝之位却来得不那么光明正大……

　　和中国历史上绝大多数的封建皇帝一样，明太祖朱元璋的儿女很多，一生共有二十六个儿子、十六个女儿。随着自己的不断衰老，朱元璋开始考虑朱家如何可以世代统治天下的问题。他借鉴了元朝的历史经验，认定皇位继承是维持皇朝安全的根本制度，必须要制定严密的法则，家族内部才不会引发争端，这个法则就是封建宗法制度下的嫡长子继承制。

　　朱元璋长子是朱标，生于至正十五年（1355 年）。洪武元年（1368 年），朱元璋在南京即帝位，便把朱标立为皇太子，他当时才十三岁。朱元璋让朱标学习怎样当皇帝，并时不时地教他处理国家大事的技巧。

　　朱标由于生性忠厚，加之长期接受儒家思想的教育，成年后成了一个温文儒雅的人物。洪武六年（1373 年）九月，朱标刚满二十岁，朱元璋即命诸司："以后日常政务启奏皇太子处理，事关重大的军机才可奏闻。"洪武十年（1377 年）六月，又令"自今大小政事皆启太子处分，然后奏闻"，且当面告诫皇太子："从古开基创业的君主，经历艰难，通达人情，明白世故，办事自然妥当。守成的君主，生长于富贵，锦衣肉食，要能顺利办事必须平时学习练达。我之所以要你每日和群臣见面，听断和批阅各衙门报告，学习办事，是要你记住几个原则。一是仁，能仁才不会妄施暴政；二是明，洞明才不会被奸佞迷惑；三是勤，勤勤恳恳就不会沉溺于安逸的生活中；四是断，勇于决断就不会被文法牵制。这四个字的运用，决定于心，我从做皇帝以来，从未偷过懒，一切事务，唯恐处理得有毫发不当，有负上天付托。早起晚宿地处理政务，这是你天天看见的。你能够学我，照着办，才能保得住天下。"

朱元璋的谆谆教诲，无非是想让太子朱标成为一个合格的接班人，使大明王朝的统治得以维持和巩固。但是，由于朱元璋和朱标父子俩，一个是在艰苦斗争中成长的，一个是在太平环境中成长的，所以两人的性格、思想、作风及所受的教育、生活实践的影响迥然不同。朱元璋主张以"狠"治国，刑用重典，运用法庭、监狱、特务和死刑来震慑官民，使人畏惧他却不知其缘由。皇太子朱标却主张周公、孔子之道，讲仁政，讲慈爱，务求杀人愈少愈好。为了加强皇权的统治，朱元璋绞尽脑汁杀戮功臣，诛除异己。皇太子朱标却顾及将相先前的汗马功劳，照顾亲族兄弟、师生的情谊，宽大为怀。

二人，一个严酷，一个宽大。有时朱元璋命朱标处理奏章，他更自作主张"于刑狱多所减省"。父子俩因此而产生分歧，有时甚至发生冲突。

做过朱标老师的大学士宋濂获罪时，朱标哭着向朱元璋求情："臣愚戆，没有别的老师，请求陛下哀矜，免其一死。"

朱元璋大怒说："等你做了皇帝再赦他。"朱标惶惶不知所措，想要自杀，幸亏随从相劝才免于一死。

朱元璋嗔怒道："这个痴心儿子，我杀人关你什么事！"

朱元璋之妻马皇后去世后，朱元璋一直郁郁寡欢，闷闷不乐，动辄杀人。朱标心里很不是滋味，就劝谏道："陛下杀人过滥，恐伤和气。"

朱元璋听了没作声，第二天故意叫朱标拿起一根放在地上的荆条。朱标见荆条上都是刺，面有难色，不敢拿。

朱元璋说："你怕有刺不敢拿，我把这些刺都给去掉了，再交给你，岂不是好？为了你能当好这个家，我才清除天下这些奸险之徒。"

朱标却说："上有尧舜之君，下有尧舜之民。"意思是说，有什么样

的皇帝，就有什么样的臣民。

朱元璋一听更为生气，举起椅子就朝儿子砸过去，朱标只好逃走。

还有个传说，朱元璋看朱标过于仁慈，有一次在他面前让人抬过一具尸骨，想以此刺激儿子，没想到朱标不胜悲戚，连声哀叹不已，搞得朱元璋很是没趣。

朱元璋过了五十岁以后，精力同以前相比差了很多，于是便让太子朱标帮助其处理政务，一来是分劳，二来可以使未来皇帝的办事能力得到历练，期望他将来能成为像汉文帝之类的圣君。可惜的是，就在洪武二十五年（1392 年）四月，年仅三十八岁的皇太子朱标不幸病逝。朱元璋陷入了极度的悲哀和痛苦之中，几乎丢了性命。当他身体复原之后，头发、胡须全都花白了。

朱标死后，在刘三吾等人的建议下，朱元璋立年仅十六岁的嫡长孙（即朱标长子）朱允炆为皇太孙。朱允炆生于洪武十年（1377 年），母亲吕氏。

"龙凤之资，天子之表""头骨方圆，燕领虎头"等，是古人用来从相貌上描绘"真龙天子"的。可朱允炆一生下来额颅就有缺陷，他头盖骨又偏又歪。朱元璋有一次摸着他的脑袋，叹着气说："怎么像半边月亮呢？"幸好天资聪颖的朱允炆学习刻苦，又受到良好的教育，所以才识过人，因此皇祖父渐渐地开始喜欢上他，并最终将他立为皇位继承人。

不过朱元璋对朱允炆这个孙子始终有些不大放心，毕竟孙子年纪还小，不知道人世的险恶，所以就帮着孙子找了几个心腹，说是让他继位以后重用这些人。

其实朱元璋并不知道，在朱允炆幼小的心灵里，早就受到权势的压迫了。朱允炆十分害怕自己的那些叔叔们，他们个个手里头都有军队，有些叔叔的军队甚至力量还非常强大。其中有一个叔叔，叫朱棣，朱允炆就曾经受到过他的鄙视。

据说有一次，朱元璋让朱允炆对他的一副上联。这上联是这么写的：

"风吹马尾千条线"，朱允炆摸了摸脑袋，想了半天，总算是糊弄出一个下联："雨打羊毛一片膻"。听了这下联之后，朱元璋无奈地摇摇头，心想这孙子还真是继承了我朱家农民出身的血统啊，对个对联都这么富有泥土气息。

可是这时候朱元璋的身边还站着一个人，这个人就是让朱允炆郁闷的叔叔朱棣。大概朱棣也想在老爹面前展现一下自己的文采，于是他顺口说了一个下联："日照龙鳞万点金"。

是个人都看得出谁的下联对得好，虽然朱元璋对这次的对联没太在意，可是朱棣已经给朱允炆幼小的心灵造成了一点点伤害。朱允炆觉得，将来自己要是当了皇帝，这个叔叔一定不会给自己好脸色看的，甚至还有可能造反。想着想着，朱允炆不禁打了个寒战。

也不知道朱元璋看出孙子心中的这些忧虑没有，他在表面上倒是经常跟朱允炆说叔叔们的好话，说什么叔叔们将来会保护你的，你就放心地当你的小皇帝吧。有一次，朱元璋又这么跟孙子唠叨着，可是朱允炆这回实在按捺不住了，他把自己心中一直忧虑的那个问题向爷爷提了出来。

朱允炆当然不会这样问："爷爷，你说万一叔叔们想要把我吃了怎么办？"而是问得很委婉。可是朱元璋一听就知道这是什么意思，而且这句问话也把朱元璋吓了一跳，似乎他根本没有想过这个问题。

朱元璋没有直接告诉孙子应该怎么处理这样的事情，而是先让他说说自己的看法。于是朱允炆滔滔不绝地把自己将来对付要造反叔叔的方法都说了出来。朱元璋听了以后狠狠地夸奖了他，觉得这孙子以后当了皇帝一定会大有作为。

可是，就算朱允炆说的那些方法真的好，难道就一定有用吗？万一朱允炆只是一个纸上谈兵人，就算是有再好的方法，却不能将其付诸实践，那叔叔们还是照样可以谋反。看来朱元璋这个做爷爷的还是做得不够到位。再看看朱元璋给孙子找的那些心腹，如梅殷、黄子澄、齐泰等人，都是些舞文弄墨之人，至于他们遇到大事的时候究竟能不能扛得住，

那就谁也说不准了。

朱元璋倒是觉得自己已经为孙子安排好了一切，于是他安然地闭上了双眼，撒手人寰。洪武三十一年（1398 年）六月，朱允炆正式继承了皇位，是为明惠帝，年号"建文"，后世因之多称之为建文帝。

朱允炆虽然当上了皇帝，但他总是提心吊胆，因为叔叔们分守各地，根本不把他放在眼里，尤其是镇守北平的四叔朱棣，在各亲王中，拥兵最多，势力最大。

一天，建文帝把他的老师黄子澄请到宫中，问道："先生，您还记得从前在东角门说的话吗？"

黄子澄慌忙回答："臣至死不敢忘记！"

建文帝重重地叹了口气，心事重重地说："以先生之见，我现在该怎么办呢？"

"臣这就去找兵部尚书齐泰商议此事！"

这是怎么回事呢？原来，朱允炆当年被立为皇太孙之后，见叔叔们都不看重他，就和老师黄子澄谈起了这件事。他在东角门问黄子澄："爷爷还在，叔叔们就敢这样傲慢地对待我；爷爷不在了，我怎样才能制服这些叔叔们呢？"

黄子澄回答说："各亲王虽然拥有军队，但兵力毕竟有限，不能跟朝廷的力量相比。如果亲王发动叛乱，朝廷就可以派大军讨伐。皇帝讨伐叛臣是合情合理的，一定会大获全胜，请皇太孙不必忧虑。"

其实，黄子澄当时说这些话都是安慰朱允炆的，他心里也清楚，制服这些亲王谈何容易！现在，朱允炆已经当上了皇帝，这些问题尖锐地摆在了面前。面对皇帝的问询，黄子澄不得不慎重考虑了。

第二天，黄子澄找到了齐泰，对他说了建文帝的心事。齐泰说："现在亲王中要数朱棣的力量最大，如果要削藩，必须先铲除朱棣。"

黄子澄紧锁双眉，摇了摇头，说："朱棣早有准备，如果先拿他开刀，势必会引起大乱。我们不如先从其他亲王下手，除掉那些和朱棣关系密切的亲王。周王是朱棣的亲弟弟，应该首先把他的藩号削掉。"

齐泰同意黄子澄的这种办法，他们计划一定，就马上报告了建文帝。恰巧，这时有人控告周王谋反，建文帝就派大将李景隆带兵进军周王的封地开封，趁周王不备，包围了周王府。周王被擒，被押到了京城。建文帝下令废除周王的封爵，把他贬为庶人，发配到云南。

在审理周王谋反案的时候，另外一些亲王，如湘王、代王等也都被牵扯进来，建文帝对他们或废或关。不到一年的时间，建文帝先后削除了五个藩王的爵位。

朱棣看到这种情况，心里也害怕了。为了能够躲过这场灾祸，他决定实行装疯卖傻的计策。主意一定，朱棣就打乱自己的头发，披上一件破破烂烂的衣服，一边哈哈大笑，一边往街上跑去，他的身后跟着一群看热闹的孩子。朱棣跑到了一家小饭馆里，抓起肉来就吃，端起酒来就喝，并且还把一些吃的东西分散给围观的孩子。朱棣满街乱跑，累了就躺在地上睡觉，府里的家人来拉他回家，他就对家人连打带骂。第二天，整个北平城里没有人不知道朱棣疯了。

当时北平城里有两个人，一个叫张昺，一个叫谢贵，他们都是建文帝派来监视朱棣的。他们听说朱棣疯了，都不相信，就决定亲自到朱棣家里看看虚实。这一天，张昺和谢贵来到了朱棣家里。此时天气非常炎热，两个人累得热汗直流。可他们一看，不由得大吃一惊。原来，朱棣身披一件大皮袄，坐在一个火炉旁边，身子还"冻得瑟瑟发抖"呢！

他们二人急忙上前给朱棣请安："王爷，身体可好？"

"你们还没有吃饭？"朱棣故意答非所问，"来呀，备酒！"

张昺、谢贵看到这种情况，以为朱棣真的疯了，就慌忙起身告辞，写了一份密折，派人送到京城，朱棣却并没有因此而幸免。过了不久，建文帝下了一道圣旨，剥夺了朱棣的爵位，下令逮捕朱棣手下的官吏，并派大军向朱棣居住的北平进发。

这一来，朱棣知道再怎么装疯卖傻也躲不过去了，于是急忙召集自己手下的将官，对他们说："朝廷上出现了黄子澄、齐泰两个小人，他们挑动皇帝杀戮亲王，真是罪该万死！今天我朱棣被迫起兵，希望各位

将军随我前去除掉这两个奸贼！"众将齐声应是。

朱棣久经沙场，智勇双全，他率领的军队势如破竹，很快就控制了北平一带的广大地区。起初，建文帝派耿炳文讨伐朱棣，结果耿炳文被朱棣打得几乎全军覆没。不久，建文帝召回了耿炳文，让李景隆来指挥三军。

朱棣听说李景隆挂帅，不由得哈哈大笑。他说："李景隆本是个素不知兵的小辈，让这样的人指挥军队，我朱棣必胜无疑了。"他突然心生一计，对众将官说："如果我朱棣亲自镇守北平，李景隆绝不敢轻易来攻。现在永平（今河北省卢龙县）吃紧，我先带兵去救援永平，他一定前来攻城，那时我再回师北平，咱们内外夹击，李景隆必定大败。"

李景隆果然中了计。他得知朱棣率兵去营救永平，真是喜不自禁。他认为朱棣一走，城内必定空虚，这样一来，北平便唾手可得了。哪想到自己正中了朱棣的计谋，被朱棣的军队打得大败，李景隆连夜逃到了德州（今山东省德州市）。这样一来，朝廷的军队损失很大，朱棣的军队更加锐不可当。不少守将一见朱棣大军杀来，不是弃城逃跑，就是开门投降。

建文四年（1402年）六月，朱棣大军渡江直逼南京城下，谷王朱橞与已被封为曹国公的李景隆开金川门迎降，京师遂破。朱棣大军进京后与建文帝的支持者发生了一场混战，南京城内的皇宫大院起了火。当火势扑灭后，人们在灰烬中发现了几具烧焦了的残骸，已经不能辨认，据太监说他们是皇帝、皇后和他们的长子朱文奎的尸体。

朱棣迅即在群臣的拥戴下登上了皇帝宝座，他就是历史上著名的明成祖，因年号是永乐，所以又被称为永乐皇帝。朱棣发动的这场篡夺皇位的政变，史称"靖难之变"（也称"靖难之役""奉天靖难"等）。

朱允炆的下落从此却成为一件悬案，谁也不能肯定他是否真的被烧死了。后来对他的帝业抱有同情心的历史学家们都说他乔装成和尚逃离了南京。事情的真相究竟如何，至今仍然是一个谜。

方孝孺惨遭灭"十族"

作为明一代较有作为的皇帝，应当说朱棣干得还不错。然而他做的孽也不少，比如灭方孝孺十族……

对于朱棣这位从侄子手中夺权的皇帝，曾任清康熙朝内阁首辅和《明史》编撰总裁官的张廷玉在《明史》中大加赞扬说："文皇少长习兵，据幽燕形胜之地，乘建文屠弱，长驱内向，奄有四海。即位以后，躬行节俭，水旱朝告夕振，无有壅蔽。知人善任，表里洞达，雄武之略，同符高祖。六师屡出，漠北尘清。至其季年，威德遐被，四方宾服，明命而入贡者殆三十国。幅员之广，远迈汉、唐。成功骏烈，卓乎盛矣！"

张廷玉这番话几乎是把朱棣夸上天了。当然，朱棣干得确实也还不错。在位期间，他改革机构，设置内阁制度；对外五次亲征蒙古，收复安南（交趾）；在东北设立奴儿干都司、西北设立哈密卫，在西南贵州等地区建立行省行政区划，巩固了南北边防，维护了中华版图的统一与完整；多次派郑和下西洋，加强了中外友好往来；同时，还命人编修《永乐大典》，疏浚大运河，永乐十九年（1421年）迁都北京……这些措施对强化明朝统治起到了非常积极的作用，也开创了一个经济繁荣、国力强盛的盛世，史称"永乐盛世"。

但是，作为一个专制时代的君王，朱棣的手上同样沾满了鲜血。在坐稳大明江山后，他杀光了所有反对他的人，手段之残忍，比起他的父亲朱元璋来是有过之而无不及，比如他杀方孝孺。

方孝孺名满天下，有"明初第一大儒"之称。他是建文帝的老师，也是辅助建文帝的重臣，朝中很多官员都是他的学生。"靖难之变"时，方孝孺代建文帝草拟了一系列讨伐燕王朱棣的诏书和檄文。朱棣通过"靖难之变"成功夺取了皇位后，朝中的大多数文武官员皆转变立场，向朱棣投降了，但方孝孺却因拒绝投降而被朱棣指为奸佞之臣，被打进大牢。

朱棣起兵时，其第一谋士姚广孝曾经对他说，破城当天方孝孺绝对不可能投降，而且姚广孝跪下来恳求朱棣，求他不要杀死方孝孺，不然"天下读书的种子便彻底消灭了"。朱棣答应了姚广孝的要求。

事实上，朱棣深知方孝孺名声显赫，也打算通过他来笼络人心，因此在燕军攻克南京后，朱棣多次遣人去牢里劝方孝孺投降，期望由他来撰拟新皇帝登基的诏书，但均遭到方孝孺的断然拒绝。

从南京被攻破、建文帝身死的那一天起，方孝孺每天都为建文帝身披丧服，整日伤心痛哭。

一日，朱棣上朝时，让人把方孝孺押到殿上。方孝孺身披孝服一上殿便号啕大哭，悲声响彻整个大殿。朱棣见状也为之动容，下殿对他说道："先生莫要如此，实际上我只是效仿周公辅佐成王罢了。"

方孝孺听后反问道："成王在何处？"

朱棣回复道："已自焚死去。"

方孝孺又问道："为何不将建文帝之子立为君主？"

朱棣答道："国赖长君，其子尚幼。"

方孝孺又道："为何不将建文帝之弟立为君主？"

朱棣答道："此乃朕之家事！"

朱棣命人将纸笔递给方孝孺，逼迫他草拟即位的诏书。方孝孺接过纸笔，挥笔写下"燕贼篡位"四字，然后把笔丢在地上，大声哭骂道："死有何惧？诏书却不能撰拟！"

朱棣看他不肯屈服，便威胁道："先生不担心九族被诛吗？"

方孝孺毫不畏惧，愤然答道："莫说是九族，便是诛灭十族又如何？"

朱棣听了勃然大怒，便让人用刀从方孝孺的嘴角一直割至耳朵旁边。方孝孺血泪横流，依然怒骂不止。朱棣见他宁死不屈，便下令把他投进死牢，于午门内凌迟处死。

在古代，君王处死大臣时，通常都在刑部天牢或闹市行刑，抑或押至午门外斩首，先前从未有过在午门内杀人的例子。从这一点可以看出朱棣是多么痛恨方孝孺。

把方孝孺投进死牢之后，朱棣命人全力搜查缉捕方孝孺在京的亲眷，并于行刑当天把他们押至刑场，在方孝孺面前处死。方孝孺强忍悲痛，自始至终都未屈从。自己临刑之前，方孝孺也没有丝毫畏惧，为了表达自己对建文帝的忠贞，他特意口赋了一首绝命词：

天将乱离兮，孰知其由；奸臣得计兮，谋国用犹；忠臣发愤兮，血泪交流；以此殉君兮，抑又何求？呜呼哀哉，庶我不尤！

诛杀方孝孺后，朱棣依然没有化解心中的怨恨，便下令诛灭其"十族"，就是在"九族"的基础上再加上一族。

封建时代的九族泛指亲属，但九族所指，历代说法不同。一说是上自高祖、下至玄孙，即玄孙、曾孙、孙、子、身、父、祖父、曾祖父、高祖父。一说是父族四、母族三、妻族二，父族四是指姑之子（姑姑的子女）、姊妹之子（外甥）、女儿之子（外孙）、己之同族（父母、兄弟、姐妹、儿女）；母族三是指母之父（外祖父）、母之母（外祖母）、从母子（娘舅）；妻族二是指岳父、岳母。

九族一说的出现，与封建社会的刑法制度有很大关系。封建社会实行残酷的株连法，一人犯法，尤其是犯大法，往往要被灭九族，即"株连九族"。朱棣所灭方孝孺的十族，是在九族之外，再加上"门生"凑成十族。

于是，方孝孺的学生也被株连。这便是从古到今绝无仅有的"灭十族"，共有八百七十三人受牵连被凌迟处死。行刑一事持续了七天，被打入监狱和充军发配的人更是不可胜数。

后人一提起方孝孺，总是称赞他耿直刚正、忠贞不渝、舍生取义、气节非凡。方孝孺确实死得惊天动地，流芳千古，但是那些因他而无辜送命的人也实在太可惜了。

古人对这件事也有含蓄而精辟的言论。明朝的钱士升在《皇明表忠记》里写道："孝孺十族之诛，有以激之也。愈激愈杀，愈杀愈激。至于断舌碎骨，湛宗燔墓而不顾。"

近现代人对方孝孺之死和被灭十族也有自己的解读。

近代著名演义小说作家、历史学家蔡东藩认为："方孝孺一迂儒耳，观其为建文立谋，无一可用，亦无一成功。至拒绝草诏，犹不失为忠臣，然一死已足谢故主，何必激动燕王之怒，以致夷及十族，试问此十族之中，有何仇怨，而必令其同归于尽乎？"

而 20 世纪著名学者胡适却认为："方孝孺是明初一个了不起的人。外人常说中国很少殉道的人，或说为了信仰杀身殉道的人很少，但仔细想想，这是不确的。我们的圣人孔夫子在两千五百年前，就提倡'有杀身以成仁，毋求生以害仁'，这是我们的传统。在中国历史上有独立的思想、独立的人格而殉道的不少。方孝孺就是为主张、为信仰，为他的思想而杀身成仁的一个人。方孝孺在燕王进入南京后，因拒绝起草即位诏被杀了十族。当时姚广孝曾劝明成祖给读书人留个种子，明成祖不听，终于把他灭十族。甚至留有方孝孺片纸只字也是有罪的，这是明成祖要毁灭方孝孺的政治思想。所以以后明朝二百年，再没有政治思想家。我国政治思想在 14 世纪以前，决不逊于欧洲，但近五百年来何以不振，这是由于方孝孺被杀的惨剧所造成的。"

方孝孺被处死后，他那些侥幸活下来的门人和弟子拾其遗骸将其埋葬在聚宝门山上。方孝孺现存于世的著述有《逊志斋集》和《方正学先生集》等，很多人因敬慕其气节而爱重其著述。

明万历年间，著名戏剧家汤显祖为方孝孺修墓立碑建祠，后毁于战火。清李鸿章任两江总督时，又重新为其修墓立碑。民国时，江苏省省长韩国钧又重修，后来均遭焚毁。

1999 年，雨花台风景区特请东南大学丁宏伟教授设计修复方孝孺墓，2002 年在方孝孺遇难六百周年之际，方孝孺后人又捐款与雨花台管理局一道重新修整了方孝孺墓，如今也常有人前去瞻仰。

大才子解缙的悲剧人生

解缙是明初天下公认的大才子，连明成祖朱棣对他的文才也很是赞赏。然而，他的人生却又满是悲剧……

解缙（1369—1415），字大绅，一字缙绅，号春雨，吉州吉水（今江西省吉水县）人。出身世宦家庭，祖父解子元曾任元朝江西行省安福州（今江西安福）判官，在兵乱中不幸死去，这使父亲解开悲痛欲绝，居家守业，不肯出仕为官。朱元璋刚建明朝的时候曾召见过解开，同他讨论元明政事利弊，而且想封他做官，但被他婉拒。

解开从小就很注意培养儿子解缙。解缙自幼聪敏过人，十来岁时便写得一手很好的诗文，是当地出名的少年才子。

洪武二十年（1387年），解缙参加江西乡试，中了第一名解元，次年赴京师参加会试，得了第七名，经殿试后被录取为三甲进士，与其兄解纶同榜登第。

洪武二十一年（1388年）四月的一天，解缙陪同朱元璋来到光禄寺大庖西室。朱元璋谈到时政，少年得志的解缙很有些年少轻狂，况且他早已对朝廷有不满情绪，当天便写了一封"万言书"，交给了明太祖。这篇上书直陈时弊，受到时人及后人的推崇。朱元璋看了后，也没对他怎么样。

我们知道，洪武年间，朱元璋诛杀无数功臣，环境十分恐怖，没人敢上书劝止，然而解缙不怕。此后，解缙又多次上书，大胆进言，直陈肺腑。那些年，解缙的勇气和节气，能和后来的方孝孺相媲美。

最突出的事例是，因为胡惟庸一案，很多大臣片刻间消失得无影无踪，连尸首都没有。在这么恐怖的环境里，解缙仍旧以天下苍生为己任，以谏臣自居，上书朱元璋，针砭时弊。幸好那时的朱元璋，杀人还没杀昏头，尚能接受批评指正。

但是，"常在河边走，哪有不湿鞋。"洪武二十四年（1391年），朱元璋估计也很烦解缙，就告诉他说：大凡高才，都是大器晚成，因此解缙应该先回基层去锻炼锻炼，十年之后，再来京师。

其实解缙也就是变相被贬。被贬的原因很简单，解缙不畏暴政，大

胆说真话，让最高领袖听了不舒服。

这次被贬后，解缙苦等了七年。七年后，朱元璋在一日胜似一日的杀戮中走向了死亡。

被"打入冷宫"七年，那是痛苦而落寞的日子。在寂静的时光和赋闲的寂寞中，解缙似乎变了一个人，懂得圆滑权变了。他抓住朱允炆刚刚登基的大好时机，接连上书，并且四处拉关系，希望能回到京城做官。

经过一番"求爷爷告奶奶"似的辛苦奔波，解缙终于可以留在京城，在翰林院任职，但是，他的命也实在不好，屁股还没坐热，"靖难之役"发生了。作为大知识分子，解缙洞察到，朱允炆必败。他的两个好朋友兼老乡——胡广和王艮，也这么认为。

胡广是建文二年（1400年）的状元，王艮是同年的榜眼。说起这次殿试，王艮最心痛，因为他考试成绩第一，却被降为榜眼。原因也很简单，朱允炆以貌取人，将状元赐给了"颜值"更高的胡广。从这件事也能看出朱允炆政治失败的一些缘由。想想看，明明应该凭才华择人，却偏偏要看脸蛋，这样的一国之君能高明到哪里去？

在一个静悄悄的夜晚，解缙、胡广和王艮三人，围坐在一起，谈自己的理想，讲各自的去向。第一个发言的是解缙，他一张口就陈说大义，言辞慷慨激昂。胡广深受感染，起身立誓，以身殉国的决心无比坚定。

外面战火纷乱，屋内言辞激越，王艮仍然不为所动。他默默然，一句话都没说，眼泪却是淌个没完没了。王艮一个字都没说，谁都不知道他怎么想。隔壁的吴浦告诉他的儿子，在这三个人中，别看王艮一句话都没说，要数王艮最有操守。

后面的事实证明，吴浦是对的。京城还没被攻破，解缙已急急忙忙收拾包袱，连夜出逃，投靠朱棣去了。紧接着，胡广也投向朱棣。

令胡广感到汗颜无比的是，他生了一个性子非常刚烈的女儿。"靖难之役"发生前，胡广的女儿已许配给王艮的儿子。"靖难之役"发生后，王艮不投降，全家受累，儿子被发配边疆。为了自己的仕途，胡广逼女儿解除与王艮儿子的婚约。胡小姐死活不从，被逼无奈之下，割了自己的一只耳朵给胡广，以此表明心志。朱棣听说这件事后，重重嘉赏，连王艮的儿子也给赦免了。

灭了方孝孺的十族后，为了证明天下读书的种子没死绝，朱棣重用解缙，命他主持编撰一部百科全书。要编书，就需要知识分子。编撰的规模越大，需要的知识分子就越多。为了广招天下有才之士，朱棣下令，编一部"包括宇宙之广大，统会古今之异同"的方便检索的百科全书。通过编书一事，大批知识分子被笼络到朱棣身边。这本书编成后，就是名流史册，令无数学者叹为观止的《永乐大典》。

《永乐大典》收录的古籍达七八千种，上至先秦，下到明初，凡是成文的著作都被收集。全书包括经、史、子、集、释、庄、道、戏剧、平话、工技、农艺、医卜、文学等内容，无所不含。据统计，全书两万两千多卷，仅是目录就有六十卷，装成一万一千多册，约三亿七千万字。如此大规模地修书，史无前例。

《永乐大典》修好后，朱棣不止一次向人夸耀，赢得解缙的归附是上天对他的垂怜，但是，这不过是朱棣笼络读书人的伎俩罢了，在他本人的内心深处，一点儿都不垂怜解缙。

国内局势刚刚稳定，以朱棣长子朱高炽和次子朱高煦为首，朝廷内部又开始了一场争夺继承权的大战。解缙深受长幼观念影响，全力支持长子朱高炽。

只是，朱高炽形象欠佳。他长得肥胖不堪，还行动不便，走路一瘸一拐的。英明神武的朱棣很不希望这样一个儿子来接自己的班，他有些偏爱次子朱高煦一些。这个儿子很像自己，英明能干，打仗在行，更重要的是，性格也很像自己，这才是自己的儿子，因此朱棣想让朱高煦顶替朱高炽当太子。他在将此事透露给大臣们后，却遭到了普遍的反对，于是他找解缙谈话。

朱棣问，谁更适合继承他的皇位？解缙回答是朱高炽。朱棣说朱高炽身体不好，可能活不长。解缙又说，就算朱高炽没有福气，也应该立长孙为太子；无论如何，绝不能立次子。

听了解缙的话，说来也怪，以朱元璋第四子身份夺得皇位的朱棣也认为，继承皇位的，应该是长子；而且他也确实喜欢朱高炽的长子朱瞻基。他内心深处有些动摇，毕竟自己的内心天平还是倾斜于朱高煦的。

这时，解缙再次发挥作用。一次，有个大臣献上一幅画，画上画的是一头老虎带着一群幼虎，十分亲密。解缙突然在画上题诗一首：

虎为百兽尊，谁敢触其怒。

唯有父子情，一步一回顾。

这首诗彻底让朱棣偏向了朱高炽，都是自己的儿子，自己不能那么没良心去偏爱小儿子，而把宅心仁厚的大儿子抛弃。于是，他就不再提换太子这件事情了。

解缙按说是立了大功了，但也彻底得罪了朱高煦。

朱高煦见解缙居然如此维护自己的亲大哥，也就是现在的太子，自然怒火中烧，于是他就天天揪解缙的小辫子，还不断地在朱棣面前说解缙的坏话。时间一长，原本对解缙就不是十分"感冒"的朱棣也愈发讨厌解缙了。

不久，解缙被朱棣下派到化州（今广东省化州市）去当了个小官。一次他获得了进京机会，竟然冒昧地去见了朱高炽，而且是在没有请示朱棣的情况下去见的。这事被朱高煦知道后，立即报告了朱棣，结果朱棣把解缙打入了大牢。

永乐十三年（1415年）正月十三日，锦衣卫都指挥纪纲向朱棣进呈在狱的囚犯册籍时，朱棣惊讶地看到了解缙的名字，说了句："缙犹在耶？"

由于汉语的博大精深，除了朱棣本人，旁人恐怕是很难确切地知道朱棣这句话的真实含义的。他是问解缙怎么还在狱中呢，还是问解缙怎么还活着呢？也就是说，他是希望解缙死，还是希望解缙活呢？

朱棣的话语可以模棱两可，纪纲却绝不含糊。他是个绝顶聪明的人，加之平常深为解缙憎恨，因此他怕朱棣赦免和起用解缙，给自己带来麻烦，便把朱棣的"缙犹在耶"当成了杀无赦的金口玉言。于是急急忙忙赶回狱中，找了个借口将解缙灌醉，并埋在积雪中，不一会就将他冻死了。一代才子死时年仅四十七岁。

解缙去世后，家中财产被抄没，妻子、儿女、宗族都流放到辽东。

解缙的一生可以说是悲喜交加，大起大落，令人唏嘘。

为后人津津乐道的郑和下西洋

数百年来，郑和下西洋都是一段引发人们兴趣的历史。它的巨大规模，他的"厚往薄来"，它的广宣国威于海外……所有这一切，都使郑和下西洋之举为后人所津津乐道……

郑和（1371—1433），本姓马，名和，小名三宝，又作三保。出生于云南昆阳州（今云南省晋宁）。

洪武十四年（1381年），明太祖朱元璋派大将傅友德、沐英征讨云南。第二年就平定了云南，消灭了元朝的残余势力梁王政权。那一年，郑和才十来岁，父母已亡，孤苦伶仃，被明军俘虏，净身之后，做了燕王朱棣的小太监。

小小年纪的郑和聪明过人，而且非常懂事，深受燕王朱棣的喜欢。朱棣觉得这孩子长大之后，一定会有一番作为，便让郑和与他的儿子一起读书。郑和很用功，所以书读得也好，朱棣经常教导几个儿子向郑和学习。郑和稍大一点，又和燕王的几个儿子一起习武，郑和专心致志，所以武艺也进步很快。

有一天，教授武艺的老师让郑和和朱棣的儿子比武较量，正好遇上朱棣前来观看。郑和有意谦让，朱棣看后，说道："你们几个都拿出真本事来，战场上可不分地位高低！"结果朱棣的几个儿子一起上，还打不过郑和一个人，朱棣从此更加喜欢这个文武双全的小太监了。

朱棣发动"靖难之役"时，郑和随侍军中，亲临战场，多次立功。

朱棣非常高兴，夺取皇位后，更加重用他，高兴之余，赐"郑"姓给他，由此史称"郑和"。人们则依小名又管他叫"三宝太监"。

永乐三年六月十五日（1405年7月11日），明成祖朱棣派郑和为使者，带一支船队出使西洋（历史上将郑和的远航称之为"下西洋"，明朝时期的"西洋"是指今文莱以西的东南亚和印度洋沿岸地区）。

郑和所率船队，一共有两百四十多艘海船（其中有六十二艘大船）、两万七千多名士兵和水手，此外还有技术人员、翻译、医生等。他们从苏州刘家河（今江苏太仓浏河）出发，浩浩荡荡，扬帆南下。

郑和的船队日夜兼行，很快驶进东海，为了确保安全，郑和命令大船在外围，中间是小船和中船。这样一来，一遇到大风大浪，小船和中船就不至于被冲走或打翻。为了确保航行顺利，他把有经验的船手和年轻的船手交错分工，把这些船手分成三班工作。第一班从6:00至14:00，第二班从14:00至22:00，第三班从24:00至次日6:00。而且每班都有老船手，所以一路上，没有出现什么意外。晚上由郑和负责指挥，为了联系方便，各船悬起桅灯，并规定好，什么信号表示加速，什么信号表示减速。这些由自己的副手王景弘指挥，用旗来传递信号。如果遇上大雾，则用号声代替。

由于郑和分工明确，而且又有许多联络的方法，所以船队顺利到达占越国（今越南中海部）。郑和带着礼物前去拜访占越国国王。占越国国王听说郑和要带领船队经过这里，早早地便率领文武大臣在港口迎接。在占越国停留几日后，郑和又开始了航行。占越国国王亲自相送，还给明成祖回赠了礼品。

郑和船队在途中也遇到过不愉快的事情。他带领船队到达爪哇（今印度尼西亚爪哇岛）时，爪哇东、西王正在开战，郑和的人被西王误杀两百来人。郑和强忍悲痛，从大局出发，和平处理了此事，从此爪哇对明朝感恩戴德，对郑和也十分尊敬。

从爪哇起航，郑和船队又来到满刺加（今马来西亚马六甲）。满刺加的酋长亲自相迎，以最隆重的礼节迎接郑和。停留一些日子后，郑和没有忘记自己的使命，便继续前进。

从锡兰山（今斯里兰卡）海域行驶过去，绕过印度半岛南端，又北上，最后到达古里（位于南亚次大陆西南部的一个古代王国）。在古里，他受到古里国王的热烈欢迎。

郑和在古里立了纪念碑："此去中国，行程十万余里。民物咸若，熙皞同情。永乐万世，此平天成。"

此后，郑和于永乐五年（1407年）返回国内，这一次远航访问了二十多个国家，并与其建立了友好关系。

郑和回国十几天后，又奉命带领船队第二次下西洋。这次主要访问了占城、爪哇、暹罗（今泰国）、满剌加（今马来西亚马六甲州一带）、南巫里（今印度尼西亚苏门答腊岛西北角亚齐河下游哥打拉夜一带）、加异勒（今印度南端）、锡兰、柯枝（今印度西南岸柯钦一带）、古里等国，于永乐七年（1409年）夏七八月间回国。

永乐七年（1409年）九月，郑和又奉命第三次下西洋，到达今越南、马来西亚、印度等地，回国途中访锡兰，于永乐九年（1411年）六月回国。郑和这一次在满剌加建立了仓库，但是前三次下西洋都没有超过古里国。

为了能与更多的国家进行友好交往，永乐十一年（1413年），四十二岁的郑和第四次远航。这一次他带领船队到达了非洲东海岸，并带回了许多珍贵礼品。

永乐十五年（1417年），郑和第五次下西洋，带回了麒麟（现叫长颈鹿），当时麒麟被认为是吉祥的象征。明成祖高兴之余，还为它举行了典礼。

永乐十九年（1421年），郑和第六次下西洋，到达今孟加拉国，因遇风浪，中道返回。郑和第六次下西洋回来之后，北京皇宫三大殿发生火灾。有的大臣说这是郑和六下西洋带来的灾难，那时候人们很迷信，明成祖便决定不再下西洋了。

后来，明成祖的孙子宣德帝继位后，又于宣德五年（1430年）闰

十二月初六派郑和第七次下西洋，这一次访问了二十多个国家。返航时，郑和因劳累过度于宣德七年（1432年）四月初在印度西海岸古里去世，船队由太监王景弘率领返航，并于当年七月返回南京。

郑和的七次远航，表现了我国古代百姓顽强的探索精神，也说明当时我国航海技术已经具备很高的水平。

据史书记载，郑和船队是由两百四十多艘大小海船组成的一支联合舰队，船队的主体船舶为宝船、马船、粮船、坐船和战船五类海船，即我们现在所说的指挥船、战船、补给运输船、交通船等。

据载，其中宝船的船体最大，可容纳上千人。上层建筑豪华壮观，为郑和等领导成员乘坐的旗舰，也为使团的重要成员、外国使节所乘坐。马船为中型宝船，是一种运输船，其功用与当时所谓的运输马匹的船相同，还兼有预备水军出征的功能。粮船规模仅次于中号宝船，是装运粮食或食物的船，郑和使团每次奉命出使海外，往返需两三年，必须带足两万多人食用的粮食。坐船是士兵所乘坐的船。战船是船队用来自卫的船，能防海盗袭击，也兼有作战的性能，但广大官兵随郑和下西洋毕竟不是海外军事远征，因而战船较多时间都被用作坐船来运输士兵。

郑和下西洋，比发现美洲大陆的哥伦布早了八十七年，比从欧洲绕好望角到印度航海路线的开拓者达·伽马早了九十二年，比麦哲伦到达菲律宾早了一百一十六年。郑和下西洋时间之长、规模之大、范围之广都是空前的。它不仅在航海活动上达到了当时世界航海事业的顶峰，而且对发展中国与亚非各国政治、经济和文化上的友好关系，作出了巨大的贡献。直到现在，这些国家里还流传着郑和的事迹。

意义深远的迁都北京

朱棣成为明成祖后，将明朝的都城从南京迁往北京，这是具有重大历史意义的事件，其对中国政治、经济、文化的影响一直延续至今……

永乐六年（1408年），朱棣向群臣宣布，准备迁都北平。

诏令刚一颁布，朝廷内部即刻分裂为两派，北方一派举双手赞同迁都，南方一派则不同意迁都。北方一派以朱棣为首，附和者多是参加"靖难之役"的武将。理由很简单，他们的家在北平，到了南方后，吃得不习惯，住得不习惯，连天气都适应不了。

朱棣虽然生在应天，可是他的大半生都在战乱中度过。朱元璋打天下时，非常繁忙，据说连给朱棣取个名字的时间都没有。还有，不满二十一岁，朱棣就被派往当时风沙肆虐的北平。那时的北平，除了一座破城，几乎一无所有。

经过若干年的努力，朱棣在北平建立了自己的家庭，生了孩子，培养了自己的军队。北平不仅是朱棣的根基，还是他的家。拿北平与应天相比，朱棣觉得，应天只是皇权的象征。再说，朱棣的皇权是抢来的。如果将帝都迁到老家北平，不仅可以证明他皇位的合法性，也好开展他的千古帝业。

反对迁都的南派，大多是从小就生长在南方的儒学之士。他们也是习惯了应天懒散的生活，爱好这里山清水秀的风景。如果到北平，不仅风沙大，连水源供给都不充分，叫人怎么活？在这批儒学之士心里，北平只适合当兵的人驻守。

由于反对派的呼声很高，意见很大，朱棣也不能不管不顾。他开始根据事先设计好的缜密方案，逐步着手进行这项战略性的政治军事中心迁移工作。

首先，他自己不亲自出面，而是指使礼部尚书李至刚提出兴建北平并改名北京的建议。李至刚等人在奏折中称，燕京北平是皇帝"龙兴之地"，应当效仿明太祖对凤阳的做法，立为陪都。

我们知道，朱元璋的老家在今天安徽的凤阳，当时叫濠州。朱元璋当年穷到被迫出家当和尚，后来做了皇帝，就想着衣锦还乡荣归故里。洪武二年（1369年），朱元璋下令以濠州为中都，也就是在南北两京（明

朝建立后，朱元璋仿两京古制，除建都南京外，还以开封为"北京"）之外再加一个都城。朱元璋一度真的想迁都濠州，甚至已经在中都仿造南京修建宫殿，如果最终完工并保存到今日，说不定又是一处故宫。只是后来朱元璋出于多重考虑，最终"罢中都役作"，但之后直至明亡，濠州都被一直称为中都。

因此，朱棣一看到李至刚等人的建议后，便大力擢升燕京北平府的地位，不再以开封而是以北平为北京，改北平府为顺天府，称为"行在"。

由于朱棣的这些举动，都是遵从祖制的，没有人可以责难，于是他开始公然营建北京城。

其次，那时尽管北京有非常重要的地理位置，可是在经济上却远远比不上南京，因此朱棣便下诏向北京周边大举移民屯田，五年内皆减免赋税，一部分士兵、流亡者或囚犯，也被安排到北京附近地区种田。另外，朱棣还推行了一些惠民政策，比如免费供给他们牛具、种子等。

经过多年的精心建设，北京终于变得日益昌盛，初具大都市的规模，能与南京相比了。

接着，朱棣又下诏，宣布建造北京宫殿，并专门派遣大臣去各相关行省搜集巨大的木材，还命大臣陈珪负责北京宫殿和北京城市的整个设计建造工程。

自从朱棣即位后，直到永乐七年（1409年），他才首次回到北京。此次回北京，除了组织北伐外，他还在北京北郊昌平境内给自己建造了长陵。朱棣把自己的陵墓修在北京，其实就是迁都的暗号，但是只要他没将迁都之事公布于众，就算有人看出端倪，也不好公开表示反对。

永乐八年（1410年），朱棣首次领兵亲征回朝后，次年就令工部尚书宋礼及都督周长对通惠河进行疏浚，决意将南北漕运之路打通。疏浚运河的工程共历时五年，直至永乐十三年（1415年）才全部完工。运河的贯通使南粮北调成为现实，在物质方面为明成祖迁都北京提供了保障。

直到永乐十四年（1416年），眼看时机已成熟，朱棣才正式诏令"文武群臣集议营建北京"，公开了迁都计划。随后，河南布政使司陈祚、周文褒及王文振共同上疏对迁都表示反对。朱棣下令把他们贬至均州太和山去种田，以儆效尤。

在这样严酷的惩罚下，加之"生米已煮成熟饭"，迁都北京已是势所必然，因此也就没有人再提出异议。

永乐十八年（1420年），北京宫殿的兴建工作基本完成。

新建造的北京城的规制与南京相同，且较南京更为雄伟壮丽。于是明成祖朱棣于永乐十九年（1421年）正式下诏从南京迁都到北京，将北京定为京师。

为了表现出对明太祖的敬重，朱棣在迁都后依然将南京称作"京都"，将北京称作"陪都"，并让太子在南京留守监管国事。明朝由此开始施行真正意义上的两京制，即南京与北京同时各有一套政府机关。然而，皇帝与中央朝廷皆在北京，政策法令也皆由北京宣布，实际上此时北京已成为真正的国都了。

现在北京的紫禁城，就是朱棣留给后世的杰作。不算护城河与城墙之间的绿化带，紫禁城占地面积七十二万多平方米，宫殿占地面积十六万多平方米。紫禁城内的建筑严格按照"井"字形布局，规划得非常整齐。更令人意想不到的是，北京城不仅建造得金碧辉煌，体现了皇家的气派，甚至还建设了下水道等排水系统。

坐在北京城，看着整个大明的版图，朱棣开始了他梦想的千古帝业。但是，迁都北京后，发生了无数令人心惊肉跳的天灾，全国的很多大城市都发生火灾。联系起朱允炆是自焚而死的，很多反对迁都的南方大臣就此借题发挥，指责迁都的过错。

听了这帮腐儒的言论后，朱棣勃然大怒，将呼声最强烈的萧仪给杀了。杀了萧仪后，朱棣放出话来，迁都是一项死命令，无论如何，必须执行。如果有谁胆敢妄议，萧仪的下场就是他们的榜样。

如果没有朱棣的坚持，北京就不会成为大明的国都。朱棣依据北京

起家，北京城仿佛被上天注定了，要见证朱棣的永乐盛世。

著名的历史学家费正清在《剑桥中国史·明史》中认为，朱棣迁都北京，是"出于政治和军事的原因，北京优于其他一切地方：它既可以充当对付北方入侵中国的堡垒，又可以作为支持皇帝在北方执行扩张性政策的一切活动的中心"。

确实，从当时的具体情况而论，北京拥有很大的发展潜力。首先，非常广袤且平坦的肥沃土地，为大批驻扎的军队和迁移到此的百姓提供了生活供给。其次，北京一带处在南方汉族和北方少数民族的交融地带，非常敏感。控制住了北京一带，向内可以守卫大明疆土，向外可以进一步扩展。

后来，明成祖朱棣死后，明仁宗即位。明仁宗长期作为太子在南京监国，即位后立刻有还都南京的打算，下令修葺南京宫殿。随即，北京六部原印信被收回，新印信重又加印"行在"，等于废除了北京作为京师的地位。仁宗享国日短，未满一年即驾崩，此时还都的实际行动尚未展开。尽管仁宗的遗诏中强烈表明了他希望还都的意愿，继位的明宣宗还是暂缓了还都的计划。明宣宗的儿子明英宗继位后，正式确定北京为明朝京师，不再称行在，从此终明一代再未改变国都的位置。

苛政猛于虎

在明朝，如果你上午在马路边随意说过一句对皇帝不敬的话，那么下午就很可能坐上"老虎凳"。因为，这里的特务遍天下……

明初，为了巩固统治，朱元璋采取了一系列措施，除大力惩治贪官污吏外，还设置了锦衣卫，专门负责"察听在京大小衙门官吏不公不法及风闻之事，无不奏闻"。锦衣卫设立于洪武十五年（1382 年），与此后的东厂、西厂一起构成了中国历史上著名的明朝特务统治机构。

一开始，锦衣卫的职责仅限于探察各类情报、监视各级官吏、办理皇帝交办的案件。后来，为了巩固自己的皇权，也为了替后世子孙消除隐患，朱元璋毫无顾忌地杀害有功之臣，而刑部、大理寺、都察院等传统的司法机构调配起来多有不便。

因此，朱元璋提升了锦衣卫的保卫作用。南北镇抚司是承担侦缉刑事任务的锦衣卫机构，而其中的北镇抚司可以传递并处理皇帝亲自审定的案件，可以设置自己的监狱，也就是诏狱，无须经过普通司法机构便能自行缉捕、审讯和处理决断。

根据明史所载，当时锦衣卫共有十八套经常使用的刑具，如夹棍、脑箍、拦马棍、钉指等，杖刑也是其中的一项刑罚。锦衣卫在施行杖刑时很有讲究，若是行刑官仅说"打着问"，这是说让执行者不要打得过重；若说"好生打着问"，就是让执行者打重一些；若说"好生着实打着问"，就是让执行者不管犯人死活重重地打。通常情况下，凡是被逮进去的罪犯，皆得把十八种刑具尝一遍，可谓在鬼门关上走了一遭，就算不死也得被扒层皮。

"执掌廷杖"是锦衣卫的另一项重要职能。从明朝开始施行的廷杖制度是一项为了彰显皇帝威势和权力的残酷刑罚，是指皇帝用杖刑责罚犯颜上谏或者有过错的大臣。被下令施行廷杖的官吏会被脱去官服，然后反绑起双手押到午门受刑。不论是对受刑者的肉体还是心灵来说，廷杖之刑皆是很严重的伤害，而明朝皇帝却沉浸其中，自得其乐。

朱元璋在位期间，被廷杖致死的官员包括公侯朱文正、朱亮祖及工部尚书薛祥等。

到了朱棣时期，虽说朱棣圆了自己的皇帝梦，可这皇帝的"梦乡"并不是十分甘甜，总是心生狐疑，猜忌着朝中的文武百官和京城百姓。因为他认为无处不有"篡弑"之嫌。所以，朱棣特别重视亲卫军（皇帝的侍卫部队）。在他身边有纪纲、刘江、袁刚三个亲卫军指挥，可说是朱棣的绝对亲信，经常侍奉在身边。由于三人名字发音相近，朱棣每说起他们，就称"三纲"，并且说："朕之生死，有赖三纲。"

在这样的背景下，永乐年间，朝野无人不怕"三纲"，特别是对"三

纲"之首的纪纲，更是惧怕到了极点。这是什么原因呢？因为纪纲又是锦衣卫的指挥使。

纪纲原是济阳（今山东济阳）的一名儒生，由于品行不好而遭罢黜。纪纲在朱棣的燕军起兵攻打南京路过济阳时叩马投效，得到朱棣信用。纪纲虽然品行不好，但善骑射，很聪明，被朱棣视作人才，授他忠义卫千户。纪纲在朱棣登基后升任锦衣卫指挥使，统领皇帝的亲卫军并掌管刑狱。朱棣密旨纪纲"广布校尉，日摘臣民阴事"奏告，把纪纲视作心腹，纪纲更是极为效忠皇帝，将大批校尉派出，监视官吏的一举一动，并及时禀报。

在重用锦衣卫的同时，朱棣还于永乐十八年（1420年）设置东厂。东厂是东缉事厂的简称，由亲信宦官担任首领。东厂是世界历史上最早设立的国家特务情报机关，其分支机构远达当时的朝鲜半岛。

起初，东厂只负责侦缉、抓人，并没有审讯犯人的权利，抓住的嫌疑犯要交给锦衣卫北镇抚司审理，但到了明末，东厂也有了自己的监狱。

东厂监视官员、社会名流、学者等各种政治力量，并有权将监视结果直接向皇帝汇报。依据监视得到的情报，对于那些地位较低的政治反对派，不经司法审判，东厂可以直接逮捕、审讯；而对于担任高级官员或者有皇室贵族身份的反对派，东厂在得到皇帝的授权后也能够对其执行逮捕、审讯。

东厂除了常用的杖刑、夹棍等刑罚之外，还有令人不寒而栗的不常使用的几大酷刑，如刷洗、油煎、灌毒药、站重枷等，这些刑罚都能把人折磨得后悔来到这个世上。

刷洗，就是将犯人脱光衣服按在铁床上，用滚烫的开水浇在犯人的身上，然后趁热用钉满铁钉的铁刷子在烫过的部位用力刷洗，刷到露出白骨，最后直到犯人死去。

油煎类似于后来的铁烙铁，是将一口平的铁盘烧热后，将人放在上面，不到片刻，就会将犯人烧焦。

灌毒药，就是特务们灌犯人一次毒药，然后喂一次解毒药，然后再灌另一种毒药，直到将犯人毒死。

站重枷，就是让犯人站着戴枷，枷的重量超过常人体重，最重的大枷有三百斤重，犯人戴上几天后就会被活活累死。

另外，杀人的酷刑还有剥皮、铲头会、钩肠等，这些刑罚之残酷又要胜过以上的几种酷刑。如果把他们的使用方法一一描述出来，估计看到这些文字的人都会直接晕过去。

有了锦衣卫和东厂后，一个能侦缉密察朝野动静的耳目网络就从制度上建立起来了。通过锦衣卫和东厂宦官的刺探与告密，皇帝得以了解朝野上下的一切活动。

实际上这是一个庞大的特务体系，不论是做事的命官、皇亲国戚还是京城土地上的百姓，朱棣都可以迅速得知他们的一举一动。

有一次，广东布政司官徐奇来京时带了些岭南土产分赠廷臣，还列了份详单，这单子立马被交到了朱棣手上。因为名单上没有内阁首辅杨士奇的名字，朱棣便把他单独召来相问，并准备以私交廷臣罪处置徐奇和名单上的人。杨士奇解释说，当徐奇要去广东做都给事时，很多廷臣作了诗文赠予他，故有此赠答。只因当时自己有病，没去送他，否则也肯定会被列入名单之上。徐奇这次所赠无非是些土产，而且不知廷臣是否都会接受他的礼物。经杨士奇这番解释，群臣才免去一场官司。

甚至朱棣还能知道曾有人在文渊阁席地酣睡。一天，讲读文渊阁的庶吉士刘子钦借中午休息的时候，与几位朋友品酒，可能是多喝了点，回到文渊阁后便席地而睡。哪知，睡得稀里糊涂的时候，模模糊糊听到有脚步声由外而来，高声喊道："皇帝诏见刘子钦！"这惊得他一骨碌爬起来，酒意吓得全无，随着太监去拜见皇帝。

朱棣见到刘子钦，斥责道："吾书堂为汝卧塌耶？罚去其官，可就往为工部办事吏。"刘子钦不敢申辩，急忙谢恩，挽上胥吏巾服，去了工部。刘子钦刚刚在工部与群吏开始做事，皇帝又叫太监传见他。刘子钦哪敢耽误，身上穿着吏服，匆匆去皇宫拜见朱棣。朱棣对他嘲讽道："你好没廉耻。"说完，让左右还他冠带，令归内阁读书去了。

朱棣除了控制官员的一举一动，甚至京城百姓的活动，也在朱棣安排的秘密监视之中。

据史书记载，京城街巷中发生了一起幼孙殴打祖母的家庭纠纷，朱棣立马知道了，那个幼孙因此差点被定成死罪。

明初东厂，是朱棣维护统治的得力武器。后来到了明宪宗成化年间，又于东厂之外增设西厂，与东厂及锦衣卫合称厂卫，活动范围自京师遍及各地。

明代政治生活中的一个显著特点是宦官专权与特务统治的紧密结合。厂卫的横行，造成了"士大夫不安其职，商贾不安于途，庶民不安于业"的人人自危的恐怖气氛，使社会风气和政治风气急转直下，这也为明朝后来的灭亡埋下了伏笔。

第三章　短暂而辉煌的盛世

难得的好夫妻

　　遍观中国历史，好皇帝，有；好皇后，也有。然而夫妻二人都好的皇帝皇后，却不多。明仁宗朱高炽和妻子张氏算是其中一对……

　　明朝历史上的第四位皇帝是明仁宗朱高炽（1378—1425），他是明成祖朱棣的长子，在明太祖时期便被立为燕王世子，于永乐二年（1404年）被立为皇太子。

　　由于要进行北伐及谋划迁都之事，明成祖从永乐七年（1409年）之后便经常留在北京。于是，太子朱高炽奉命监管国事，直至永乐十九年（1421年）才跟随明成祖来到北京。十几年监管国事的经历，让朱高炽了解了社会上存在的问题，治理国家的能力也得到了提高，为即位后巩固统治秩序奠定了优良的基础。永乐二十二年（1424年）明成祖去世后，朱高炽在大学士杨士奇、杨荣、尚书蹇义等人的拥护下即位，是为明仁宗。第二年将年号改为洪熙，因此在历史上又被称为洪熙皇帝。

　　由于在做太子时已对朝政的诸多不合理处有了深刻了解，朱高炽在登基后便施行了很多减轻百姓疾苦、调节统治集团内部关系的方法，开始进行仁政改革。

　　他告诫负责处理刑事案件的刑部与都察院的主管官员说："朕对于刑法，不敢依个人的意志而有所改变。你们处理刑事诉讼案件，也应当广集各种材料和情况，仔细辨别案情的真伪，依据真凭实据，秉公处理，

从而达到有罪能绳之以法，无罪者不白白受冤。只有执法者公正办案，才能使法律严明而取信于民。这样一来，天下人才能有所忌讳，而不是无视法律而为所欲为；从而使天下太平，百业兴旺。"仁宗又进一步指出："你们不可对真相实情不明，只凭个人主观愿望和主观判断，或迎合我的意思，导致无罪的人含冤而死。我厌恶这样的行为，更不准许这样的事情发生，你们要引以为戒。身为国家的重臣，国家的重任在你们身上，如果某一时候我怒气冲天，怀恨在心，对某一案件处理不当，希望你们能向我直言，以达到执法公正、无私，不要令我失望啊。"可以看出，他深深认识到，执法公正与否是治理国家的关键。

仁宗既主张秉公执法，又主张废除酷刑，实行宽政。洪熙元年（1425年）三月，仁宗下诏说："刑法是用以禁止暴乱行为，引导民众行善的，不是专门用来诛杀。所以，法律、法令制度的制定，要轻重适度。作为执法者，更要依法据实秉公处理，切勿冤枉好人，滥施酷刑。此后，所有有犯罪行为的人的定罪都要以法律为依据。当朕由于个人过于愤怒，超越刑法之外用刑不当时，你们必须秉公上奏，帮助我改正。假使你已上书五次，仍没被采用，还要联合三公大臣一起上奏，直到得到允许才可停止。"

他还说："各主管刑狱的法官对囚犯不得实行鞭背与宫刑这两种酷刑。从今往后，只有犯有谋反大罪的，才给予株连亲属的刑罚。自古以来，凡是开明盛世，都采纳听取民间的进言，作为警戒、教训。现在奸诈狡猾的人，往往从只言片语中大做文章，对好人进行诬陷、攻击，使好人背上罪名被打入狱中。这样刑法不公，民众则无法可依了。以后，只对诽谤他人的予以惩治，对于上告之人不要治罪。"仁宗又告谕刑部尚书金纯说："最近以来，掌管刑法的官署应专门处理那些妄加罪名、肆意罗织的案件。法律要讲求宽大。"

金纯上承皇帝的旨意，对犯人实行宽大处理，而且属下的狱吏也常被告诫，不许擅自用椎击打犯人。从此之后的一段时间，狱中打死人的事情没有再发生过。

仁宗严禁施行酷法，时时告诫朝廷内外文武大臣，应该端正执法风气，实行仁政，爱护天下百姓；百姓受到感化，国家才能日渐兴旺起来，社会也会日趋稳定。

仁宗不仅执法公正，为人也宽厚、仁慈。他在为皇太子时，就懂得要关怀、爱护士兵。即位之后，他凭借自己长期监国的丰富经验，实行开明政策，广施恩泽，体贴民众，采取与民休息的政策，以争取人心归附，达到社会长治久安的目的。

仁宗还是一个待人以善的人，他对朋友很好，对敌人也很好。掌握真正的实权后，仁宗为很多遭遇打击和陷害的人平反，对该加官补偿的加官补偿，对该发放财物补偿损失的发放财物。一句话，凡是因为他而遭到打击的人，都尽力弥补。不仅如此，对那些曾经陷害他的人，朱高炽也不深究。有才能的、能够为国家贡献力量的，他尽量留在朝廷；无才无德的无用之辈，也是只将他们贬为平民，逐出朝廷。对那些在历史上曾经蒙冤受害或遭受过不公正待遇的人，他也尽量给予公正的评价。

仁宗即位不久，即下令赦免那些因为靖难之役被罚为奴的官员家属，并且由国家送给他们一定量的土地，既当作赔偿，也为稳定这些人的生活。如果是被灭族的人，各地官府尤其是相关主管部门，无论多么困难都要仔细查访，看有没有侥幸逃过一劫的人。找到这些侥幸逃过一劫的人，要立即上报，以便让朝廷拨付赔偿。

方孝孺的气节很令仁宗感动，尽管他被灭十族，按理说不会有什么亲戚和朋友，但朱高炽还是下令找寻方孝孺的亲人。怀着儒家的理想人格，朱高炽认为，像方孝孺这样的忠臣义士，不应该绝种。在他的心里，方孝孺不仅是天下读书人的种子，也是天下有气节的人的种子。

找来找去，终于找到一个与方孝孺沾得上一点亲戚关系的人。方孝孺有一个远房叔叔名叫方克家，方克家有一个儿子叫方孝复，他被罚去守卫边疆。听到这个大好消息，仁宗即刻下令，接方孝复回家。大难不

死，遭受种种困难后，还能回到家乡是天大的好事。可是，回到家的方孝复发现，亲人都死了，家只是一所空空荡荡的房子。当此情境，即使是铁石心肠的人，也会心酸落泪。

紧接着，仁宗组建了一个调查小组，调查其父朱棣在位期间的经费开销。费正清在《剑桥中国史·明史》一书中指出，"洪熙帝最关心的是他父亲耗费巨大的种种计划所引起的黎民百姓的财政困境。"他派遣调查组到几个主要的地方官府去查纳税负，调查出来的结果令他很心痛，因为百姓的负担很重。自此，仁宗颁布了很多减轻百姓负担的法令。比如免除受自然灾害的人的田赋，并供给他们免费粮食和其他救济物品等。

平心而论，若用民间的俗语来说，明仁宗朱高炽算得上是一个好人。可惜，苍天无眼，好人命不长。洪熙元年（1425年）五月，朱高炽当皇帝不到一年就死了。关于他的死因，有几种说法，第一种是被雷击死，第二种是中毒而死，第三种是纵欲过度而死。从相关史料的记载来看，明仁宗死于心脏病发作的可能性较大。因为他去世前三天，还在日理万机地处理朝政，而身体不适到"崩于钦安殿"，前后仅两天时间，胡名人黄景昉称他"实无疾骤崩"。考虑到这位皇帝的肥胖和患有足疾，这种说法更为可信。

"在位一载。用人行政，善不胜书。使天假之年，涵濡休养，德化之盛，岂不与文、景比隆哉。"《明史》中的短短几句话，既点出了明仁宗朱高炽的历史功绩，也指明了他"壮志未酬身先死"，很令人惋惜。当然，人们常说"生命的意义在于宽度而不在于长度"，用这句话形容明仁宗还是很恰当的。

综观朱高炽短短的皇帝生涯，他之所以有如此作为，除了与他本人的性格、学识、教养、认知等自身素质有关外，还与他娶了个好老婆、生了个好儿子有关。

明成祖朱棣喜欢朱高炽的长子朱瞻基，这是朱高炽能登上皇位的重要因素之一；而朱瞻基的生母，就是朱高炽的王妃张氏。

张氏有朱元璋的马皇后、朱棣的徐皇后之风，见识远大而乖巧伶俐，是个不折不扣的贤内助。

张氏做王妃时，她能严谨遵循妇人操守，颇得公婆朱棣与徐皇后的喜欢。她的两个小叔子是汉王朱高煦和赵王朱高燧，他们都想取代朱高炽的太子地位，朱高炽和朱棣多次被汉王和赵王所离间，她从中保护、劝慰、解释，帮助丈夫保住了太子的位置，没有被易储。

朱高炽体型肥硕不能骑射，朱棣很不高兴。她就让丈夫减少饮食，加强运动，减轻体重，颇有成效。在她的努力下，朱高炽虽然"瘦身"并未成功，但也多少具有一点孔武之气，至少让明成祖不再瞧不上眼。可以说，朱高炽最终能登上皇帝宝座，张氏功不可没。

仁宗去世后，张氏之子宣宗继位。一开始，凡军国大政，宣宗多禀听已为太后的张氏裁决。张太后虽也会提出自己的意见和建议，但并不干预朝政。

后来宣宗病亡，皇太子朱祁镇才九岁，诸臣猜测太后是否会立她别的儿子为皇帝，但张太后并没有这么做，而是亲自将朱祁镇立为新天子。朱祁镇即位为明英宗，尊张太后为太皇太后。后来，当得知英宗宠信太监王振，太皇太后大怒，重重惩罚了王振。在太皇太后有生之年，王振一直不敢干政。张氏的做法，有效保障了政策的清明与延续性，为大明江山的稳固作出贡献。

更为难得的是，无论张氏为妃、为后、为太后或者太皇太后，她对娘家人都是按规矩办事，对他们不轻易升官赏赐，不许他们搞特权，也不许他们理国事。

有一年，张太皇太后和英宗一起到十三陵谒陵时，百姓夹道拜迎。张太皇太后回头对皇帝说：老百姓之所以爱戴国君，是因为他们能安居乐业，皇帝应当牢记。

回程时路过农家，张太皇太后召老妇嘘寒问暖，并赐给他们财物。有献蔬菜果实的，张太皇太后就将之转送给皇帝，说："这是田家味。"以此谕诫皇帝，不忘农家。

正统七年（1442年）十月，张太皇太后病逝。她的善政，赢得了百姓的赞誉，故后人对其评价为"女中尧舜"。

可以说，正是由于明仁宗朱高炽和张氏夫妻二人的共同努力，才为后世史家赞誉的"仁宣之治"打下了坚实的基础。

铲除不安定分子

朱瞻基登基为帝后，汉王朱高煦和赵王朱高燧一直没有放弃争夺皇位的念头，时刻威胁着社会的安定。不过，这些都被朱瞻基顺利地解决了……

明成祖朱棣的次子朱高煦（1385—1426），是明仁宗朱高炽的弟弟。

在"靖难之变"中，朱高煦出生入死，多次立下战功，尤其在白沟河一战中，眼看着朱棣将要被朱允炆手下的大将瞿能活捉，危急关头，朱高煦带领几千精骑赶上来，将瞿能父子杀死了。朱高煦曾经多次在危难中救出父亲朱棣，而且有力气，懂武功，会用兵，所以他深受朱棣的器重。

朱高煦长相也不赖，身高足有一米八，矫捷善骑射，两肋还有几片"龙鳞"。

所谓龙鳞，实际上是身上长了牛皮癣并且非常严重，但当时医疗条件不发达，所以人们将患了这种皮肤病称之为长了龙鳞，而且认为有这种异相的人具有天子之相。

朱高煦也是这么认为的。每到夜晚，他都会注视着身上的牛皮癣，然后点点头，觉得自己应该是"真龙天子"。

可惜，他不是。

虽然父亲朱棣很喜欢他，但由于他不是长子，在诸多大臣的坚持下，朱棣只好立了他的哥哥朱高炽为太子，而他则被封为汉王，藩地在云南。

虽然是具有血缘关系的亲兄弟，但朱高煦即使睡觉的时候都看不起哥哥朱高炽。每当想起这位又胖又瘸的大哥，朱高煦始终在想这样一个问题：我大明如果有这样一个皇帝，那真是老天不开眼。他的这种不服气也表现在行动上，比如见到哥哥，并没有应有的礼节，而且他还破坏规矩，死活不去云南当什么汉王。朱棣被搞得没了办法，只好把他改封到今天的山东青州。这一次他去了，可他在青州不但没有安安稳稳地过日子，相反还大搞阴谋活动，招兵买马，暗聚力量。朱棣得知消息后非常恼怒，想把他削职为民，但是经过仁慈太子朱高炽的苦苦求情，朱棣最终决定把他转封到乐安州（今山东惠民县），朱高煦这才老实了一阵子。

朱棣驾崩后，朱高炽即位为仁宗，但这个大胖子不久后就死掉了。朱高煦又开始觉得自己是真龙天子。仁宗病危时，想召回在南京的太子朱瞻基，朱高煦就想在半路上把太子干掉。可惜的是，后来因为情报有误，他没能及时得到朱瞻基路过山东的消息，结果朱瞻基在北京顺利登上了皇位，是为明宣宗。

宣宗即位后，心里很清楚自己有这样一个狼一样的叔叔在觊觎自己的宝座，但朱瞻基像父亲一样是个好人，所以一开始对于朱高煦很和善，基本上有求必应。朱高煦却得寸进尺，开始和他的党羽在其封地乐安日夜不停地制造兵器，征召士兵。他甚至打开监狱，把死刑犯人也编入军队，并款待他们，使这些亡命之徒甘心为自己卖命。同时，他又招集附近州县的地痞、流氓以及在逃的罪犯，编成军队；他还令人到周围地区抢夺官府、百姓蓄养的马匹，作为战马。

宣宗宣德元年（1426 年）八月，朱高煦自认为训练出了一支天下无敌的军队，于是决定造反。同年九月，他打起"清君侧"的大旗，正式向明宣宗宣战。

宣宗听到这个消息后，一时不敢相信，甚至觉得这可能是个谣言，于是派太监侯泰给朱高煦送去一封亲笔书信。侯泰来到乐安，朱高煦扬着脑袋面南背北，端坐在太师椅上，十分傲慢地训斥侯泰说："你算什么东西？也敢来管我的家事！你回去告诉我那不争气的侄子，让他亲自

来跟我谈。"

朱高煦似乎觉得威慑力还不够，又带侯泰去阅兵。阅兵完毕，朱高煦得意扬扬地说："凭着我这支威武之师，横扫天下，易如反掌啊！"侯泰吓得一个字都不敢说，夹着尾巴便跑回了北京城。宣宗皇帝问他情况，他居然不说实话，搞得宣宗拿不定主意。

几天后，朱高煦派他的助手陈刚到北京给宣宗上了道奏疏，并给其他几位王公大臣也写了信。在信中，朱高煦指责宣宗违背祖训。宣宗看罢，这才相信朱高煦果然反叛了。

宣宗虽然年轻，但气魄还是有的。他经过周密部署后，亲率将士出征，决心一举荡平叛乱。

朱高煦刚谋反的时候，见北京没有什么动静，还很高兴，可当他听说皇帝亲征后就有点心虚了。就在这个时候，宣宗又给他写信，劝他悬崖勒马。等到将乐安四面包围之后，宣宗依然没有下令攻城，又给朱高煦送信让他投降，可朱高煦依然不理。

城里的守军见外面围着那么多的军队，也害怕了起来，纷纷劝说朱高煦投降。朱高煦看整个局势已经无可挽回，只好开城投降。

宣宗令朱高煦召回参加叛乱的亲眷，将其剩余党羽全部擒获。接着，宣宗免除了乐安城驻守军队的罪过，对于被迫相从的人也皆不予追查，随后把朱高煦等解回北京。

返回北京后，群臣皆恳请宣宗按律惩处汉王朱高煦，可是宣宗念及他是藩王，又是自己的叔叔，并未接纳群臣的建议，只是把他贬为平民，以铁链将他的手脚拴住，将他囚禁于西安门内的逍遥宫中。

不久，朱瞻基传召给另外一个皇叔朱高燧，暗示他交出兵权。赵王朱高燧并没有反抗，乖乖地交出了自己的兵马，就这样明初近半个世纪的藩王问题在宣德朝终于得到了解决。

三年后的一天，宣宗去探望朱高煦，朱高煦趁宣宗没有防备之时，突然伸出一只脚把他绊倒了，似有谋杀之意。宣宗震怒，命侍卫用三百斤重的铜缸将朱高煦扣住。谁知朱高煦力气很大，他使劲举起铜缸，试图去砸宣宗。宣宗大惊失色，急忙命人压住铜缸，并在周围点燃木炭，把朱高煦生生烤死在铜缸里。最后，大火将铜缸都烧化了，朱高煦的尸骨荡然无存。

随后，朱高煦的几个儿子也都被处死，同朱高煦合谋的六百四十余名文武官吏也被处以死刑，此外还有一千五百余人因故意纵容及窝藏反贼而被处死或流放到边远地区，另有七百二十余人被发配至边疆。

就这样，汉王、赵王的威胁被彻底解除，这保证了政治稳定和社会安定，为明朝的平稳顺利发展提供了必要的契机。

仁孝而有作为的明君朱瞻基

朱高煦死后，朱瞻基总算是能够一心一意地干事业了。他摆脱了这最后一个累赘，一心一意地奔着明君去了……

明宣宗朱瞻基与父亲明仁宗一样，是历史上公认的好皇帝，他和父亲一起共同开创了"仁宣之治"（又称"仁宣盛世"）。

有人说，这是因为他的运气好，当上皇帝时，大明王朝已经发展得很好了，他不过是摘了前人的"桃子"而已。

这话也许有一定的道理。

无论如何，我们也应当看到，盛世的强音还是靠朱瞻基自己来鸣奏的。朱瞻基没有辜负祖父与父亲的厚望，他用自己的作为向世界昭告了自己是一个明君。

其实他生下来就不凡。

传说在朱瞻基降生的那天夜里，其祖父（即那时尚为燕王的朱棣）曾做了一个梦，梦到太祖皇帝朱元璋赏赐给他一个大圭，上面刻有八个大字："传之子孙，永世其昌"。

在中国古代，圭代表着权力，太祖赏赐给他大圭，恰恰表明想把皇权交给他。朱棣睡醒之后觉得此梦是一个吉祥之兆，蕴含着特殊的意思。

正在这时，有人来禀报说朱瞻基出生了。朱棣认为梦中的情景恰好在孙子的身上得到了印证，他立即赶去看望孙子，看到孙子和自己长得很像，且充满英武之气，朱棣十分欣喜。

朱瞻基从小就非常聪颖，喜欢看书，很受明成祖朱棣的喜爱。明成祖在永乐五年（1407 年）专门让自己最信赖的大臣姚广孝给其讲读经书。朱瞻基勤奋好学，过目成诵，而且对古今朝代的兴盛与衰亡、安定与动乱的内容比较留心，并从中领悟治理国家的道理。

永乐十一年（1413 年）端午节，宫里举行射柳活动，朱瞻基不但屡屡射中，且在其祖父当着众人的面刚吟出上联"万方玉帛风云会"后，马上叩首对道："一统山河日月明"。可见，朱瞻基不仅具有祖父明成祖朱棣的英俊勇武，还具有父亲明仁宗朱高炽的机智聪颖，无怪乎明成祖常向人说："他就是日后的太平天子啊。"

朱瞻基即位后也确实不赖。在位期间，他重用杨士奇、杨荣、杨溥、夏原吉、蹇义等贤臣，对于他们提出的建议总是虚心接纳，君臣之间的关系很是融洽。他还采取了"停止用兵、与民休息"的仁政。他深知"民能载舟，亦能覆舟"的道理，因此他非常同情民间疾苦，积极推行休养生息的政策，尤其注重扶助农业生产，鼓励开垦荒地。史书记载，宣德五年（1430 年）三月，宣宗路经农田时，看见路旁有耕作的农民，于是他下马询问农作物的生长情况。他兴致盎然，取来农民耕田的农具，亲自犁地。没推几下，他停下来，回头对身旁的大臣说："我只是推了三下就有不胜劳累的感觉，何况农民终年劳作。"说完就命人赏赐农民钱钞。他对农民的生活和处境是了解的，因此能够在制订政策时考虑到他们的利益。同年六月，京畿地区发生了蝗灾，宣宗派遣官员前去指挥消灭蝗虫。他仍不放心，特意谕旨户部，告诫他们往年负责捕蝗的官员害民的危害一点也不比蝗灾小，因此要严禁杜绝这种事情的再次发生，还作有一首《捕蝗诗》颁给臣子。宣德七年，还减免了因遭受水灾的嘉兴、湖州等地的赋税。宣德八年也减免了不少灾区地区的赋税。因此，后世历史学家一般都盛赞朱瞻基是一位真正知道关心百姓福祉的皇帝。

除了做皇帝出色，宣宗还颇有些艺术细胞，尤工于画山水、人物、走兽、花鸟、草虫等，其书画作品常被当作礼物赠予重臣。宣宗朝的图书文化事业也发展迅速。宣德八年（1433年），宣宗命杨士奇、杨荣于馆阁中择能书者十人，取"五经"、《说苑》之类，分别贮藏于广寒、清暑二殿及琼花岛，又建造"通集库""皇史晟"以藏古籍、档案等，共两万余部，近百万卷。史称"当是之时，典籍最盛"。

此外，在仁孝方面，宣宗也做得非常出色。

根据史书记载，宣德初年，有一件稀罕事，惊动了朝廷。事情的原委是，在京城的锦衣卫总旗里，有个叫卫整的人，在他家发生了一件不幸的事。卫家的女主人卫氏老夫人，得了无法医治的怪病。请来京城内大大小小的名医，都无法根治，这可急坏了家里人。老夫人的病情一天天恶化，不见好转。一家人天天以泪洗面，无计可施。

自从母亲患病后，卫氏有个孝顺的女儿便天天为母亲请医生、买药、煎药、找秘方，终日陪伴在母亲身边，服侍母亲。后来，为了寻找人间的秘方，她不辞劳苦，遍访民间名医，终于得知活人的肝可以治疗这种绝症。

可在哪儿才会得到活人的肝呢？卫家女子想了一阵子，决心剖腹割自己的肝来为母亲治病。于是，她来到诊所，请大夫剖腹割肝。

大夫一听吓了一跳，尽管卫家女子费尽口舌，他还是不肯帮忙。最终，卫家女子竟以死相逼。大夫被她的孝心所感动，同意给她剖腹取肝。大夫经过一番精心手术，终于在姑娘没受伤的情况下，将她的肝割了一点下来。她拿着自己的肝回到家里，将它煮成汤，让母亲喝了下去。自从喝下了那碗肝汤，奇迹便出现了，母亲的病痊愈了。

母亲的病好了，乐坏了家里所有的人。当大家知道她剖腹取肝时，所有的人都震惊了。这件事很快在京城中传播开来，小女子的孝心感动了所有人。于是，对小女子这种孝敬行为，有人向朝廷推荐应予以表彰，立旌表。

礼部将此事向宣宗皇帝作了汇报，宣宗得知事情的经过后，批示说：

孝，应该是一种行为规范，应有限度的。孔子说，身体是父母给予的，不应当轻易毁掉，乃至伤害，小女子虽为母亲剖腹取肝，这并不代表就是孝。万一因为此事，而导致身亡，那罪过岂不是更大，何况，在太祖时，就已有禁令，不允许自杀的。如今如果给这女子加以表彰，就会有更多的人来效仿她，那岂不是破坏风俗了吗？这种行为不应当提倡。当然，女子年轻无知，凭着一片孝心，做了一件愚蠢的事情。罪过还是可以免除的。

这件事的确很感人。虽然这件事真假难以确定，但那时的封建社会，是提倡孝道的，历代皇帝也常常将孝放在第一位。卫姑娘的舍生精神，在一般人的眼里，是达到了孝的最高境界，照理说，应该受到表彰和提倡。宣宗却与其他人不同，他有个人的见解，认为身体是父母所给，不应轻易毁坏，因而对这件事给予否定，转而认为应提倡正当的孝心才对。就这一点来看，宣宗很有可取之处。

其实宣宗本人是非常有孝心的。他从皇太孙到皇帝，一直受到母亲张氏的指导教育。前已述及，他的母亲勤于操持内政、外政，教子有方。宣宗从小就十分孝敬母亲，常常细心听取母亲的教育，这些对他后来处理国家政治事务起到了积极的作用。

宣宗即位后，尊称母后张氏为皇太后。除了就军国大事向母亲请教外，他在日常生活中也特别孝顺母亲，每天的早晨和晚上都会到母亲的西宫内请安，服侍母亲，仔细观察母亲的气色怎样，身体是不是不舒服。宣宗不仅自己孝敬母后，还教育两宫皇后孝敬、侍奉太后，使得她们之间的关系十分和谐。宣宗对母亲的孝敬，在历代帝王中也是极为突出的。

总之，明宣宗在位时期，百姓可以安定愉快地生活和劳动，生活有了保障，生产水平有了提高，手工业及国内外贸易也获得了发展。经济的兴旺发达，促使明朝进入鼎盛时期，迎来了"仁宣之治"的安定繁荣的局面。

太监专权由此始

宦官擅权乱政始终是古代中国的一大痼疾，对中国古代政治产生了重要影响。自从明朝有了太监专权，祸乱也就开始了……

明朝建立后，朱元璋鉴于历代以来宦官的弊病，规定宦官不许读书，不许干预政事，并在宫门挂一铁牌，上书：宦官干预政事者，斩！朱元璋说到做到。洪武一朝对太监管束极严，稍有违法，就严厉惩罚。

到明成祖朱棣时，"祖制"渐被破坏。朱棣在北平当燕王时，曾有多次情报都是由建文帝宫中太监送出的。"靖难之役"中，南京被朱棣攻下，宦官为夺帝位立下汗马功劳。朱棣称帝后便重用宦官，派宦官征税、出使、监军、采办，甚至将边防等重任交付给他们。从此，明代宦官权力从无到有。而且，像郑和这样有作为的太监毕竟是少数，大多数宦官素质低下，狂妄无知，飞扬跋扈。由于朱棣对宦官们的信任，对他们的活动大加支持，这在无形中助长了他们的嚣张气焰，开始打击异己，树立党羽，在朝中及地方培植亲近势力。就这样，在朱棣当皇帝的二十二年里，宦官势力逐渐强大起来，一步步从幕后走上台前。不过，总的来看，在明成祖永乐一朝宦官们暂时还没有掌控、左右朝政的能力，还只是在局部范围内利用自己的权力胡作非为，尚不能对政局起到多大的影响。虽然宦官参与了不少政治活动，但还没有达到专权的程度。

到宣宗即位时，宫内设立内书堂，选太监为小内侍，令大学士陈山专门教习。从此，宦官便可以读书了。虽然如此，但宣宗一开始对太监的管制还是很严的，如果犯法，则会重罚。

然而在宣宗朝中后期，情况有了变化。

我们知道，明太祖朱元璋撤了宰相，收了兵权。吏、户、礼、兵、刑、工六部各司所事，同时六部尚书与都察院之都御史合称"七卿"，这"七卿"与通政司的通政史、大理寺的大理卿合称"九卿"，分别理事，互相制约，对皇帝负责，权力都集中在皇帝手中。然而天下事何止千千万，遇到朱

元璋这样精力充沛的皇帝，倒还能勉强应付。

朱瞻基明显没有那么好的体力了，他每天就算工作十七八个小时也干不完手里的活，当皇帝当得腰酸背疼实在不行了，他就开始想主意了。

当时，全国大大小小的奏章，甚至老百姓给皇帝提出的建议，都由通政使司汇总，司礼监呈报皇帝过目，再交到内阁，内阁负责草拟处理意见，再由司礼监把意见呈报皇上批准，最后由六科校对下发。内阁大臣的建议是写在一张纸上，贴在奏章上面，这叫作"票拟"。而皇帝用红字做批示，称为"批红"或"批朱"。可是这样批示还是很麻烦，于是皇帝就开始象征性地批写几本，大多数的"批红"则由司礼监的太监按照皇帝的意思代笔。这样做，皇帝是省事了，每天做做样子就完成工作，能去吃喝玩乐了，但是却逐渐地把权力都交给了太监。

但是，朱瞻基毕竟是个明君，尚能够控制宦官们的作为。他不但屡次下令减少宦官的采购和诸如伐木和造船等宦官的指导活动，而且处决和严惩了那些犯有重罪的宦官。因此，终宣宗一朝，宦官们还不致专权。

宣德十年（1435 年），宣宗以三十八岁的年龄驾崩，其长子朱祁镇即位，是为明英宗。次年改年号为正统，历史上又称其为正统皇帝。

英宗即位之初，在"三杨"（杨士奇、杨荣、杨溥）这几位老臣的辅佐下颇有一番作为，延续了"仁宣之治"，只可惜"三杨"年事已高，待其淡出政坛后，宦官王振开始专权。

王振，蔚州（今河北蔚县）人。由儒士当上教官，后进宫教人读书，宫中人称王先生。王振入宫那时，恰逢皇帝颁布诏书，允许有子者手术后进宫服务，王振便自行阉割，才得以进宫。

宣德年间，王振专陪太子朱祁镇读书，其头衔是东宫局郎。在他之前，有个叫刘宁的宦官，备受宣宗宠爱，赐姓刘，并当上了司礼监太监，可惜刘宁不识字，宣宗便让王振代笔。不久，刘宁奉诏出使，司礼监政务由王振代管。司礼监是宦官中最重要的部门。后来刘宁调到南京守备，王振便正式当上了首席太监，替皇帝管理内外一切奏章，代皇帝批复臣僚们上奏的公文，甚至连皇上口述的命令也是由他来记录的，然后交到内阁批诏颁布。加之司礼监的宦官成天在皇帝周围，欺上瞒下，取得皇帝宠幸。由于皇帝深居简出，与外廷接触少，在代皇帝批答奏章和传达皇帝旨意时，王振常常歪曲篡改，或加入自己的看法，扰乱朝政，便得以逞威。

明王朝的宦官擅权乱政由此开始，强盛的明王朝也从此走上了下坡路。

第四章　进入动荡不安的年代

惨痛的土木堡之败

　　长大成人后，一身热血的明英宗认为自己也应当是个英雄。可惜，残酷的事实很快就狠狠地给了他当头一棒……

　　明英宗刚即位时，年仅九岁，别说管理国家了，可能连管理自己都成问题。不过，一开始这些都不是问题。

　　正统初年，由于明英宗的祖母张太皇太后与"三杨"治国有道，这时的明朝还颇有一番欣欣向荣之态。然而好景不长，正统五年（1440年），杨荣去世；正统八年，张太皇太后驾崩；正统九年，杨士奇去世；正统十一年，杨溥去世。

　　随着"三杨"去世、太后驾崩，一直以来被皇帝朱祁镇宠信的宦官王振开始崭露头角，兴风作浪。虽然这时的皇帝已从少年天子长成一位热血青年，颇有一股安邦定国的雄心壮志，但他的麻烦很快就来了。

　　明朝初期，我国北方蒙古瓦剌部落逐渐强盛起来。正统十四年（1449年），瓦剌首领也先派三千使者到北京，向明朝进贡一些马匹以后，要明朝给他赏金。王振接见了瓦剌使者，发现也先谎报人数，就减少了赏金，降低了马价。也先为他儿子向明朝求婚也遭到了王振的拒绝。也先派使者来明朝，本来就是挑衅。这样一来，也先恼羞成怒，亲自率兵进攻明朝的大同。

　　边关告急，朝廷召集大臣商讨对策，王振极力主张英宗亲征。其实王振是有私心，他怕自己在家乡蔚州的大片田产被瓦剌侵占。兵部尚书邝埜和兵部侍郎于谦，经过认真分析，认为打仗最忌讳打无准备之仗，此时朝廷准备不充分，皇上不能亲征。

英宗当然不能听邝埜和于谦他们的。一来他想效仿他的父亲——明宣宗曾在杨荣的建议下，御驾亲征，打败汉王。二来为了证明自己——大明朝国势鼎盛，区区蛮夷，怕他不成？三来嘛，很简单——他喜欢听王振的。于是英宗就按王振说的办，无论大臣们怎么劝谏，他都不理睬，决定御驾亲征。

英宗同王振、邝埜等一百多朝廷官员，率领五十万大军，匆匆忙忙赶向大同，仅留下郕王朱祁钰和于谦守京城。

平时，英宗就没有注意训练军队，军队纪律相当涣散。这次出兵大同在思想上物质上都没准备好，加上路途遥远，路上又遇大风暴雨，只走几天，粮食就供应不上了。士兵们一路劳累，又冷又饿，叫苦连天，好不容易才挨到大同。将士们看到城外明军士兵尸横遍野，胆战心惊。一位大臣心想，凭这样低落的士气，只能是打败仗，就向英宗劝谏说不如退兵。王振听了火冒三丈，把那位大臣臭骂了一顿，罚跪一天。

疲惫不堪的明军好不容易到了大同，全军上下都想喘一口气，好好休整一番。可是命令传来，还要北进。大臣们急了，找王振理论。王振却一翻双眼，公然说："再北上打了败仗，也是天意。"王振根本不听别人一句话。

这时候，前方却传来不幸的消息：也先采取诱敌深入的战略，在大同城北伏击明军先锋井源的部队，大将朱瑛和朱冕率兵去救援，也中了也先的埋伏，只杀了半天，两支明军全军覆没，大同城已经暴露在瓦剌军的攻击矛头之下。

听到这消息，明英宗当然惊恐万分，就是方才还气壮如牛的王振，顿时也变得六神无主，立刻从主张继续北进变成下令迅速撤退。这次撤退，跟出兵一样，根本没有什么准备，一开始就变成了无秩序的溃败。

明军的大同总兵郭登在退兵前建议改道从紫荆关回军，这本来是最

安全的路线，可是王振偏不听，逼着大军从原路撤回，还想顺道回到自己家乡去夸耀一番。谁知刚撤到狼山（今河北怀来县狼山乡）附近，也先的骑兵就尾随着追上了。

王振慌忙派成国公朱勇率领三万骑兵断后，自己和皇帝仓皇南逃。明英宗的銮驾跑得神速，傍晚时候就到了离怀来城（今河北怀来县境内）二十里的土木堡。大臣们看到土木堡无险可守，又缺乏水源，劝明英宗进怀来城，以便防守。可是，这时候王振拖在后面，还没有赶到。缺了王振就少了主心骨的明英宗执意不肯进怀来城，偏要等到王振来了才肯动身。王振到了土木堡后，却不想连夜赶路，拒绝了兵部尚书邝埜的正确建议，居然决定在土木堡扎营过夜。

瓦剌军也先深知兵贵神速的道理，第一天在狼山消灭了朱勇的部队后，连夜奔袭，迅速杀到了土木堡附近。第二天一早，明英宗正想拔营启程，也先的骑兵已经漫山遍野杀了上来，把明军团团围困在土木堡。

内无粮草，外无救兵，明军被也先的部队围了三天，只得拼命往南突围。突围令一下，明军已经毫无阵法，人人只想争先逃命。也先早已在路旁埋伏了骁勇的骑兵，见明军队伍一拉长，立刻从两侧发动了猛攻。

伴随着暴风雨般的马蹄声，也先的士兵一齐高声喊道："解了甲、扔下枪的不杀！"明军士兵早已失去斗志，听了这话，许多人居然真的解甲下马。也先的士兵又是一声大喊，如雨般的箭矢立刻射向毫无防卫的明军，大部分明军都被当场射死，有的尸体插满了箭，简直像个卷曲的刺猬。

英宗带着残余的禁军想突围，却几次都没能冲杀出去。王振平日趾高气扬，这时也自知狗命难逃，吓得瑟瑟发抖。禁军将领樊忠对王振的胡作非为早已恨之入骨，这时看到王振那个熊样，气愤地举起大铁锤说："我要为天下百姓除了你这个奸贼！"说着便一锤砸死了王振。

英宗见多次冲不出包围圈，就跳下马，盘腿坐在地上等死，瓦剌军轻轻松松地把英宗俘虏了。历史上将这次事件称为"土木之变"。

"土木之变"是一个转折点，明军因之元气大伤，明朝的国力也大大减弱。在此之后，明朝对防御政策进行了调整，开始大规模地修建万里长城，并退至关内防守。

自古忠臣难善终

检视中国历史，有一个现象令人异常伤感。那就是——自古忠臣无好死。这样的事例在中国历史上实在不胜枚举。于谦就是其中之一……

在古代文言文里，人们通常将正常死亡称之为"亡、故、逝、殁"。"死"则常常指人的非正常死亡。

那么，对于忠臣的离世呢？

很遗憾，尽管忠臣总是为人所景仰，但他们的结局大多不妙：自古忠臣无好死。一般说来，忠臣的结局大多是非正常死亡，只能用"死"来表示。

忠臣之"死"，大抵有几种类型：英勇就义、鞠躬尽瘁、含冤抱屈、无可奈何……

试想：凡事一往无前，一马当先，冲锋陷阵，无私无畏，忠君报国，豪气干云，如此忠臣者，能不"血染沙场、马革裹尸"么？或者兢兢业业，勤勤恳恳，日理万机，夙兴夜寐，任劳任怨，不辞劳苦，为忠臣者，又如何避免得了"死而后已、油尽灯枯"？

忠臣的这两种"死"，贬义说来，叫作"短命"，褒义则称"英年早逝"。它往往引起广泛的叹息，寄予着整个社会对他们由衷的敬意。为忠臣者，虽说可惜，但以一己之生命，换来百世之赞美，也算值矣。

翻开厚厚的中国史，诸葛亮、魏征、岳飞、文天祥、邓世昌……一个个闪光的名字，他们的"死"或顶天立地、舍生取义，或忠心耿耿、无怨无悔，都属于"英雄"的类型，被历朝历代视为楷模。

然遍观历代之忠臣，他们的结局却往往是令人心酸、哀叹的。他们往往不是死在战场上，不是死在岗位上，既不是英雄，也不是勇士，而

是"煮豆燃萁，釜煎豆泣"，被自己用生命忠诚维护的"万岁老爷"处以极刑，蒙冤受辱，死得冤枉。明朝时的于谦就是其中的代表人物之一。

千锤万击出深山，烈火焚烧若等闲。

粉骨碎身浑不怕，要留清白在人间。

这首名留千古的诗就是于谦的大作。能写出这种气势的诗歌的人，必然是个很有种的人。的确，于谦就是这样的人。

当明英宗在土木堡被俘后，明廷群龙无首，一片混乱，负责留守京城的郕王朱祁钰也一筹莫展，大臣们更是"执手相看泪眼，竟无语凝噎"。等到同年八月十八日，皇太后孙氏召百官，确定了英宗的同父异母弟弟郕王朱祁钰的监国身份。

朱祁钰召群臣商讨战守大计。许多人提出要迁都南京，以避灾祸。临危受命担任兵部尚书的于谦坚决反对，并主张马上召集军队，誓死保卫京师。于谦的态度得到朱祁钰和孙太后的支持。

迅即，于谦和吏部尚书王直、内阁学士陈循等人一起，劝服孙太后，立郕王朱祁钰为皇帝，即明代宗，遥尊明英宗为太上皇，改年号为景泰。

"群龙有首"后，于谦等人又着手清洗王振的余党。王振为很多大臣所痛恨，因以前有皇帝撑腰，大家只能敢怒而不敢言，而且这次皇帝的亲征也正因他的调唆，才惹出了天大的祸事，因此朝臣们更是对其恨之入骨。因王振死在乱军之中，他的同党、亲族的末日也就到了。于谦辅助朱祁钰处置了这些不得人心的奸佞，平息了众怒，朝廷内部得到稳定。

后院不至于起火，大家就会同心协力，抵御外敌。于是于谦作为兵部尚书，开始着手北京的防卫工作。他征集粮饷，任用贤能的将领，增强城防。总之，在于谦的筹划下，逐步形成了一个依城为营，以战为守，分调援军，内外夹击的作战部署。一切准备就绪，只待与瓦剌军决战于北京城下。

这边北京城准备好了，于谦也准备好了，那边也先怀揣的却是另一番心思。他以为捉住了朱祁镇，就可以奇货可居，于是用要挟的手段逼明朝议和，但于谦却告诉他说："社稷为重，君为轻"。

眼看谈判无望，也先也不含糊，那就打吧。他率军包围了北京城。

面对瓦剌的大兵压境，于谦身先士卒，身披甲胄，临阵督战，并下令将九门全部关闭，规定："临阵将不顾军先退者，斩其将；军不顾将先退者，后队斩前队。"

没有了退路的明军将士们以死相搏，一鼓作气地打败了也先的瓦剌军。也先只好带上被俘的明英宗落荒而逃。于谦派兵追击，结果途中又大败瓦剌军。这就是发生在正统十四年（1449 年）秋，历史上著名的"北京保卫战"。

"北京保卫战"在明朝历史上乃至中国历史上都占有重要的地位。它不仅确保了都城北京的安全，避免了宋朝南渡悲剧的再次上演，也粉碎了也先图谋中原的企图，此后瓦剌军队很难再次组织起大规模的武力入侵行动。同时，北京作为抵抗瓦剌军队的最为重要的堡垒依然发挥着重要的作用，并形成了以北京为中心，以宣府、大同、居庸关为屏障的整体防御体系，有效地抵御了瓦剌军队的侵扰，确保了关内百姓正常的生产生活。

于谦保卫京城有功，受到朝野上下的爱戴。明代宗也很敬重他。然而，于谦的忠勇行为却给自己留下了祸根。

再说也先被打败以后，看到大明王朝不是好欺负的，留着英宗也没用了，就把英宗放回了北京。

明英宗回归之后，虽为太上皇，却被软禁在南宫。作为现任皇帝的朱祁钰从内心来讲并不希望英宗回朝，为防备英宗与旧臣联系，对他的一举一动，都严加防范。朱祁钰还接受太监高平的建议，将南宫的树木全部砍伐，以防有人越过高墙与英宗联系。

英宗这一关就是七年。这七年间，由于连年的征战和瓦剌的劫掠，再加上内地的水患，全国灾情连连，饥民遍地。朱祁钰针对内忧外患的局面，采取了积极措施，巩固了大明江山。总之，干得相当不错。

时间很快到了景泰八年（1457 年）正月初。朱祁钰出巡郊外，住

在斋宫，突然疾病发作，不能行祭祀仪，便命随行大将石亨代祭。

石亨守护在代宗病榻前，见其病重，知其已行将不起，便与宦官曹吉祥、都察院左都御史杨善、太常卿许彬以及左副都御史徐有贞等人商量说：皇上已病重，恐有不测，不如乘势请太上皇复位，倒是不世之功。

众人一拍即合，说干就干。

正月十七凌晨四更，石亨、徐有贞等人领军冲进宫里，逼着代宗退位，拥戴英宗复位。明英宗改景泰八年为天顺元年。这就是明朝历史上的"夺门之变"，又称"南宫复辟"。一个月后，朱祁钰死去（一说被人杀害）。

当初北京告急的时候，徐有贞主张逃跑，石亨主张退兵闭城固守，都曾遭到于谦的驳斥，二人一直对此心怀不满，早就想报复。这回英宗在他们的操纵下复位了，二人就在英宗跟前一个劲地说于谦坏话。明英宗对于谦在他流亡期间帮助朱祁钰称帝，也窝着一肚子气，竟不顾于谦为保卫明朝立下的大功，给他定了一个谋逆的罪名，罢官杀死。

京城百姓听说于谦被害，都哭得惊天动地。时至今日，人们还依然怀念着这位英雄。

不是"红颜"也"祸水"

如今，感情场上的"姐弟恋"早已为人们所熟知和认可。然而，发生在明朝时的一场"姐弟恋"，却将大明王朝折腾得乌烟瘴气……

天顺八年（1464 年）正月，明英宗驾崩，其年仅十八岁的儿子朱见深即位，是为明宪宗。次年改年号为成化。

若要问起明宪宗朱见深在历史上干过什么事，恐怕人们最容易回答出来的就是他和那位万贵妃之间的"姐弟恋"了。说来也是，朱见深在历史上并没有干出多大的政绩。除了即位初期平反了于谦冤狱、任用了一些贤才外，其他几乎乏善可陈。然而他和万贵妃之间要死要活的爱恋，却让数百年后的人们也捉摸不透。

据史书记载，明宪宗朱见深比他深爱的万贵妃小十九岁，由于宪宗的过度宠爱，这位贵妃堪称为所欲为，造成了明朝第一个外戚乱政的局面。她的亲戚在她的庇护下到处抢占民田，而且许多无能无德无才的官吏也通过贿赂她而得到了提升。不仅如此，她还把内库的金银给挥霍得差不多了，而皇帝宪宗不仅没有责备她一句，反因为她的去世，而伤心至极，不久也随她而去。这份情感在古代帝王中实属罕见。

那么，万贵妃究竟是个什么样的人物，能让一国之君为她如此痴情呢？

说起来，万贵妃真的很平常。

万贵妃（1428—1487），本名贞儿，生于宣德三年（1428年），原籍诸城（今山东诸城市）人，父亲万贵，本是县衙里的一个小小的史官，由于亲戚犯法受株连，万贵一家被迫离乡，流放到了霸州。后因家境贫困，万贞儿四岁的时候被送进皇宫做了宫女。

万贞儿聪明伶俐，惹人喜欢，入宫后就伺候明英宗的母亲孙太后（即朱见深的祖母），孙太后非常喜爱这个小宫女。她紧跟在孙太后的身边，既学了书画文墨，也目睹了宫闱内外种种争斗的残酷无情，更对主人尊崇的太后地位艳羡不已。也许就从那时起，她心里就暗暗下定决心要改变自己卑贱的命运。

然而，若不是有缘邂逅宪宗皇帝朱见深，她恐怕只能老死宫中了，连姓名估计也难为后人知。不过，历史恰恰给了她这样的机遇。因为她的命运与皇家尊贵太子的命运紧紧连在一起了。

一切还要从朱见深的父亲明英宗朱祁镇说起。本来作为明英宗的长子，朱见深当太子挺"顺风顺水"的，可是"土木之变"后，父亲英宗成了瓦剌人的俘虏，叔叔朱祁钰则成了明王朝的当家人。这一来，朱见深的日子就不好过了，太子当不成不说，小命都难保。

当此局势变乱之际，为了保证这个小孙子安全地长大成人，孙太后特意挑选了自己的贴身宫女万贞儿去侍候小皇太子。于是，万贞儿与这个尚在蹒跚学步的小男孩便开始了患难与共的生活。万贞儿把自己所有

的感情都寄托在了这个她所照看的孩子身上。这一年,万贞儿二十一岁,比朱见深大十九岁,与他的母亲年龄差不多大。

景泰三年（1452 年）以后,万贞儿对于朱见深的意义就更为重要了。明代宗立了自己的儿子朱见济为太子,朱见深则由太子被废为沂王。

只有五六岁的朱见深命运发生了急剧转折,亲生父母被囚禁在南宫、疼爱他的婶婶王皇后又被叔父皇帝废掉,只有一个皇太后奶奶,也是顾了这头顾不了那头。宫里宫外到处都是叔叔的耳目,宫女太监们没有谁愿意也没有谁敢对他表示丝毫关怀。只有万贞儿寸步不离地守护在他的身边,机警地抵御着周围那看不见的种种恶意和危险。

命运终于有了转机。景泰八年（1457 年）正月,明代宗病重。明英宗在石亨、徐有贞等一干文武大臣的拥护下复位,改元天顺。十岁的朱见深重新成为大明王朝的皇储。

经历过八年的磨难,朱见深慢慢地长大了。他是个孤独的孩子,从小就缺少正常的父母之爱。好在有万贞儿陪在身边,朱见深不仅得到了母亲般的关爱呵护,年纪稍长后,也尝到了万贞儿那无尽的风情。他沉浸在万贞儿温情与柔情的双重陷阱中不能自拔。万贞儿像母亲一样照顾他,又像情人一样宠爱他,让他纵情欢乐,人生的烦恼在这份难以言说的感情中渐渐淡化了。

又过了八年,天顺八年(1464 年),明英宗驾崩,朱见深登基为明宪宗。这年他十七岁,已经是个成熟的少年了。

新皇帝登基,当然也要册立皇后。朱见深当即要立万贞儿为皇后,但皇太后坚决不同意,因为两人年龄相差太大了,简直就是两代人,更何况万贞儿就像提前进入更年期似的,变得性情粗劣,加之出身低贱,哪里配做皇后？至于后世有人说万贞儿相貌不佳也是其未被立为皇后的原因,这个说法是不是真的已无从得知,但万贞儿不漂亮却是事实。根据史书的记载,万贞儿长相极为普通,甚至还有一丝丑陋,反正与“红颜”挂不上钩。

既然不能立万贞儿为皇后,朱见深只能听从太后的意见,立吴氏为皇后。吴氏出众的才华和品德足以母仪天下,对此,宫里没有一个人反对。

就在天顺八年这一年的农历七月二十一日,紫禁城内举行了隆重的大婚典礼,十六岁的吴氏戴上了凤冠,成为宪宗的第一任皇后。

既然皇后做不成,宪宗只好退而求其次封万贞儿为贵妃。

然而这让万贵妃极为不满。她最大的梦想就是要像自己所熟悉的孙太后那样成为天下第一贵妇人,如今却被一个黄毛丫头占了自己的先,她如何能甘心呢?早在十五年前,她就把自己的命运押在了这个比自己小十九岁的男孩身上,她相信,只有朱见深才能改变她的人生。她要趁着皇帝对自己这份复杂而缠绵的感情雷打不动的时候,抓住宪宗的心,快刀斩乱麻,使自己少女时的梦想成为现实。

对新皇帝而言,他依恋的不是那些稚嫩的小姑娘,而是一手将他养大、对他了如指掌、是他从小依靠的万贞儿。他甚至打心里希望能够让万贞儿做自己的妻子。他身边可以有别的女人,但任何女人都代替不了万贞儿。他本来就想让万贞儿做皇后,统领后宫,他不明白为什么所有的人都不允许万贞儿当皇后,难道是因为她的年纪足以做自己的母亲吗?年龄算什么?谁没有年老色衰的时候。因为她出身低微吗?出身算什么?她做了皇后,谁还能说她卑微呢?虽然她相貌平平、身材宽阔、性格泼辣,没有什么淑女气质,但在他眼里,她就是天底下最好的女人。而对如花似玉的吴皇后,他一点兴趣也没有。

年轻漂亮的吴皇后入宫之初就得不到皇帝的喜爱,心中自然十分不满,又看到万贞儿依仗皇帝的宠爱,骄横跋扈,在宫中作威作福,更加气愤不已。正好有一次,小皇后与万贞儿发生口角,小皇后毫不留情地命宫女狠狠地打了万贞儿。

这可不得了,万贞儿立马就哭哭啼啼地找皇上做主。朱见深一看自己的心上人受了委屈,顿时火冒三丈,立刻就要废掉皇后,改立万贵妃。这时候皇太后又出面阻止。朱见深急了,竟以放弃帝位、出家为僧相要挟,大有不爱江山爱美人的架势。最后,虽然万贵妃没当上皇后,但另一位皇贵妃却继任了后位,吴皇后被打入了冷宫。可怜的吴氏才做了一

个月的皇后，就被废掉，十六岁的她不得不在冷清的宫闱里打发自己余下的漫长的人生。

成为新皇后的王氏，也许是从废后吴氏的悲惨遭遇中受到启发，对万贞儿曲意逢迎，才得以保住了皇后的位子。万贞儿则无名有实地把持了后宫。

成化二年（1466年），万贵妃生下皇长子。宪宗大喜，立即派出使者四处祷告山川诸神。谁知偏偏天不遂人愿，未及满月，这位龙子竟短命夭折。也许是年龄的原因，万贵妃从此不再有生育能力。

这让万贵妃的心灵受到巨大打击，于是她的心灵更加扭曲。她把满腔怨恨都撒向了后宫那些可怜的女人们身上。被皇帝临幸过的女人，凡是怀孕过的妃嫔，她都要极尽凌辱，强行堕胎，让她们个个痛不欲生。她们的子女则全都被她弄死。

到后来，她干脆就不让其他女人沾皇上的边了。宫中的太监宫女有很多都是她的眼线。朱见深溜到哪里都有人盯着，发现皇帝临幸哪个妃子了，万贵妃就提着宝剑闯进去，搅个不欢而散。面对万贵妃的蛮横，朱见深不但不恼火，反而像那些偷情的丈夫被老婆发现了一样，感到愧疚不已。

成化元年（1465年）春天，广西发生瑶民动乱，刚即帝位的宪宗派兵前往平叛。民乱平息之后，"罪人妻女"都被带回了北京，其中一个姓纪的小姑娘成了王皇后宫中的侍女。小姑娘聪明伶俐，秀美出众，又颇有文才，王皇后对她特别关照，后来又让她到皇宫内库去做"女史"，管理书籍。

成化五年的夏天，宪宗偶然来到内库，对谈吐娴雅的纪女史一见动情，偶然临幸后，她就怀上身孕了。万贵妃听说纪氏怀孕，立即派宦官张敏去打探消息。张敏同情纪氏的遭遇，为皇帝无嗣担忧，痛恨万氏的狠毒跋扈，就隐瞒了事实，只对万氏说："纪氏生病，肚子肿胀。"可是，万氏还是不能放过这个引起皇帝注意的女子，命人将纪氏打入西内冷宫。纪氏在冷宫里忍受着孤独寂寞，几个月后，她生下一子。由于营养不良，孩子一生下来就身体虚弱，头顶上还少了一小撮头发。

万氏的淫威无处不在，一旦被她知道，不仅孩子会死于非命，自己惨死，连身边照顾过他们的人也会被牵连而死，纪氏为此日夜痛苦焦灼。幸好宫中另有一位姓张的太监冒着生命危险抚养这个孩子，把他打扮成一个女孩，每天拿一些面食蜜糖来喂养。

废后吴氏也很快知道了纪氏生子的消息。当年英宗评价她"足以母仪天下"，而宪宗对她负心薄幸，但她却始终为皇帝无子一事而忧虑。不久，吴氏冒着生命危险，将纪氏母子接到自己的住处一起生活。在暗无天日的冷宫里，吴氏和纪氏一起细心抚养这个小皇子。她们苦撑着岁月，日夜为小皇子的安全担忧，就这样苦熬了六年。宪宗对此一无所知。

成化十一年（1475年）五月的一天，宪宗让张太监为自己梳理头发。他对镜自照，忽见头上已有数根白发，不禁长叹道："朕老了，尚无子嗣！"

孰料张太监一下伏倒在地，连连磕头道："请万岁爷恕奴死罪，奴直言相告，万岁已有龙子了！"

宪宗大吃一惊，忙问道："此话怎讲？朕哪里还有什么子嗣？"

张太监又叩首道："奴一说出口，恐怕性命难保。万岁爷可千万替皇子做主，奴虽死无憾！"

站在一旁的司礼太监怀恩也跪下奏道："张太监所言皆是实情。皇子被养育西内密室，现已六岁了。因怕招惹祸患，故隐匿不敢报。"

宪宗又惊又喜，怀疑自己在做梦，当下传旨摆驾至西内，派张太监去领皇子前来见面。

纪氏见到张太监前来，知道苦熬的日子到头，自己的生命也到了终点。她抱着儿子，流着泪说："儿子身份明白，我却再无偷生之望。"她为六岁的儿子换上一件红袍，叮嘱道："儿子去吧，那个穿黄袍长胡须的男人，就是你的父亲。"

很快，皇子所乘的小轿就被太监宫女簇拥到宪宗面前。皇子长期幽禁，担心外人知道，连胎发都没有剪，六年后，已是长发拖地。他披散着头发一直扑进宪宗的怀里，嘴上叫着"父皇"。宪宗悲喜交集，不由

掉下眼泪，一把把儿子抱入怀里，放置膝上，仔细端详。良久，才喃喃说道："这孩子长得真像我，确是我的儿子！"

第二天，宪宗正式接受群臣的道贺，颁诏天下，宣示皇位后继有人的消息，并亲自为儿子起名为"祐樘"，封他为太子。不久，又封纪氏为淑妃，并且频频召见。

大学士商辂仍担心这位皇子会重蹈前太子的覆辙，但又不敢明言，只说让皇子母子住在一起，便于照料养育。宪宗准奏，命纪氏携皇子居住永寿宫，他自己也常常驾临永寿宫，同纪氏欢聚。不仅如此，宪宗还大胆地宠幸其他妃嫔，不久又陆续生了几个儿子。

喜庆的皇宫里，唯有万贵妃一人恨得咬牙切齿。她日夜怨泣，发誓不放过那些让她不痛快的人。

就在这一年的六月，纪氏暴死。她是被毒死的，还是被勒死的？谁也不敢过问，但谁都心中有数。宪宗也不追究，只是下令予以厚葬，并谥纪妃为"恭恪庄禧淑妃"。张太监见淑妃被万贵妃害死，料想自己也难逃毒手，便吞金自杀了。在万贵妃一手遮天的皇宫，谁能逃过一死呢？

宪宗的母亲周太后将朝廷内外的变故都看在眼里，她深知儿子的无能，害怕自己好不容易才盼来的孙子也遭了万贵妃的毒手，便对宪宗说："还是把孩子交给我来照顾吧。"于是，皇太后亲自养育这个孙子。她把孩子天天关在自己宫里，怕遭万贵妃毒手。一次，万贵妃命人来召太子到自己宫里"玩"。临行前，奶奶嘱咐孙子："到那里去，什么东西也不要吃！"孩子很聪明，蹦蹦跳跳进入万贵妃宫，万贵妃当然也不敢下手再毒死这个孩子，她甚至还想巴结这个未来的皇帝。她端出一大堆吃食。孩子摇头，说自己不饿。见孩子说不饿，她又命人做碗鱼羹，让孩子喝。这位皇太子眨巴着大眼睛，索性直说："不吃，我怕有毒！"万贵妃闻言，又气又急，拊掌大哭："这孩子还不到十岁，竟然如此怀疑我，日后他当上皇帝，还不要我命啊！"

当夜，万贵妃又在皇帝怀里大哭大闹了一场，之后大病了一场。病中的她可没闲着，又想了一个主意，那就是改立太子。要改立，就得有人可立，于是，她放松了对皇帝的管束，让宪宗尽可能地去临幸妃嫔宫女，以便她可以从中挑选一个皇子做未来的皇储。宪宗也不客气，随后的七八年里，一口气生下了十多个皇子皇女。

成化二十一年（1485 年），宪宗偶然到了皇家的内库，发现里面的金银全花光了。皇帝大怒，对身边的大太监梁芳、韦兴说："靡费帑藏，实由汝二人！"可是，皇帝也知道，这金子银子实际都落到万贵妃和她的家人手上了，也不好追究，所以就狠狠地对这两个宦官说："我不追究你二人，后人会跟你们算账的！"

梁芳、韦兴很害怕，知道太子朱祐樘将来登基，他们也自身难保，所以，不如让朱祐樘当不上皇帝。这想法和万贵妃不谋而合。于是，梁芳、韦兴和万贵妃三人就日夜在宪宗面前说朱祐樘的坏话，撺掇皇帝把朱祐樘废掉，改立邵妃的儿子。

宪宗本就对万贵妃言听计从，加上还有梁芳、韦兴两位太监帮着说话，便答应了改立太子之事。

第二天，宪宗找司礼太监怀恩商量，怀恩连连说不可，惹得宪宗很不高兴，竟把怀恩贬到凤阳去守皇陵。他正想再召集群臣们商议废立之事，忽报东岳泰山发生地震，宪宗这才害怕了，认为是老天报应，于是没敢废立太子。朱祐樘的太子地位总算保住了。

万贵妃费尽心机也无法动摇太子的地位，不免肝火攻心，不久便得了肝病，于成化二十三年（1487 年）正月初十，在新年的喜庆声中暴薨，时年五十九岁。

万贵妃死了，宪宗震悼不已，辍朝七日，谥之为"恭肃端慎荣靖皇贵妃"，赐葬十三陵陵区。从此，一直有"恋母情结"的宪宗终日郁郁寡欢，经常自言自语："万贵妃死了，我还活着干什么呢？"他活得很艰难，并且积郁成疾。半年后的八月二十二日，宪宗竟因哀伤过度而死亡，年仅四十岁。长子朱祐樘继位，是为孝宗，改年号为弘治。

明宪宗朱见深跟万贞儿之间究竟有着怎样的情缘？万贞儿又为什么会得到宪宗的旷世恩宠呢？这是许多人都想搞清楚的问题。

其实对这种诡异的情形，皇帝的母亲也曾经问过儿子："为什么偏偏喜欢和万贞儿在一起呢？"皇帝对此的回答颇为模棱两可，他只是含糊地回答："我也不知为什么，只知道有万贵妃在，心里就踏实。"看来，连宪宗自己也搞不明白自己究竟为什么对万贵妃那么好。

当然，最为人们所认可的原因是朱见深具有强烈的"恋母情结"。可是，除此而外，就没别的其他原因了吗？

应当说，至少还有下述几种原因造成了朱见深对万贵妃的那种情感。

一是万贵妃有心计，能想方设法笼络宪宗。她是陪伴朱见深时间最长的女人，对朱见深的弱点颇为了解，可以轻易地将他玩弄于股掌之中，利用他来达到自己"擅宠"的目的。比如，根据《明史》记载，随着年龄渐长，万贵妃的容貌变得更加不堪一睹，那肥硕丰满的身材在美女如云的皇宫里显得格外扎眼。但是，她知道皇帝喜欢什么，她常常女扮男装，全副戎装地出现在皇帝面前，使得皇帝对她这份英姿飒爽、妩媚风情留恋不已。由此可见万氏之心机之重。

二是万贞儿具有高超的御夫术。明末清初查继佐撰写的《罪惟录》中，曾描述万贞儿"貌雄声巨，类男子"，有些"假小子"的味道，前文也曾描述过万贞儿并非美女。宪宗却曾这样说过："臣有疝疾，非妃抚摩不安。"这话已经说得非常露骨了，万贞儿尽管不是美女，却有美女不可替代的好处。不过这一观点大多见于小说野史。很多小说都根据这一点把万贵妃塑造成了一个妩媚的女人。

三是万贞儿善于"拿捏"朱见深，让他时时有"得不到的才是最好的"之感觉。据一些史籍描述，尽管宪宗极为宠爱万贞儿，但万氏却对宪宗时而若即若离，时而嗔怪冷落——这恰恰抓住了宪宗"不容易得到的才是最好的"心理，于是对万贞儿越加痴迷。而且，据说万氏年轻时曾有过一个相好的情人，还送了她一个虎符玉佩。在后来漫长的岁月中，万贞儿腰上总是有意无意地戴着那个虎符玉佩，像是在提醒宪宗，她心里还想着那个赠玉的人。这让宪宗产生淡淡的醋意，但又不至于惹得他恼羞成怒。而且，万氏把这个分寸掌握得非常之好。

总之，万贞儿巧妙地利用了宪宗从小对自己产生的依赖心理，并将这种依赖化解和转换为男人对女人的爱慕，中间又夹杂着母性和亲情的魅力，让宪宗无法自拔地爱上了她。而宪宗自身又是一个弱势内敛的皇帝，喜欢留恋过去的岁月和时光，这与万贞儿的细心谋划正相吻合，从而造成了万贵妃独享恩宠二十年的现象。

而正是二人之间长达二十年的旷世奇恋，让曾经也想励精图治的明宪宗，终日沉溺于后宫与比他大十九岁的万贵妃享乐，并宠信宦官汪直、梁芳等人，以至奸佞当权，朝纲败坏，明王朝一步步滑向了深渊。

假"公公"行骗，真"公公"擅权

明宪宗成化年间，出了一个权倾一时的大太监汪直，搞得朝廷一片乌烟瘴气。而且，还有人假他之名招摇撞骗……

成化十二年（1476年）七月的盛夏时节，一种名叫"青怪"的怪物把大明京城的百姓搅得不得安宁。一些普通百姓，最先发现了它。当时正值暑热，很多贫民家的男人为纳凉，便在街上支床露宿。一天，一个男子正睡眼蒙眬，忽然有股阴冷的风向他徐徐吹来，他睁眼一看，不禁大吃一惊！只见一个背上罩着一片墨黑的云气而无法形容的怪物，呼啸着在街上窜来窜去。

这一下整个京城震惊了，人们陷入了极度恐慌之中。这种怪物来去疾如狂风，虽然人们将窗户紧闭，但还是拦不住他。一旦"青怪"进来，这家人便会进入昏迷状态。那些被"青怪"擦着蹭着的人，或者手足，或者脸上，或者身体，不几天就会出现溃烂，流出使人感到恶心的黄水。

如此一来，不祥的恐怖气氛很快笼罩着全城。一到夜幕降临的时候，人们便在自家门前挂起灯笼，手里拿着雪亮的利刃，用以防止"青怪"的侵袭。只要黑气一来，便立刻鸣锣，把它赶跑。有人看见，这个怪物全身黑色，金睛长尾，如狗狸一般。

　　不久，在大明宫中，也出现了这种怪物。一天，明宪宗朱见深正在奉天门视朝，这个云状怪物突然出现，侍卫们吓得失声惊叫，两班大臣也乱作一团。过了许久，云状黑怪才消失，君臣们这才镇定下来。

　　明宪宗不禁龙颜震怒，加之已接到京城多地出现怪物的报告，于是下令将京城可疑之处全面清查，以除妖气。经锦衣卫明察暗访，终于在当年九月发现一名叫李子龙的妖人，说他颇谙符术妖道，竟和宫中太监鲍石、郑忠等勾结起来，暗中进入皇宫作法。宪宗听后认定妖术是李子龙所施，立即下旨，将李子龙、鲍石、郑忠杀头示众，以平民愤。

　　诛杀李子龙等人后，宪宗一想起妖人竟能冲破层层警卫，祸乱宫闱，就感到无限愤恨和后怕。虽然两个月后锦衣卫侦破此案，但妖人随便出入禁宫，这让宪宗感到十分失望。于是，他决定另设一特务机关，以更有效地刺探宫内外的情况。

　　正在此时，令宪宗言听计从的万贵妃向他推荐掌管御马监的宦官汪直。宪宗很快召见了他，见他十分机灵。于是，乃命他带校尉二人，化装成百姓模样，外出侦察。汪直不负所望，在宫内外暗暗地当了半年多便衣特务，刺探出了不少宪宗闻所未闻的秘密。宪宗一来对那些民间奇闻、官场隐私有着浓厚的兴趣，非常好奇，再则见这样又可监督群臣，真是一举两得，于是索性大搞一番，便在次年一月增设"西厂"，由汪直任提督，负责管理。

　　在做了西厂提督以后，汪直为了表达对皇帝的赤诚之心，彰显声势与能力，命其党羽到处搜查、缉捕、审讯他们认为有嫌疑的官员。汪直倚仗着皇帝的宠信而玩弄权术，肆意妄为：有的时候缉捕了朝廷官员，便先把那人打进大牢，之后才向皇帝禀明；有的时候缉捕后没过多久又将人放了，完全不奏明皇帝。他利用西厂接连排挤或清除异己、培养心腹，肆意乱杀无罪之人，制造了一连串耸人听闻的冤狱，使得朝廷内外皆惶恐不安。

　　每次外出，汪直皆会带上很多人马前后护卫，朝廷里的高官重臣皆需及时避闪，为其让路。他的气势甚至超过了皇帝。

此外，他曾以监军的身份几次随军队出征，当地的官员皆谨慎服侍，并用大批金银及贵重物品讨好汪直，由此可以想见其权力和势力之大，以及其威势之猖狂。无怪乎当时的御史徐镛曾经说道："现在天下的人们，只知道有西厂却不知道有朝廷，只知道畏惧汪直却不知道畏惧圣上。"

就当汪直在北京炙手可热时，江南一带很快也出现了一股"汪直热"。

原来，有小道消息说，汪直作为宪宗皇帝的钦差，将从南京、芜湖、常州、苏州、杭州、绍兴、宁波一路巡查过去。

听说汪直要来，沿途地方当局和交通部门都提前作了各种准备，忐忑不安地等着汪直的到来。

前已述及，明代最著名的特务机构是东厂，东厂直接受皇帝的指挥。东厂的"一把手"，常常是皇帝最信任的人，他能够左右皇帝的想法，拥有炙手可热的权力，因此各级官员甚至朝中大员，都以能结交他们为幸。而西厂当时的权力比东厂还要大，它不仅能侦查百姓，也能侦查东厂，拥有的特务数量比东厂还要多。因此，作为西厂的"一把手"，汪直的到来，在江南引起的轰动极大。除了各地官员要小心陪侍外，一些有冤屈的老百姓也指望能通过"钦差大臣"讨个清白。一时间，持讼词前往告状者络绎不绝。

汪直视察过江南后继续南下，一路搜刮民财。汪直索要钱财的手段很高明，他本人口口声声称要廉洁奉公，手下的校尉却一个劲地伸手要钱，就这样一路中饱私囊到了福州。福州的大小官员自然也不敢怠慢，否则惹恼了汪直，小则杖责，重则小命不保。

就在汪直在福建耀武扬威时，却出了一桩意外。原来福州镇守太监卢胜是个细心之人，他发现这个汪直虽然自称西厂提督，是钦差大臣，可是手中并没有任何皇家信物。卢胜经过一番慎重而仔细的盘查后，查出这个"汪直"是假冒的。

假汪直其实名叫杨福，是江西人，曾经在北京崇王府里当过内使。后来他逃了出来，想回老家。路过南京时，杨福碰到一个熟人，熟人发现杨福长得很像汪直，于是杨福决定冒充汪直骗些钱花，那位熟人就扮

作他身边的校尉随从。两个骗子先到芜湖敲了一笔，见没有败露，于是他们继续沿江而下，再顺着浙江沿海南下。由于杨福在北京城混过，对朝廷礼数略知一二，所到之处居然没有人怀疑两人的真假。

假汪直案轰动了朝野。成化十四年（1478年）七月，杨福被处死。

假汪直死了，没过几年，真汪直的命运也急转直下。

原来，汪直并不满足于西厂"一把手"的位置，又盯上了东厂"一把手"的宝座。所以，他想方设法陷害东厂太监尚铭，企图取而代之。

东厂太监尚铭，也是个奸诈的小人。他早已对汪直充满了敌意，于是，他决定先下手为强，派出大批得力的校尉，暗中进行秘密调查，终于将汪直的全部"材料"搞到了手。乘汪直带兵外出的机会，他将材料呈报给了皇帝，也告诉了万贵妃。

宪宗看完"材料"，对汪直的专横也有了一丝警觉。尚铭则在一边不时地"敲边鼓"，添枝加叶，说汪直的坏话。

此时的汪直尚在外巡视。他想回京时，几次向皇上上书，宪宗都没有批准。汪直的死党——兵部尚书陈钺，也上书皇上，请求皇上允许汪直回到京城。宪宗不准，还把陈钺大骂一顿。这时，汪直、陈钺害怕了。

没过几天，大同府的总兵孙钺死了。宪宗马上下圣旨："任命陈钺为大同总兵，立即到任。"

时过不久，宪宗又下一道圣旨："汪直总镇大同、宣府"，把官和兵全部调到北京。这大大地削弱了汪直和陈钺的力量。

成化十八年（1482年）三月，宪宗下旨："将西厂撤销，将大同总兵官陈钺免职。"汪直在西厂的职务，虽然没有提到，但是西厂不存在了，其实也就是罢免了汪直。

同年秋八月，宪宗又下一道圣旨："调陈钺防守延绥。"这也是一个不错的办法，其目的是将汪直、陈钺二人分开，削弱其力量，使他们没有力量造反。陈钺从兵部尚书降为一个边关守将，大大削减了他的势力。

成化十九年（1483年）五月，汪直在大同向皇上报告：有大量敌人入侵大同，请调京兵来援助。公文送到了北京兵部。

汪直的请求被兵部尚书回绝了。时任兵部尚书张明上书宪宗皇帝说："天气正值盛夏，按时前往戍守，军队难以到达。统计大同府有兵马四万多人。如果官兵同心协力，大同是可以防守的。不必再从北京调兵去。"皇帝看完张明的奏章，下圣旨说："大同府兵力足够，没有必要派京兵去援助。"通过这件事，汪直终于明白自己完了。

成化十九年（1483年）六月，宪宗正式下令，将汪直贬往南京养马。汪直在锦衣卫及东厂提督的监押下，来到了南京。他因平时骄横成性，到了南京也恶习不改，仍旧盛气凌人。当地官员纷纷上书北京，弹劾汪直。

众大臣列了汪直八条罪状：第一条罪状，辜负了皇上的信任和恩典，欺骗、蒙蔽皇上。第二条罪状，多次带兵在边防线上滥杀无辜百姓，假报战功，骗取名利、地位。第三条罪状，夺取、侵占、偷盗国库里的财物、金银。第四条罪状，陷害忠良，庇护奸人。第五条罪状，超越职权，独断专行，肆意搜刮文武大臣的财物，中饱私囊。第六条罪状，招纳死党，结成团伙，上下串通，相互勾结，害国害民。第七条罪状，组织邪恶势力，扰乱国家的正常秩序，迫害正义之人。第八条罪状，狂妄地发动战争，挑起边境的事端。

这八条罪状，宪宗看后很生气，立即下令将汪直贬为地位很低的南京奉御。

汪直终于受到惩罚，他的一群死党也没逃脱应得的惩罚。朝廷内外一片欢腾。最后，汪直死于成化二十三年（1487年）。

汪直死后，朝廷并未稳定下来，昏庸的宪宗又开始胡乱任用奸猾谄媚之人。很多社会上的地痞流氓、招摇撞骗之人趁机混入宫中。朝廷官员也变得极端腐败，他们不仅侵占财物、不顾法纪，还为了讨好宪宗时常献上房中术。明朝的政治呈现出从未有过的混乱局面。

乌云里透出的一丝阳光

明孝宗朱祐樘统治时期，励精图治，让本已动荡不安的明王朝一度

出现了中兴的局面，堪称乌云里透出了一丝阳光……

明末清初有一位大学者叫钱谦益，编写了《列朝诗集》一书，其中明代部分收入了一首诗《静中吟》。诗云：

习静调元养此身，此身无恙即天真。

周家八百延光祚，社稷安危在得人。

坦率地说，这首诗写得并不怎么样，如果说前两句还带有些养身术的气韵的话，后两句不过是合乎儒家学者"文以载道"的口味罢了，文采欠佳。据钱谦益说，诗歌是从孝宗朝大臣李东阳的《麓堂集》里摘抄出来的，还有大诗人李东阳的赞词，其中几句说："大哉王言，众理兼有，惟德与功，为三不朽。"

李东阳所谓的"不朽"的"王"就是指明孝宗朱祐樘，原来这首诗就是朱祐樘写的。不过，别看朱祐樘诗写得不怎样，但人确实不错。他那关心社稷安危的心倒是可见一斑，比起父亲只知道喜欢老女人要好得多。

只不过，朱祐樘的命很苦。如果要评选明王朝甚至中国历史上苦命的帝王，明孝宗朱祐樘或许可位列一席。

先是身世苦，其父明宪宗朱见深，是历史上赫赫有名的"庸君"之一，其在位二十二年，其中有十六年不上朝，首开了明朝皇帝消极怠工的"先例"。施政上他宠信宦官汪直等人，导致朝政败坏，效率低下，一批能臣遭到贬罢去职，文武百官，多是庸碌混日子之人，民间有民谣讽刺说"纸糊三阁老，泥塑六尚书"。私生活上也非议颇多，专宠年长他十九岁的万贵妃，任由她祸乱后宫。

前已述及，朱祐樘出生后，怕遭万贵妃毒手，和母亲一起在深宫里隐姓埋名好多年。朱祐樘与朱见深父子相认后，朱祐樘之母遭万贵妃迫害致死。其后，万贵妃一直谋求废黜朱祐樘，导致朱祐樘数年来小心翼翼，在万贵妃的不断刁难下生活。最后平安即位，可谓历经磨难。

平安即位后的朱祐樘发现，父亲留给他的，是一个十足的烂摊子。偏偏屋漏又逢连夜雨，这时期的明王朝，是极端自然灾害频发的时期。

仅仅是朱见深去世前的成化二十二年（1486 年），陕西发生大地震，河南发生水灾。

除了自然灾害，国家的内外部问题更多如乱麻，国库空虚，财政几近崩溃，朱见深在位时沉迷修道炼丹，几乎把国家财富挥霍殆尽。官员混日子，做一天和尚撞一天钟，贪污腐败日益严重。外患方面，蒙古鞑靼、瓦剌各部持续骚扰，边关战火不断。

朱祐樘登基后面对前皇遗留问题及朱祐樘登基后的弘治元年（1488年），山东旱灾，江苏水灾。弘治二年，河南水灾，华北旱灾。弘治三年，浙江水灾。弘治四年，陕西旱灾，江西水灾。弘治五年，苏松河水灾，广西瘟疫……厉行拨乱反正，罢黜昏聩官员，提拔能臣干吏，整顿吏治腐败，减免百姓负担。而要励精图治，国家的重中之重，就是抗灾救灾。

可关键是，怎么救？

别的不说，钱呢？一分钱难死英雄汉，抗灾需要钱，就算朱祐樘是七十二变的孙猴子，也变不出一分钱来。

朱祐樘当然不是孙猴子，但他只做了一件事就解决了问题——"割肉"。

事实上当时明王朝的家底还是很丰厚的，关键在于钱用得不是地方，就像一个肥胖病人，不该长肉的地方全是肥膘。所以要解决财政问题，既得勤俭，又要舍得割肉。

先是割老爹的肉。成化朝留下的庙宇寺院，关门的关门，充公的充公，什么法师方丈的，该抓的抓，该还俗的还俗。吃斋念佛能救灾吗？让他们统统干活去。

然后就是割自己的肉。当年父亲召来修道炼丹的和尚道士被赶跑了，宫廷的日子也开始勤俭起来。仅光禄寺用于做菜的牲口，由每年的十万减到四万，香料用量由原来的每年近三千斤减少到一千六百斤。人员当然也缩编，皇宫的人员编制比弘治登基前少了近一半，各类开支竟然缩减了六成。

改革当然也不闲着。闲职官员裁撤的裁撤，采办之类的行动一律叫

停。宫廷宴会，包括接待外国使节之类的外交活动，也都一概从简。总之四个字：能省则省。

节衣缩食一番，弘治朝初年的各类开支，竟比成化朝减少了八成。这些钱大都变成了一批批发往灾区的粮食与物资，都是朱祐樘精打细算，从牙缝里抠出来的。

在当时，破坏力大、持续时间最长的就是水灾。然而白花花的救灾银根本填不平这无底洞，折腾下去，大明王朝也得破产。

朱祐樘知道，要彻底解决问题就必须修水利工程，重点自然是黄河。

弘治六年（1493年）正月，刘大夏被朱祐樘提升为副都御史，开始受命治理黄河。

刘大夏（1436—1516），字时雍，号东山，湖广华容人。景泰六年（1455年），二十岁时举乡试第一。天顺八年（1464年）中进士，后选为庶吉士。散馆后被分配到兵部，先后任职方主事、员外郎、车驾司郎中。由于他精于兵事，勇于直言，兵部尚书非常看重他。

成化十九年（1483年），刘大夏官升福建右参政，颇有政绩。后因其父去世，不得不辞官回家服丧。

弘治二年（1489年），朝廷再次起用刘大夏，先后任他为广东右布政使、左布政使及浙江左布政使。他为官清正廉洁。官库中有一项余钱，向来都不记入账簿，为官者公然中饱私囊。刘大夏到任，检查库藏，发现此事很是不解，吏员将旧例告诉他，说明不当入账。他沉思良久，突发感慨，大声说："刘大夏平日读书做好人，如何遇此一事，沉吟许多时，诚有愧古人，非大丈夫也。"

弘治五年（1492年）七月，张秋（今山东省阳谷东）一带黄河决口，泛滥成灾，漕运断绝。朱祐樘命工部侍郎陈政征集十五万人去疏浚黄河故道，堵塞决口，但不久，陈政逝去，工程没有完成。吏部尚书王恕向孝宗推荐浙江布政使刘大夏，孝宗批准此事，于是次年正月，刘大夏走马上任，主管治河大事。弘治七年（1494年）五月，孝宗又派遣宦官李兴、平江伯陈锐到张秋协助刘大夏共治决口。

当时黄河决口处宽约九十丈。经过实地勘察，刘大夏提出先治上流，开辟新河将旧河里的水导入黄河道及淮河，并且于决口处筑水坝，且合且决，随决随塞，昼夜施工，到当年的十二月二日筑成大坝。再疏浚仪封黄陵冈之南四十余里的贾鲁旧河，由曹出徐，以减缓水势。同时疏浚孙家渡口，另凿七十余里新河，让水从中牟、颍川东流入淮河，然后一步步堵塞决口，昼夜不停地将装满土石的大船沉入水流湍急处，该年十二月底工程完成。明孝宗朱祐樘派人慰劳，改张秋为"安平镇"。

刘大夏又上书请求修筑黄陵冈河口之堤，使黄河上流南下徐淮，才可保运河永远安全。弘治八年（1495年）正月，刘大夏又带人筑塞黄陵冈等七处河口，黄河复归兰阳（今河南兰考）、考城（今河南民权北），经归德（今河南商丘）、徐州流入运河，再由淮河入海。又在黄河沿岸从胙城（今河南延津北）至小宋集（今山东曹县西），筑堤一百六十多里，大小二堤互翼。于是黄河水全部流入大海，北流方始断绝。此后很长时间内都没有发生黄河决堤的事故。

苏松河道在弘治五年（1492年）因水流不畅导致河水溢出，酿成水灾，朱祐樘又命工部侍郎徐贯负责整治，约历经三年方完工。苏松周边除去水害后，重又成了物丰人多、盛产鱼米的富饶之地。

除了治水，朱祐樘统治时期勤于政务，数次减免灾区粮赋，使农民的负担减少了；他还下旨不准朝廷官员请托公事，不准宗室、勋戚侵占土地，使社会矛盾得到缓和；他还很注重司法，令天下众司审讯犯有重罪的囚犯，谨慎办理刑事案件。《问刑条例》于弘治十三年（1500年）订立，《大明会典》则于弘治十五年编成。

朱祐樘在武治上也立下过功绩。他打败了吐鲁番，收回了嘉峪关以西的领土。他还下令修葺长城，抗御蒙古，巩固了明朝的统治。

因为朱祐樘任人唯贤、勤于朝政、提倡节俭、息兵养民，故而在他统治的十八年里，明朝历史上呈现出了少见的政治清明、经济兴旺、人民安乐的局面，在历史上被叫作"弘治中兴"。

明孝宗朱祐樘身为明朝的中兴皇帝，在生活上对自己要求非常严格，

一直远离歌舞和女色。他是中国历史上唯一实际施行一夫一妻制的皇帝。据史料记载，孝宗后宫里仅有一位张皇后，孝宗对她十分喜爱，两人一同起卧、吟诗作画、评说古今，且孝宗一生再未册封其他妃嫔。

然而，孝宗只宠爱张皇后却造成了外戚败坏政治的局面。张皇后的父亲和弟弟被赐封官爵后，倚仗权势与地位骄横放肆，胡作非为，大批侵吞土地，导致很多农民无家可归，为之后的农民起义埋下了隐患；他们还贩卖官盐，从中谋求巨额利润，使国库收入受到严重影响。

弘治后期，发生了宦官李广扰乱政事事件，终于让孝宗清醒过来，从此他重又勤勉地料理政事、治理国家。然而，这段时期也稍纵即逝。

生来就身体虚弱的明孝宗朱祐樘于弘治十八年（1505 年）在乾清宫去世，年仅三十六岁，被安葬在北京昌平泰陵。伴随着朱祐樘的逝世，明朝的中兴时期也一去不回，从此开始逐渐走向灭亡。

第五章　将荒谬进行到底

"反叛青年"做皇帝

明武宗朱厚照是历史上颇有争议的一位皇帝。他天资聪颖，从斗鸡走狗、骑马射猎到吹拉弹唱等，都是一学就会。然而他又是一个荒淫暴戾、怪诞无耻的无道昏君……

明武宗朱厚照（1491—1521），明朝第十位皇帝，年号正德。他号称明朝历史上最能"闹"的一位皇帝。据说在清朝时期，如果皇子们读书不认真，就会被上书房的师傅训斥一声："你想学朱厚照吗？"

人们之所以将明武宗朱厚照视为"反面教材"，是与他荒淫无度、懒于朝政、善"折腾"分不开的。

其实，年少时期的朱厚照甚是招人喜欢。史载朱厚照孩提时"粹质比冰玉，神采焕发"，性情仁和宽厚，颇有帝王风范。八岁时，在大臣的请求下，朱厚照正式出阁读书，接受严格的教育。朱厚照年少时以聪明见称，前天讲官所授之书次日他便能掩卷背诵。数月之间，他就将宫廷内烦琐的礼节了然于胸。《明史》记载说，其父明孝宗几次前来问视学业，他都率领东宫之人"趋走迎送，娴于礼节"。孝宗和大臣们都相信，眼前的这位皇太子将来会成为一代贤明之君。

此外，据说朱厚照生来好动，自幼贪玩，尤其喜爱骑射。因其父明孝宗一心想把他培养成为太祖朱元璋那样文武兼备的圣君，所以对他的骑射游戏颇为纵容，这也养成了他日后尚武的习气。

弘治十八年（1505 年）五月，明孝宗病逝，年仅 15 岁的朱厚照顺理成章登上皇位，是为明武宗。改年号为正德，后世又据此称其为正德皇帝。

少年天子武宗登临龙廷宝座，凭借皇帝至高无上的权力，自然不用装样子给别人看，可以随心所欲、为所欲为了，贪玩好动的本性不久就暴露了出来。他废除了尚寝官和文书房侍从皇帝的内官，以减少对自己行动的限制。对于为皇帝而设的经筵日讲，他更是以各种借口逃脱，根本就没听几次。后来，正德帝竟连早朝也不愿上了。诸位大臣轮番上奏，甚至以请辞相威胁，但小皇帝总摆出一副宽厚仁慈的样子，认真地回答说"知道了"，实际上依旧我行我素，大臣们也无可奈何。到了后来，只要朱厚照不作出什么出格的事，大臣们干脆不再管他，可见少年武宗之顽劣。

明武宗就是这样一个皇帝：他想打破加在他身上的某些禁锢，想按照自己的真实想法办事，即使这违背了历朝祖训、社会习惯，也在所不惜。

而且，即位之初，明武宗就显示出了他善搞恶作剧的才能，在奉天殿他常常让猴坐犬背，燃起爆竹，一时间猴跳狗奔，让皇宫的庄严荡然无存。原来在东宫侍奉他的那帮宦官，特别是太监刘瑾、谷大用、张永等八人，更是深得他的宠幸。这帮人整天陪他吃喝玩乐，击球走马，放逐鹰犬。这些玩腻了，朱厚照突然想体会一下经商的乐趣，这帮人便出主意，在宫中模仿市集开了六家酒馆、店铺、妓院。太监扮成老板、百姓，武宗则扮作富商。朱老板与宦官们相互贸易，讨价还价，好不热闹。买完东西就上饭馆，然后逛妓院，醉在哪里便住宿在哪里。像这样的宫廷闹市，往往夜以继日，一开就是几天。

后来，他又觉得宫里太闷，规矩太多，有如牢笼，遂在皇宫西侧修建了一座"豹房"。豹房位于西华门外，与宫殿相连，有房屋两百多间，历时五载落成，耗费国库白银二十四万余两。

名曰"豹房"，应该是豢养生猛野兽、禽鸟虫鱼的处所，其中更应以豹为主。实际上，据《万历野获编》及明朝朱国桢著的《涌幢小品》等书记载，其中仅有文豹一只、土豹三只而已。蓄养得最多的是大群的各族女子，她们被训练成能歌善舞、充满邪气的妖艳女人，供武宗取乐。

豹房建好后，朱厚照迫不及待地搬了进去，从此不再受宫廷内清规戒律的限制，整天与宦官、番僧、异域术士厮混在一起，只管玩得昏天黑地，哪论朝政是与非。

明武宗的行为自然遭到大臣们的反对，但他根本听不进去，反而变本加厉，从正德三年开始干脆住进豹房。自此直到他去世，豹房成为武宗起居和处理朝政的主要场所。

综观明武宗在豹房内的活动，主要是游乐和军事操练。在豹房建成初期，明武宗每天都召教坊司乐工入内，后来教坊乐工承应不过来，他又下令让河间诸府乐户中技艺精湛者到京为他演出，人多时每天达到百余人。

豹房内到处充斥着靡靡之音，丝竹管弦歌舞不断。武宗又听说色目人锦衣卫都督同知于永，擅长房中秘术，马上召入豹房密谈，十分投机。于永献媚说西域女子肌肤洁白如玉，美貌非凡，远胜中原女子。武宗听后羡慕不已。不久于永假传圣旨，让都督吕佐将其家善于歌舞的西域女子十二人进献给武宗，在豹房内舞蹈欢歌，通宵达旦。武宗还将其中长得漂亮的留在身边随时召幸。更加狼藉昭彰的是，武宗借巡游南北之机，大肆搜罗天下美女。

正德十二年（1517年），武宗来到大同，住在偏头关，当地官吏纷纷进献美女邀宠。其中晋王府乐户杨腾家中一名姓刘的歌伎也在其中，武宗远远看见，立时被她的美貌所吸引，封她为美人，以后又把她带回北京，同饮食，共起居，宠幸异常。遇到武宗有什么不高兴的事，只要她出面，武宗立刻就转怒为喜。宫中近侍都竞相巴结她，以母事之，叫她刘娘娘。

在明武宗的豹房中，可谓美女如云。只要武宗喜欢的，根本不在乎是否结过婚，或正在怀孕，甚至曾做过妓女，总要千方百计将其据为己有。

明武宗除了在豹房内声色犬马之外，还把很大精力放在军事训练上。据史料记载，豹房内住有官军达二百多人。这些人都是从各地挑选上来

的勇猛之士，他们一边负责驯养那几只豹子，一边在武宗指导下操演。据说那时豹房内的训练场上，整天炮声阵阵，军号声声，传遍整个都城。

可以说，明武宗对豹房的重视程度远远胜过紫禁城。正德九年（1514年）元宵节放灯，因不慎将乾清宫柱壁燃着，在这紧要时刻，作为皇帝的明武宗本应该在宫中指挥救火，但他却毫不理会，就在火势正旺时，仍然前往豹房作乐。在路上，武宗看到紫禁城中冲天的火焰，竟笑着说："真是好一蓬大烟火啊！"

大约是因为看《水浒传》看多了的缘故，明武宗也想像打虎英雄武松一样过一把打老虎的瘾。于是，有一天，他叫人弄来一只老虎放在豹房的院子里，本想自己制服它，但想了想又没胆子干，于是他朝一个叫钱宁的侍卫挥了挥手，让他代劳一下。可这钱宁早就被这只老虎吓破了胆子，哪里敢去动手打它，只是本能地摇了摇头。明武宗看见了，又向钱宁挥手，钱宁接着摇头。

钱宁不够"意思"，老虎却很够"意思"，它对朱厚照的挥手作出了"友好"的反应——猛扑过来。

朱厚照也立刻作出了反应——逃跑，但他自然是跑不过老虎的。在这关键时刻，幸好另一个武官站了出来，舍身挡住了老虎，众人这才上前，控制住了老虎，让皇上安全脱身。

这要放在一般人身上，估计会吓得不轻。可站在一边的明武宗却毫不慌张，笑着说了这样一句话："其实我自己就能对付，不用你们。"

这就是明武宗朱厚照在豹房内的私生活。从以上种种表现来看，似乎确实可以给他安上一个荒淫、怪诞、无耻的帽子，然而我们不得不说，这种结论也许并没有错，但我们更应该看到造成这个结论的原因。

如果仔细分析这位皇帝的举动，就能发现，在他的种种反常行为背后似乎隐藏着一种独特的动机。这种动机的名字叫反叛。

坦白地说，朱厚照不是一个适合做皇帝的人，因为皇帝这份工作不是人人都能干好，比如必须夜以继日地操劳，必须学会对付大臣、太监和自己身边的亲人，要守太多的规矩，有太多的事情不能做。朱厚照根本做不到，因为他只是一个任性的孩子。

他就如同现在所谓的"反叛青年"一样，喜欢追求所谓的个性自由。你越让他干什么，他越不干，他之所以做出种种怪异的行为，其实只是想表达一个愿望——做自己想做的事情。

可是一个合格的皇帝是不能这样做事全由着自己的性子来的，所以明武宗朱厚照这样做了，只能说是乐了自己，却害了他的国家和臣民。

因此，两全其美的办法其实是，朱厚照不做皇帝而去做自己想做的事。因为从史书的记载来看，他是那样的天资聪颖，几乎可以说，只要是和做皇帝无关的事儿，从斗鸡走狗、骑马射猎到吹拉弹唱，甚至于梵文、阿拉伯文，他都一学就会，而且做得是那么好，那么出色。

然而，朱厚照又必须要做皇帝，因为他是皇帝的儿子，专制制度下皇位"理所当然"的继承人。他不做皇帝，谁又能做？谁又敢做？

从这个角度来说，朱厚照其实也是专制制度的牺牲品。

这，大约就是朱厚照和明朝的宿命吧。

正德十五年（1520年）秋的一天，武宗来到清江浦太监张阳的家中，张阳特地准备了大船邀请皇帝泛舟观景。武宗看到水中渔夫张网捕鱼，顿时也跃跃欲试。第二天，他悄悄带着几个小太监，亲自划着小船驶入积水池。当时已是深秋季节，武宗站立船头，刚刚把网撒开，就失去了平衡，连人带网落入水中，后来虽被太监救起，但受了风寒后一病不起。

虽经太医们尽心治疗，可还是没有挽回武宗的性命。正德十六年（1521年）三月十二日，武宗呕血死于豹房，年仅三十六岁，结束了他荒唐的一生。

"千年巨富"落得个千刀万剐的下场

刘瑾是明武宗朱厚照的贴身太监，曾深受宠爱。杨一清是武宗朝的名臣，曾官至内阁首辅，号称"出将入相，文德武功"，然而二人之间总是恩怨不断……

2001 年，《亚洲华尔街日报》曾将明朝大太监刘瑾列入过去一千年来，全球最富有的五十人之一。

刘瑾（1451—1510），本姓谈。六岁时被太监刘顺收养，后净身入宫当了太监，遂冒姓刘。刘瑾颇通文史，知晓古今，涉猎甚广，在众太监中可谓出类拔萃之人。孝宗时，刘瑾曾因事犯死罪，得免。后侍奉太子朱厚照。他对这个难得的机会甚是珍惜，因为他知道太子将来登基即位后他这个日夜服侍的太监就是功臣了，权势与富贵唾手可得。于是，便千方百计地讨好当时只有十多岁的太子朱厚照。

朱厚照继位为武宗后，刘瑾更是想尽方法鼓动武宗玩乐，哄着武宗高兴，深受宠信，因此数次升迁，最后爬上司礼监掌印太监的宝座。

刘瑾手握大权后，公然收受贿赂，大搞钱权交易。各地官员来到京城，都要向他行贿，谓之"见面礼"。但凡官员升迁赴任，回京述职，也得给他送礼。此外，他还派自己的亲信爪牙到地方供职，为其聚敛钱财。

当时，刘瑾与马永成、高凤等七名太监因为得到了朱厚照的宠爱，被人称为"八虎"，刘瑾则是"八虎"的首领。在刘瑾的领导下，这些人专权跋扈，背着皇帝，为非作歹。

刘瑾还在朝廷中大力培植自己的党羽。他假传圣旨，让自己的亲信刘宇、曹元等人入内阁，从而把持了内阁大权。然后，他又命令内阁下剌令，使得宦官能干预地方的民政事务。至此，刘瑾大权独揽，加紧排斥异己，朝中许多正直的官员都受到了他的迫害。这其中便有一个叫杨一清的大臣。

杨一清（1454—1530），字应宁，号邃庵，别号石淙，南直隶镇江府丹徒（今属江苏）人，祖籍云南安宁。

杨一清自幼聪颖，七岁能文，以奇童蜚声四乡。十一岁随父迁居巴陵（今湖南岳阳市），十四岁乡试中解元，十八岁中进士。

弘治十五年（1502 年），在当朝大臣刘大夏的推荐下，杨一清担任都督院左副都御史，管理陕西马政。西北地区产马，当地的少数民族便

用马来交换中原地区的茶叶，这就是"茶马贸易"。茶马贸易在唐朝的时候就有了，当时回鹘人赶着大批的名马入朝，换回中原的茶叶。宋代则设了专门机构——茶马提举司，来管理茶马贸易。明代，明太祖朱元璋制定了严密的制度，下令用四川的茶交换西北的马，以供给军队；另一方面，也可通过茶叶的供给来控制西北的少数民族。到了明代中后期，有些人为了牟利，携带私茶与西北人交易，而西北人有了茶的来源，也就不常赶马来，马政渐渐废弛，军马供应不足，军队的战斗力也失去了保证。

杨一清深知军马对于军队作战的重要性。他就任后决心恢复明初设立的制度，使纳马像交田赋一样，必不可少。于是他施行了五项重要措施，即"复金牌之制""专巡检之官""严私贩之禁""均茶园之课""广价茶之积"，使茶马贸易的介入者上至巡茶御史，下至黎民百姓的权利和义务都更加合理，茶课、茶运等各个环节都向着良性循环的方向发展。此外，杨一清又提出要增马种、增加牧马军人。四年后，茶叶已集中于官府，积茶二十万公斤，茶叶的运输则招商进行，不必劳烦民夫；西北的马大批赶来，共买得番马近万匹。可以说，在杨一清的整顿下，川陕茶马贸易迎来了黄金时期。

在此期间，杨一清还选练士卒，巩固边防。他实地考察当地的山川形势，悉心研究边防，还向朝廷上奏整治边防方略，建议在延绥、宁夏、甘肃三镇设立统一的指挥机构，总制三镇的军务，沿边修筑城墙、墩台，设置卫所，招募守军。朝廷采纳了他的建议。

明武宗正德元年（1506 年），朝廷命令杨一清管理三镇军务，建设边防。受命之初，他根据三边地势险要、易守难攻的状况，采取了卓有成效的措施来巩固边防。

除此以外，杨一清还重点进行抚民工作。他利用流民开发陕西，整饬各级官吏的队伍。在施行这些措施后，边界居民的生活环境有了很大的改善。

然而，杨一清虽然为政卓有建树，但是由于他不附和当权的大宦官

第五章　将荒谬进行到底

·103·

刘瑾，刘瑾就以他在沿边修筑城墙、墩台过程中贪污边费的罪名陷害他，杨一清因此被关进了监狱。最后，多亏大学士王鏊和李东阳等人的奋力营救，他才能得以获释。命虽保住了，杨一清却丢了官职，还被罚米六百石。

这个时候的皇帝明武宗沉湎于豹房，大权落到刘瑾手中，包括杨一清在内的正直朝臣只好避其锋芒，暗中等待时机的到来。

不久后，发生了安化王反叛之事。

安化王是明朝庆靖王朱栴的一个分支，封地在今天的甘肃安化。明武宗时期的安化王是庆靖王曾孙朱寘鐇。

朱寘鐇历来就有反叛之心。正德三年（1508年），朱寘鐇利用刘瑾专横跋扈引发的天下不满情绪，派生员孙景文联络宁夏都指挥周昂等一批军官，突然叛乱。

起事后，叛军杀死了宁夏总兵姜汉和镇守太监李增，又袭杀了巡抚安惟学、少卿周东以及一批执掌兵权的将领，他们在占领城镇后，放狱囚，焚宫府，劫库藏，大肆勒索庆府诸王，掠夺金币数以万计充做军资。同时，叛军分封将弁，把守险要关隘，屡次传檄文历数刘瑾的罪状，想要和朝廷分庭抗礼。

安化王叛乱的消息传来，朝廷一片惊恐，但刘瑾知道这件事后，将檄文藏匿起来，不敢让武宗知道檄文的具体内容。

面对严峻的形势，正德五年，明武宗一面"颁诏天下，慰安人心"，一面调兵遣将，命泾阳伯神英担任总兵，太监张永总督军务，再度起用右都御史、前陕西三边总督杨一清率领各省兵勇数十万，共同征讨朱寘鐇。

朱寘鐇叛乱时，宁夏参将仇钺率兵出城防御边境，造成内地兵力空虚。于是，朱寘鐇派人去招降在外的仇钺。仇钺由于家小都在朱寘鐇的控制下，只好入城诈降，但当时京城人纷纷传言仇钺已经附贼造反，而时为兴武营守备的保勋与仇钺是姻亲，因此时人讹传保勋也是安化王的外应。

幸好朝廷之上毕竟还有不少明白人，他们不仅没有听信传言，还征得武宗的同意，传令任仇钺为副总兵，以保勋为参将，让二人率兵讨贼。保勋是一个忠义之人，他上疏朝廷，表示自己"恨不飞渡黄河，食贼肉以谢朝廷"。

仇钺则假装得重病不起，暗中招纳游兵壮士于府，准备与保勋等人里应外合举事。同时，仇钺假装积极为安化王效力，派人为其出主意说："应急守渡口，防止敌人决江灌城，并阻遏东岸之兵，千万不要让他们过河。"叛将何锦等人信以为真，率数千叛军主力出城把守渡口，只留周昂等带领少数士兵守于城内。

此后，朱寘鐇数次召见仇钺，仇钺均以生病为由不到。朱寘鐇半信半疑，便派遣周昂去探视他的病情，仇钺趁此机会杀死了周昂，并率亲兵直达朱寘鐇的府第，杀死了孙景文等人，擒获叛军首领朱寘鐇。至此，叛乱得到了平定。

杨一清等人率军达到之后，对叛军"只诛首恶、不究胁从"，同时奏请朝廷免除宁夏一年的赋税，从而安定了宁夏的人心。叛乱从开始到结束只持续了十八天。接着，朝廷下旨"削庆府护卫"，随后其余参与叛乱的人也先后被擒。

朱寘鐇的叛乱无论从实力还是结果来看，它对明王朝的影响都不是很大。然而，朱寘鐇的叛乱却加速了刘瑾的倒台。因为朱寘鐇的叛乱拉近了杨一清与另一太监张永之间的关系。

张永，字德延，别号守庵。成化十一年（1475 年）入宫，他最先在乾清宫服侍明宪宗朱见深，当时只有十岁，后来升为内宫监右监丞。成化二十三年（1487 年），宪宗去世后，孝宗派他到茂陵司香。

弘治九年（1496 年），张永被调到东宫侍候太子朱厚照。武宗即帝位后，改任张永为御马监左监丞。不久，张永被升为御用监太监。

张永与刘瑾、马永成、高凤、罗祥、魏彬、丘聚、谷大用都深受宠幸，在宫中势力很大。武宗先后赐给张永蟒衣、玉带等物，还准许他在宫中骑马、乘轿，每年给禄米十二石，并让他督显武营兵马。

正德元年（1506年），武宗命张永督十二团营兼总神机营，其后又命他和边将江彬共同掌管四卫（即天津卫、威海卫、金山卫、镇海卫）之兵。在宫内，张永则掌管乾清宫、御用监诸事，他是宫内兼职最多的内臣，职务众多，工作繁杂，这充分反映了明武宗对他的宠信。

同样受到宠信的刘瑾只顾自己胡作非为，没想到其他的"七虎"正注视着他的一言一行。原来他们向刘瑾要权办事时，刘瑾总是不愿意照顾，时间长了，他们之间的矛盾逐渐激化。

张永作为"八虎"之一，也逐渐被刘瑾所排挤，其他六人更是受到了刘瑾的打击与压制。

刘瑾害怕他们受到武宗的宠信而使自己失势，因而经常在武宗面前讲那七个人的坏话。有一次，武宗想要调张永到南京"闲住"（保留官员身份，回家省亲），圣旨还没有下达，刘瑾就将张永驱逐出宫。

张永知道自己是被刘瑾陷害的，于是跑到武宗面前哭诉。刘瑾在和他对质时，张永愤怒之下竟然要挥拳打刘瑾，直至被谷大用等人用力拉开。最后，武宗给二人摆酒和解，但是他们之间的嫌隙并未消除，反而越来越深。

在弄清了张、刘之间的矛盾后，杨一清趁与张永共同率军征讨朱寘鐇叛乱的机会开始积极游说张永参与除去刘瑾的活动。叛乱被平定后，杨一清借机对张永说："这次依靠您的大力，才平定了叛乱，这是值得高兴的事啊。然而，铲除一个藩王容易，解决内患却很难，该怎么办？"

张永十分惊诧，忙问："您说的内患指的是什么？"

杨一清把身子贴近张永，用手指在掌心里写下了一个"瑾"字。

张永一看，皱起眉头说："这个人每天都在皇上的身边，况且耳目众多，想要铲除他并非易事啊！"

杨一清说："你也是皇上信任的人，可以趁着向皇上献俘的机会，揭发刘瑾的种种罪行，并说天下人痛恨刘瑾已经很长时间了，再不除掉刘瑾，恐怕会有不测，皇上定然会听从你的话诛杀刘瑾，刘瑾一死，你就会愈加受到重用，并且还能后世扬名。"

张永心里有些犹豫，说："要是不成功，该怎么办呢？"

杨一清说："假如皇上不信，您就痛哭流涕，表明自己的忠心，大事肯定能成功。不过这件事一定要快速解决，否则就有可能被泄漏。"

张永听完杨一清的分析，决定依计行事。

再说杨一清、张永等人返京后，准备在八月十五日献俘，然而刘瑾却让他们缓期。当时京师纷纷传说刘瑾将在八月十五日，借着百官给其兄都督刘景祥送葬的机会作乱，并将张永逮捕。张永唯恐真的发生意外，便提前献俘。

献俘以后，明武宗设酒宴慰劳张永，刘瑾等人都在一旁侍候。晚上，刘瑾走后，张永抓住这个时机，急忙拿出早已准备好的奏疏，揭露刘瑾的忘恩负义，还列举了他企图谋反、私养武士、私藏兵器、激起兵变等十七条大罪。

他还拿出上面开列着刘瑾罪行的朱寘鐇讨伐刘瑾的檄文，说宁夏官员曾经将这个上报，但是竟被刘瑾私自扣下了。

然而，皇帝有些犹豫不决，显然武宗并不完全相信张永的话。张永便依照杨一清的计策，脱掉帽子用力磕头，立证刘瑾罪大恶极。

当时武宗已经微醉，低着头小声地说："刘瑾辜负了我。"张永马上说："这是大事，必须立即处理，不可拖延。""八虎"中一些和刘瑾有矛盾的人也同声附和。

武宗这才感觉到刘瑾已经威胁到了自己的皇权与生命，于是下令逮捕刘瑾。

次日，武宗将张永的奏疏出示给内阁，下令降刘瑾为奉御，发配到安徽凤阳。刘瑾为了挽回败局，就托人告诉武宗，诉说自己赤身被绑，请求赐给他几件破衣遮体。武宗一时又有些心软了，便下令赐给他一些旧衣服。

杨一清早就料定皇帝会犹豫，便按照先前的计划请担任内阁首辅的李东阳出面组织六部六科、十三道御史一同上疏弹劾刘瑾。一时之间，上疏直言的人此起彼伏。张永也极力撺掇武宗亲自去查抄刘瑾的家。最

终，朱厚照决定彻底审查刘瑾的罪行。

武宗派遣禁军抄了刘瑾的家，查抄出不计其数的黄金、白银、珠玉宝器；还抄出了龙袍玉带、盔甲和弓弩等物品；另有两柄团扇饰以貂皮，中置二刀，扇柄上暗藏机关，用指按动，就弹出一把寒光闪闪的匕首。

武宗见状大为吃惊，顿时吓得目瞪口呆，这才真正相信了刘瑾谋反的事实，于是下旨逮捕刘瑾一党。为了慎重起见，明武宗命令大臣在午门公开审问刘瑾。

堂审的时候，刘瑾还是做出了令人惊诧的行为。他见刑部尚书刘璟见了自己后脸红耳热，不敢问话，气焰因此更加嚣张，大声喝道："满朝公卿，都出自我门，谁敢来审我？"

这时驸马都尉蔡震挺身而出，说："我敢审你！我是皇家懿戚，不是出于你的门下，公卿百官都是朝廷命官，你竟然说出你门下，目无皇上，目无社稷，你该当何罪？"随即他命令左右掌嘴，然后问刘瑾在寓所私自藏匿盔甲兵器以及宫中违禁物品，该当何罪？

刘瑾被问得无话可说。经过众官会审，最后得出结论：刘瑾欲行不轨，谋反罪名成立。

当年八月，刘瑾被处以凌迟之刑。至于刘瑾受刑挨剐的详情，正史皆略，但当时监斩官张文麟为刑部河南主事。此人文人出身，退休后写书，详详细细记录了刘太监被剐的经过："（刘瑾）凌迟刀数例该三千三百五十七刀，每十刀，一歇一吆喝，头一日，例该先剐三百五十七刀。如大指甲片，在胸膛左右起，初动刀则有血流寸许，再动刀则无血矣。人言，犯人受惊，血俱入小腹小腿肚，剐毕开膛，则血皆从此出。至晚，押瑾至顺天府宛平县寄监，释缚数刻，瑾尚能食粥两碗，反贼乃如此。次日，则押至东角头。先日，瑾受刑，颇言内事，以麻核桃塞口，数十刀气绝……奉圣旨，刘瑾凌迟数日锉尸免枭首……，锉尸，当胸一大斧，胸去数丈。"

张文麟目见耳闻，当可足信，但就是凌迟数与天数含混，他笔记中只记录凌迟当日和次日，依理应凌迟三天。第一天剐了三百五十七刀，而他描写次日时，"数十刀气绝"，不知是如何凑算成"三千三百五十七刀"，可能是漏记，也可能行刑记数另有讲究，但有一点非常可信：刘公公以近花甲之年受剐，死得非常非常痛苦，但想想他从前害死那么多人，四位朝中御史犯小过也被他凌迟，就会觉得这也真是上天有眼，让他罪有应得。

刘瑾被杀后，杨一清就任吏部尚书，此后更是两次入阁参与政务，成为首辅，官居一品，位极人臣。

那么，刘瑾生前究竟有多少钱财呢？据清赵翼《二十二史札记》所载，刘瑾被抄家时有黄金两百五十万两、白银五千万余两，其他珍宝细软无法统计。刘瑾之富，可见一斑。然而，虽然"有钱能使鬼推磨"，但有钱有时候却并不一定能保全一个人的性命，富可敌国的刘瑾最终还是死于千刀万剐，这就是明证。

道士专权酿苦果

因为受到一次惊吓，明世宗朱厚熜（嘉靖皇帝）居然二十多年不上朝，不理朝政，至死都还在做着长生不老之梦……

正德十六年（1521年）三月十二日，明武宗朱厚照死于豹房。可惜的是，这位风流天子竟然没有一个儿子继承他的皇位。他不但没有儿子，而且自己也是独子，那么由谁来继承皇位就成了朝臣和太后伤脑筋的事。国不可一日无君，大家经过商议决定依"兄终弟及"的祖训，在大学士杨廷和与皇太后张氏的支持下，以武宗遗诏的名义立兴献王的长子、武宗的堂弟朱厚熜继位。

兴献王朱祐杬是明宪宗的第四个儿子。宪宗共有十四子，长子、次子都已夭折，于是皇三子就成了长子，四子兴献王也就成了次子。因此，兴献王之子朱厚熜和孝宗之子朱厚照血缘关系比较接近。所以说，杨廷和等人拥立朱厚熜是比较合理的做法。不过就当时情况来说，立武宗的

其他堂弟也说得过去，朱厚熜能登上皇位应该说是杨廷和与张太后力保的结果。

正德十六年四月二十二日，朱厚熜应召来到京师郊外。大臣们准备让他以武宗太子的身份进京继位，他坚决反对。后来张太后出面调停，大臣们作了让步，同意对朱厚熜以奉迎皇帝礼入京登基。当天中午，朱厚熜正式继位，是为明世宗。改次年为嘉靖元年，因此后世又多称之为嘉靖皇帝。

登基之初，嘉靖立志效仿太祖、成祖施行新政，做一个被人赞颂的开明圣君。

首先，嘉靖下旨宽赦天下，全力革除前朝社会的弊病，大加任用前朝重臣，处死了奸佞之臣钱宁、江彬等人；同时吸取了前朝宦官掌权扰乱朝政的教训，加强对宦官的约束，恢复并加强了中央集权；下令减少租税，调整赋税和徭役，救助灾荒；命令对皇庄及勋戚庄园进行核查，把土地返还给农民；提倡耕织，整治水患，免去军校工匠十万多人。这些举措大大缓和了当时尖锐的社会经济矛盾。嘉靖还非常同情百姓疾苦，善于接受劝谏。

此外，为了稳固边防、海防，嘉靖还下旨开始大力修建长城，整顿边防部队，以抵抗外部侵扰。他前后几次击退了蒙古人的侵扰，发起了鄂尔多斯战役及安南战役，使北部及南部边防得到加强。他还在东南沿海对海防进行了调整，下令戚继光抵御倭寇，沉重打击并遏制了倭寇入侵和海盗肆意杀掠的行为。

在这段时期内，我国的资本主义开始萌芽，科技和文化艺术也较为兴盛，使得大明王朝呈现出了"嘉靖中兴"的形势，嘉靖也因而被誉为"中材之主"。

"中兴"的局面并未维持多长时间，后来嘉靖只顾推崇道教、痴迷方术，不理朝政，把明朝推向了灭亡的边缘。

嘉靖之所以尊崇道教、敬畏鬼神，和他自幼生长的环境息息相关。

朱厚熜出生于湖广安陆（今湖北钟祥市）的兴王府，在荆楚大地长大。荆楚原本便是道教的本源所在，且朱厚熜的父母皆信奉道教，朱厚熜从小整天耳闻目睹，深受影响。

当然，他对道教和鬼神的笃信还与他的一段"偶遇"有关。

大约在嘉靖三年（1524年）的一天，嘉靖带领几个大臣前去打猎，为了行动方便，他们都换了服装。刚一到山上，就看见一位道士盘坐于山道上，手拿拂尘。见到朱厚熜后，倒地便拜，说道："陛下，小臣在此，挡住了您的去路，罪该万死！"

嘉靖吃了一惊，问道："道士，你怎么知道我是皇上呢？"

这位道士说道："陛下，您身上有一种仙气，萦绕在身体周围，我有道术，您一来我便知道是皇上驾到了，而且我奉上天之命，在此恭候您多时了，上天说只有您可以代他们拯救天下，所以特派小臣前来告知。我本无法术，后遇一老者，轻轻拍了我脑袋三下，我便可以与神仙交谈了。"

嘉靖本来就很迷信，他又看到这位道长头发、胡须全白了，像一位老神仙，便很感兴趣，问道："请问道长，尊姓大名？"

道士答道："小臣原名邵元节，法号龙虎仙人。"

嘉靖问道："龙虎仙人，朕可否长生不老？"

邵元节道："陛下，凡人不可成仙，故不能长生，但您乃龙体，系神龙下凡，周身又萦绕仙气，所以可以修炼成仙，但是您必须心诚，只有这样才能成仙，才能长生不老。"

嘉靖听后，兴趣倍增，又问道："那朕怎样才能修炼成仙呢？"

邵元节道："陛下，臣有法术，可以助您成仙。"

其实这个邵元节根本不会什么法术，但他从小学过江湖术士那一套，因此很会招摇撞骗。他本是龙虎山上清宫庙的道人，一次偶然机会见到了朱厚熜，发现皇帝很爱上山打猎，于是便天天在山上等着嘉靖的到来。一心想成仙的嘉靖哪管这么多，立即带着邵元节回到宫中。

邵元节对嘉靖说："陛下，您想修炼成仙，必须找一个安静的地方。您应再建两座豪华的宫殿，要和天上的宫殿一样，那样神仙才会下凡，

点拨您成仙。"邵元节此举，其实是想自己住进豪华的宫殿，在那里尽情享受罢了。

嘉靖一心想成仙，所以邵元节提出什么要求，他便答应什么，于是立即下令修建两座豪华宫殿。修成后，邵元节在这两座宫中与皇帝平起平坐。嘉靖为了鼓励他，还经常给他送去钱财。

嘉靖一有空闲，便躲在宫殿之中修炼，而邵元节则从皇宫中拿来许多宝物，又从一个老中医那里求得秘方，炼制出一种丹药。由于这种药香气扑鼻，而且服下去后，立刻会感到精神亢奋，邵元节称之为"神丹"。嘉靖吃了神丹后，感觉精神很好，一高兴，就拜他为礼部尚书。

邵元节开始掌握朝中大权后，又借着所谓的道术，拉拢了一批大臣，但邵元节还不满足，还想掌握更大的权力，于是想到了另一位道士陶仲文。陶仲文和邵元节原先有一定的交情，邵元节为了扩大自己的势力，便找到陶仲文说："我可以推荐你去朝中做官，甚至比我的官位还大，到时候，我们就可以联起手来，掌握朝中大权了。"

陶仲文自然满口答应。

邵元节和陶仲文商议好之后，便向嘉靖推荐陶仲文。他说："我有一位师弟，此人法术更高明，深居简出，与外世隔绝，只有陛下亲自出山，才能邀得他来为陛下服务。"

嘉靖对邵元节的话视若真理，为了早日修炼成仙，他竟亲自跑到一座山上去请陶仲文。陶仲文骗人的本事也不小，他在一张画有神符的纸上写道："某月某日，有贵人驾到。"当嘉靖来到时，他便拿出那张画有神符的纸给皇帝看。

嘉靖大吃一惊，心想，他躲在此处，怎么知道的？

陶仲文早就猜到了皇帝的心思，便告诉嘉靖说："我上可通天。自然有神仙告诉我陛下来临的日期。"其实他早就从邵元节那里打听到了嘉靖前来请他的日期。

嘉靖却信以为真，立刻把陶仲文接到宫中，让他和邵元节一起为他修炼丹药，助他早日成仙。此后，二人不仅得到许多钱财、珠宝，而且在朝中大权独揽，陶仲文更是后来居上，被封为少保、少傅、少师（负责教习太子的老师）。

当然，此时的嘉靖皇帝在修炼之余，还不致忘了朝政，然而不久后的一件事则彻底改变了他的态度。

原来，道士们见嘉靖长生不老心切，就告诉他用处女的血来炼丹可保长生不老。嘉靖对此深信不疑，就大量征召十三四岁的女孩进宫，并命道士用她们的血来炼制丹药。另外，为保持宫女的洁净，宫女们不得进食，只能吃桑，饮露水。所以，被征召的宫女都不堪苦痛。后来，宫女们实在忍受不了，决定杀死嘉靖帝。

嘉靖二十一年（1542 年）冬的一天深夜，嘉靖一如既往地睡在端妃的房间里，半夜的时候，以杨金英为首的宫女们决定趁嘉靖熟睡之时，用麻绳勒死他。谁知在慌乱之下，宫女们将麻绳打成死结，结果只将嘉靖勒昏，而没有毙命。

这时，旁边一位叫张金莲的胆小宫女吓坏了，她怕嘉靖万一醒过来，那她就暴露了，于是她决定弃暗投明，去找皇后。

皇后听到这个消息，赶紧带人过来，拿下杨金英等人，将嘉靖解救出来。

皇后开始安抚嘉靖的情绪，然后就当起了"福尔摩斯"，力查此案。这个案子很奇怪，根据两个宫女的交代，指使她们的幕后黑手是王宁嫔。她也是嘉靖的妃子，嘉靖对她还算说得过去，可是她为什么要派人来谋杀嘉靖呢？皇后查来查去，仍然没查出原因。

后来，参与谋杀的首犯杨金英被凌迟处死，其他宫女被斩首，连侍寝的端妃也被送上了刑场。

这件皇帝遇刺案很快成了街头巷尾的热门话题，大家茶余饭后都会拿出来说一说。虽然这个案子最终也没有查出真凶到底是谁，只好不了了之，但是这个案子在明朝的历史上，却起到了一个转折的作用。

嘉靖皇帝在自己的床上差点被人谋杀了，这件事情让他十分郁闷，心情之恶劣可想而知。于是他搬出了后宫，住进了西苑。此后的一段时

间，嘉靖推说自己身体不舒服，要休养一段时间，于是不再上朝。

平心而论，皇帝也是人，受到严重惊吓后休养一段时间也情有可原。大臣们一开始也持此看法。他们认为嘉靖过个十天半月至多一两月就会重新投入到工作中。可是令他们没想到的是，直到他们等到花儿也谢了，嘉靖还是没有出现。

从此后的二十多年时间里，作为大明王朝皇帝的嘉靖天天躲在专供修炼的宫殿之中，不理朝政，也不再上朝，一心一意地修炼成仙。而陶仲文与邵元节则相互勾结，借机掌握了朝中大权。在他们二人的折腾下，明王朝一日日衰落下去。

嘉靖四十五年（1566年）十二月十四日，六十岁的嘉靖死于修炼房。到死，他还梦想成仙呢。

"尝尿官"晚景凄凉

一提起严嵩，世人皆知其是明朝历史上一大奸臣。不过奸臣的名号可不是随便就能得来的，也备尝艰辛。比如，还要"尝尿"……

明朝历史上有一位著名的奸臣叫严嵩。

严嵩（1480—1567），江西分宜县人，字惟中，号介溪。虽然他是历史上臭名昭著的奸臣，但奸臣并非天生的。他从小聪颖过人，八岁便可诵读书史，撰写妙文，由于用语独特而被人们赞为神童。其书法造诣也很深，字写得很漂亮。人长得也很是不赖，高高瘦瘦，眉目疏疏，有一番俊朗之气。

弘治十八年（1505年），严嵩考中进士，被选作翰林院庶吉士，任编修之职。嘉靖登基之初，与杨廷和、毛澄为首的武宗旧臣们之间关于以谁为嘉靖皇考（即宗法意义上的父考），以及嘉靖生父尊号的问题发生了争议和斗争。至嘉靖三年（1524年），以嘉靖勉强同意称父亲为"本生皇考恭穆献皇帝"而结束。不久，在嘉靖为生父举行的配享太庙仪式中，严嵩特意为嘉靖撰写了《庆云颂》及《大礼告成颂》，由于文辞非凡，受到了皇帝的大加赞赏。此后，他便青云直上，连连高升。

嘉靖沉迷于道教方术，严嵩由于擅长拟写文采出众而又完全合乎嘉靖心意的"青词"（即道教斋醮时奏明天帝所用的表章，因以朱笔在青藤纸上书写而得名），而备受嘉靖的宠信。嘉靖二十三年（1544 年），严嵩被提升为首辅，独掌国事，被时人讥讽为"青词宰相"。尽管他年事已高，却每日都在西苑守庐，在嘉靖身边服侍，连家都不回。

不仅如此，严嵩还曾不止一次为皇帝"尝尿"。这当然不是因为他"变态"，而是事出有因。

当时，嘉靖为了长生不老，讲究修炼与服食丹药并重。为他炼丹的邵元节、陶仲文所炼丹药叫"红铅"。此药用新生婴儿口中所含之血或少女初潮之经血，合以乳粉、乳香和其他一些药物烧炼而成。据说，红铅可壮阳气，嘉靖服食之后，很见效果。

"上有所好，下必甚焉。"除了道士，当时一些文人也学会了炼丹。无锡人顾可学，进士出身，先因贪污公款，被革职闲居。当他看到嘉靖喜好丹药，便贿赂严嵩，自言能炼独门丹药，服之可以延年益寿。严嵩立刻把他推荐给嘉靖，嘉靖立即召见。

顾可学向皇帝献上炼丹"秘方"，即用童男童女的溲液（尿），去其头尾，加石膏烧炼，状如解盐，名曰"秋石"。他声称此药能壮阳，服之还可长生。嘉靖大喜，服用后认为有些效验，对他优礼有加。

顾可学由此大受重用，初时被任命为右通政，嘉靖二十四年（1545 年）拜工部尚书，不久改任礼部尚书，再加至太子太保，升迁神速。

由于炼出秋石后，需自己先行服用尝试，方才能送之皇帝，因此时人针对顾可学的丑陋行为，编了一句顺口溜："千场万场尿，教得一尚书。"京师民众每遇见顾可学从长安街经过，都喊他"尝尿官"。

不过，顾可学也不孤独。当时的"尝尿官"绝不是只有他一个人，严嵩也是名副其实的"尝尿官"。明人有诗为证：

灵药金壶百和珍，仙家玉液字长春。

朱衣擎出高玄殿，先赐分宜白发臣。

分宜指的就是严嵩。每当丹药新成，嘉靖也会让严嵩来试服，然后由严嵩上奏药性如何。嘉靖这一招是吸取了老祖先的经验教训。当年，明宪宗朱见深也喜好丹药，但服食不慎，气断龙脉，一命呜呼。严嵩为了取得嘉靖欢心，每次都详细记录服药的结果以及服后的感觉。有一次，严嵩吃了一种丹药，全身奇痒，痔疮大发，便血不止。可见，这"尝尿官"当得可真不容易！

由此，嘉靖大为感动，也越来越倚重严嵩。严嵩的官职也越来越大，越来越多。他的贪婪之心也愈发暴涨。

嘉靖十五年（1536年），严嵩执掌礼部。明代的礼部主要负责考试、外交、祭祀、宴飨等事。礼部所属的四夷馆是专门接待国外使臣的机构，"译字生"即为四夷馆的生员，将来担任周边民族或国家语言的翻译工作，因其待遇比较优厚，考选相对简单，遂成了那些纨绔子弟们入仕的首选职位。

与往年一样，嘉靖十六年（1537年）的译字生招选工作紧张而有序地开始了，这一年的应招人数比历年都多。为了能够让自己成功入选，竞争者们可谓使出了浑身解数。这年的主考官却非同寻常，他既不对应试者的才能感兴趣，也不欣赏他们的文采，他看重的是他们身后的财富，取与不取，就看各位对严大人如何"孝敬"了。谁说礼部是清水衙门，严嵩就能从清水里捞到油水。

严嵩任首辅的时候，敛财的机会就更多，也更方便了。身为一朝首辅的他，为了让财路畅通无阻，他主要控制主管选官的吏部和兵部。被百姓戏称为严府"文武管家"的吏部文选郎中和兵部职方郎中，甚至把选官的名册交给了严嵩父子，任其填发。官职在这对父子眼里，就好比待价而沽的商品。

严嵩的儿子、有"小丞相"之称的严世蕃更是将每个官职都定了价：州判白银三百两，通判五百两，指挥三百两，都指挥七百两……不仅贿金多者官职高，官缺也肥，如去地方做官，其上任的地方也相对富庶。

有个刑部主事项治元就以一万三千两的价格，买得了吏部稽勋司主事的职位。因其行贿钱数，与明初江南首富沈万三的"万三"二字相同，时人便讥讽地呼之为"项万三"。

许多没有血性的朝廷官员都投靠严嵩，为自己找个靠山。朝廷里的官员有三十多个是严嵩的干儿子，这些干儿子各自把持一个重要部门，朝廷里的大权就都操纵在严嵩的手里了。

当时，在瓦剌部落强盛后的几十年里，北方鞑靼部落也逐渐强大起来，统一了蒙古各部，对明朝构成极大的威胁。严嵩却不练兵、不备战，反而大量地贪污军饷，致使边防线上的士兵受冻挨饿。

嘉靖二十九年（1550年），鞑靼首领俺答在多次遣使要求开放朝贡贸易未果后，兵临北京郊外，以武力要求明朝政府开放边贸，史称"庚戌之变"。

嘉靖慌忙派仇鸾为大将，保卫北京，又令各地明军速来北京增援，统归仇鸾指挥。仇鸾是严嵩的同党，严嵩怕他打了败仗以后自己不好交代，就指使仇鸾不要与鞑靼兵交战。结果，十几万明军一箭没发，坐视鞑靼人烧杀掳掠，抢走大批人口、牲畜和财物。

仇鸾不仅不抵抗，而且还暗中勾结俺答，同他议和，做了许多丧权辱国的事情。仇鸾的行为激起了大臣们的义愤，大家一致反对议和，其中最坚决的是兵部员外郎杨继盛。

杨继盛（1516—1555），字仲芳，号椒山，直隶容城（今河北容城县）人。他小时家里很穷。七岁时丧母，继母偏心，待他不好，很小就叫他放牛。当他每次经过村里私塾门口的时候，看到跟自己差不多大的孩子都在快快活活地念书，心里非常羡慕，就跟哥哥说："我也要读书。"哥哥说他年纪还小，不能读书。杨继盛说："我能放牛，怎么不能读书？"父亲见他人小志气大，就让他一边放牛，一边读书。杨继盛很聪明，进步很快，老师很喜欢他。杨继盛后来考中了进士，到京城里做了官，很多大臣都很赏识他的才能。

杨继盛是一个正直的朝廷官员，对严嵩、仇鸾的丧权辱国行为，切

齿痛恨，于是上奏明世宗嘉靖，反对议和。他在奏章中写道："我明朝人多地广，只要朝廷发愤图强，发展生产，选强将，练精兵，就不怕打不败鞑靼。"

嘉靖一开始还很赞同杨继盛的看法，后来禁不住仇鸾花言巧语的劝谏，说同鞑靼议和有多少多少好处。嘉靖本无主见，不仅没有采纳杨继盛的建议，反而听信仇鸾谗言，把杨继盛贬职到狄道（今甘肃临洮）做了典史小官。

到了狄道，杨继盛还是一样信心十足。狄道是临洮的一个民族聚居地，这里人多不识字，对外又不交流，所以较为贫穷落后。杨继盛第一件事就是办学校，选了一百多名青少年到学校念书。有些孩子家里没有钱，上不起学，杨继盛就把夫人的衣物和自己的马卖掉，救济他们。老百姓看杨继盛对他们这样好，都很爱戴他，尊称为"杨父"。

杨继盛遭到贬职以后，嘉靖接受了仇鸾议和的主张，明朝与鞑靼停止了战争，开放宣府、大同等地与鞑靼进行马匹交易，但俺答很快就变卦了，又常来侵袭边境地区。嘉靖一看同鞑靼议和后明朝并没有得到什么好处，还没等他降罪下来，仇鸾就吓得病死了。这时候，嘉靖才想起，当初应该接受杨继盛的建议，现降了他的职，实在是委屈他了，于是又把杨继盛调回京城。

严嵩见皇帝这样信任杨继盛，就想来拉拢杨继盛，杨继盛却越发痛恨严嵩。他回到京城没几天，就上奏嘉靖，揭发严嵩十大罪状，条条都有确凿的证据。他在奏章中说，严嵩十大罪状，妇孺皆知，唯有皇上一直受他的蒙骗，那是因为还有"五奸"，就是严嵩在朝廷上下的间谍、爪牙、亲戚、奴才和心腹。这些人整天来往于皇帝左右，从不向皇帝说真话，皇帝哪里会知道这些实情呢？

杨继盛的这个奏章，足可以致严嵩死命。严嵩又气又急，跑到嘉靖那里，一边为自己开脱罪责，一边诬告杨继盛，说杨继盛如何如何对朝廷不忠。昏庸的嘉靖听了大怒，第二天上朝时，把杨继盛打了一百廷杖，打入大牢。

杨继盛被打得体无完肤，腿上的肉被打开了，鲜红的肉翻过来，惨不忍睹，连狱卒看了都差点流泪，但杨继盛是条硬汉子，一点儿也不在乎。亲友给他送来蛇胆治疗，他却笑着说："蛇胆用不着，我自己有胆。"

杨继盛被关了三年大牢，朝廷一直也没调查出他有什么罪证。一些大臣想营救他，同时严嵩也觉得没有理由再关他。可是严嵩的同党害怕把杨继盛放出来，又会跟他们过不去，就跟严嵩说："杨继盛不杀，将来总归是我们的一条祸根。"严嵩一想，杨继盛要是放出来，对自己的威胁太大了。于是下了狠心，撺掇嘉靖把杨继盛处死了。

由于严嵩长期把持朝政，各要害部门都有他的爪牙、亲信，时间一长，嘉靖皇帝对他也感到厌烦了。一天，嘉靖请道士蓝道行扶乩，就是求神仙，这位蓝道士对严嵩犯下的滔天罪行也深恶痛绝，就借神仙的口述说严嵩的罪状，劝嘉靖除掉严嵩，说这是神仙的意思。嘉靖信是信了，但还下不了决心。御史邹应龙平时也最恨严嵩，得知此事后，认为应该借这个机会攻击严嵩，杀杀他的威风，但一想到杨继盛为此而招来杀身之祸时，又犹豫了。想来想去，他决定先从严嵩的儿子严世蕃下手，奏请皇帝惩办他。只要严世蕃被治罪，严嵩一定会受到牵连。

主意已定，邹应龙就向嘉靖上了一道奏章。这一回嘉靖倒是爽快，顺水推舟惩办了严世蕃，将其充军到雷州，同时勒令严嵩辞官回乡。严世蕃却并未去雷州服役，而是半路上潜逃回老家。他在家乡依然作威作福、猖狂放肆，而且大兴土木、建造豪宅。

嘉靖四十三年（1564年），巡按御史林润上奏弹劾严世蕃串通倭寇，企图叛变。嘉靖震怒，立刻下旨缉拿严世蕃，后将其处死。严嵩因之被削为平民，并抄了家，他只得寄居山野破庙，以行乞为生，死后无钱安葬，也无人祭奠，十分凄凉。

抗倭寇决不手软

明朝中后期，倭寇对我国东南沿海一带造成了严重骚扰，尽管当时

朝政已腐败不堪，但在戚继光等人的努力下，倭患还是被平息……

明朝嘉靖年间，由于嘉靖的昏聩和权臣的误国，使得海防十分空虚，一些重要地段的士兵仅有原额的三分之一，战船十存一二。这使日本海盗大举进犯，他们滋扰抢掠，杀人放火，给当地百姓带来了极大的痛苦和灾难。

倭寇早在元末明初时就已出现，当时日本国内处于南北分裂时期。日本西南的封建割据势力除了互相征战外，还常勾结海盗、商人和浪人武士在中国沿海进行武装掠夺和骚扰，形成了最初的倭患。明成祖永乐年间由于整饬军备，加强了海防，又同日本交涉，所以倭寇没能进行大规模骚扰。到了嘉靖年间，随着东南沿海一带商品经济的发展，一些经商的富豪地主与倭寇勾结，形成武装劫夺集团，气焰十分嚣张，倭患达到高潮。

后来，朝廷曾派老将俞大猷前去平乱。俞大猷一到浙江，就接连打了几个胜仗。可是不久，江浙总督张经被奸臣严嵩的同党赵文华陷害，俞大猷也被牵连坐了牢。沿海的防务没人指挥，倭寇又猖獗起来。为了剿倭，朝廷把驻防山东的将领戚继光调到浙江，这个局面才得到扭转。

戚继光，字元敬，山东蓬莱人。他十七岁时就开始了军旅生涯，是一名颇有战功的战将。

嘉靖三十九年（1560年）三月，戚继光调到浙江抗倭前线后，发现浙江的军队纪律松散，就决心另外招募新军。他一发出招兵命令，马上就有一批吃够倭寇苦的农民、矿工自愿参军。戚继光组织的新军很快发展到四千人。戚继光根据南方沼泽地区的特点，研究了阵法，亲自教士兵使用各种长短武器。经过他的严格训练，这支新军的战斗力特别强。"戚家军"的名声也渐渐传播开来。

嘉靖四十一年（1562年）四月，倭寇数万人袭击台州（今浙江临海一带）。他们兵分多路，声东击西，先是两千倭寇故意乘船在绍兴海面招摇，接着又分路骚扰沿海州县。随后倭寇兵分两路，一路五百人进犯新河（今浙江省温岭市境内），主力部队两千人则盘踞在台州外围，

伺机而动。

新河，是戚家军的后方大本营，里面住着戚家军的亲属家眷，也包括戚继光自己的妻儿。先攻此地戚家军必救，等调走戚家军主力后再发动进攻，倭寇的算盘打得精。戚继光不惧，你打算盘我打人，他先派戚家军主力火速回援，在新河外围聚歼了五百倭寇。

见戚家军大出，倭寇自以为得逞，两千主力倾巢而出攻打台州，当他们抵达台州外围的花街时，却惊讶地发现，眼前是两千严阵以待的戚家军。原来驰援新河后，戚家军马不停蹄，深夜急行军七十里回援台州，终于在花街堵住了倭寇，然后明军进攻，追杀倭寇。

倭寇着实抗打，先被打垮，接着又整军反扑，再打垮，再反扑，接连被戚家军追杀了四十里，最后不追了——倭寇败退至台州白水洋，统统被赶下江喂了王八，两千倭寇几无一人生还。

值得一提的是，前后七战，戚家军阵亡仅三人。这支戚继光苦心铸造的军队，终于显现出其坚韧的品格和强大的战斗力。3∶2000 的伤亡率，在整个中国军事史上，也可谓空前绝后。此战过后，"遇戚不得活"的说法不胫而走。

可还有不怕死的，仅过一个月，又有两千倭寇进犯浙江丽水。戚继光在丽水外上方岭设伏，再次重创倭寇。十几天后，此战残存的倭寇与另一股倭寇合兵，纠合三千人窜犯温岭，戚继光火速进兵，在倭寇行军路上将其拦截，一场遭遇战后再次痛歼倭寇。

得胜后的戚继光马不停蹄，他对浙江总督胡宗宪奏报说："昔倭寇来我迎击，今宜是主动出击也。"带着这支已历经苦战的部队，戚继光主动进兵，直接攻打倭寇盘踞在宁波外围的老巢，经过两场大战，将浙江沿海的倭寇据点尽数捣毁。至此，历史上赫赫有名的台州九战落下帷幕，戚家军共计斩首倭寇首级近一千五百个，另倭寇有数万人溺死。浙江倭寇遭到了毁灭性打击，肆虐浙江沿海十数年的倭寇，经此一战全军覆没。从此之后，浙江再无大规模倭寇骚扰。

台州九战，是戚家军自建军后经历的第一场大战，观整个过程，昔

日横扫东南沿海的倭寇，在戚家军面前败得体无完肤。打，打不过，跑，跑不过，斗智慧更斗不过，比起伤亡率，最后更达到了 10000 ∶ 69（戚家军总共阵亡 69 人）。如此结果，自然有戚家军战斗力强悍、戚继光善于用兵等原因，但有一个原因也不容忽视，戚家军的军阵——鸳鸯阵。

所谓鸳鸯阵，是戚家军一种独特的军阵方式，以十二人为一小队，十二名士兵两人持短刀，四人持长枪，两人持狼铣（一种竹制武器），两人持盾牌，还有一人为火兵，一人为队长。进攻的时候队长指挥，盾牌掩护，长短兵器配合攻击，进可攻退可守。现代军事学家普遍认为，在冷兵器时代，鸳鸯阵是一种几乎无懈可击的军阵，该军阵的核心优势就是"协作"，将士兵之间的团队作战能量与协作能力发挥到极致。

就这样，被很多次"轻松地击败"后，倭寇见浙江一带防守严密，无隙可乘，便于第二年转到福建沿海骚扰。一路倭寇从温州往南，占据了宁德；另一路倭寇从广东往北，盘踞在牛田（今福建省福清市境内）。两路倭寇互相声援，声势很大。福州的守将抵挡不了，向朝廷告急。朝廷又派戚继光援救。

戚继光带领新军赶到宁德，打听到敌人的巢穴在宁德城十里外的横屿岛。于是，他亲自调查了横屿岛的地形，知道那条水道既不宽，又不深。当天晚上潮落的时候，戚继光命令士兵每人随身带一捆干草，到了横屿对岸，便把干草扔在水里。几千捆干草堆在一起，居然铺出了一条路来。戚家军将士踏着干草铺成的路，悄悄地插进倭寇大营。经过一场激烈的战斗，盘踞在岛上的两千多个倭寇被全部歼灭。

攻下横屿后，戚家军又马不停蹄地赶往牛田。到了牛田附近，戚继光传出命令，说："远路进军，人马疲劳，先就地休整再说。"这些话很快传到敌人那里。牛田的倭寇以为戚家军真的暂时停止进攻，防备也就松懈下来。就在当天晚上，戚继光下令向牛田发起总攻。倭兵毫无准备，纷纷败退。倭寇头目率领残兵逃到兴化，戚家军又连夜跟踪追击，一连攻下了敌人六十多个营寨，消灭了溃逃的敌人。

第二年，倭寇又一次侵犯福建沿海，并攻下了兴化。这时俞大猷已官复原职，朝廷便派俞大猷为福建总兵，戚继光为副总兵。两位抗倭名将"强强联合"，很快收复了兴化。嘉靖四十四年（1565年），俞、戚两军再次配合，大败倭寇。至此，在我国沿海横行几十年的倭寇基本被消灭完了。

明朝抗倭战争，是中国历史上第一次大规模反对外敌从海上入侵的战争。它有效地打击了倭寇，保卫了中国东南沿海百姓生命财产的安全。

令人伤感的是，戚继光于万历十一年（1583年）被调到广东任镇守后，郁郁以终，晚年家徒四壁、医药不备，且被妻子遗弃。万历十六年（1588年），逝世于蓬莱故里。戚继光著有《纪效新书》《练兵实纪》等书。

戚继光抗击倭寇的业绩都永远值得后人铭记。

第六章　越来越不堪

人亡政息的张居正改革

张居正时期实行的一系列改革，是明朝乃至中国历史上的一件大事。然而中国历史上的改革者总难逃噩运。张居正也不例外……

嘉靖四十五年（1566）十二月，嘉靖驾崩。由于哥哥们都已早夭，嘉靖第三子裕王朱载垕即位，次年改元隆庆，是为明穆宗。

明穆宗即位后，一开始干得还不错。他倚靠高拱、陈以勤、张居正等大臣，一改嘉靖时期的做法，实行革弊施新的政策，使朝政有了一些新气象。

然而，明穆宗同明朝诸多皇帝毫无两样，仍然纵情声色。由于纵欲过度，加上长期服食春药，他的身体每况愈下，难以支撑。仅仅在皇帝的宝座上坐了六年就于隆庆六年（1572 年）五月一命归西，一生并没有多大的作为。

明穆宗去世后，十岁的儿子朱翊钧即位，是为明神宗，次年改年号为万历，因此史书多称之为万历皇帝。

明穆宗临终前，把自己年幼的儿子朱翊钧托付给高拱、张居正等几位大臣，希望他们能好好辅佐小皇帝朝政。其中张居正是穆宗最为信赖的辅臣。

张居正，字叔大，号太岳，幼名张白圭。原籍湖北江陵，自幼聪明伶俐，而且勤奋好学。他五岁识字，七岁能通六经大义，十二岁考中秀才，十三岁时就参加了乡试，十六岁中举人，二十二岁时就高中进士。他在走上仕途之后，更表现出卓越的政治能力，处理事情无论大小都十分认真负责。富有才干的他很快就得到上司的赏识，因此，他的官职一升再升，不到几年的时间，就进入内阁做了大学士。

接受了穆宗遗命的高拱和张居正，都是朝中的权臣。明朝从太祖洪武皇帝朱元璋起就废除了丞相，增设了内阁，在内阁大学士中选出一人作为首辅，全权负责，地位相当于丞相。当时的内阁首辅就是高拱，权力还在张居正之上，但高拱为人过于自大，做事喜欢独断专行。尽管张居正是一个有革除朝廷弊端大志的人，也非常受穆宗器重，但始终有高拱压在上面，使他难以有所作为，所以张居正始终隐而不发。

很快，张居正的机会来了，小皇帝朱翊钧即位不久，人心不稳，高拱的独断专行就给他惹来了麻烦。原来高拱得罪了宫中太监冯保，而冯保是宫中最有权势的太监。皇帝年幼，还只能任人摆布，于是，冯保联合对高拱早有意见的太后，罢免了高拱的官职，而张居正顺理成章当了内阁首辅。这一下大权完全落入张居正手中，他可以逐步实现胸中酝酿已久的改革计划。

张居正也是很有心计的人，他清楚，一旦改革，必将损害到一部分人的利益，必定受到巨大阻力。因此首先要巩固住自己的权力和地位，否则改革未成，自己就先成了牺牲品。只有将小皇帝掌握在手中，这样才能确保改革的成功。于是，他主动担当了皇帝的教师，每天教皇帝诵读四书五经。张居正很得太后信任，太后因此经常教导幼帝要听从张居正的教导，使得小皇帝对张居正既尊敬又害怕，尊称张居正为"先生"。

张居正对小皇帝更是严格要求，一有差错就严厉责罚。在十岁的小皇帝心目中，只是将张居正当作一位严厉的老师，而不是自己的臣子。

每次在"经筵"上，张居正都在一班大臣面前给小皇帝讲解经书。"经筵"是每十天一次，讲经结束后就宴请各位大臣，君臣们一起商议国事。张居正在这种正式场合讲解更加卖力，而且对皇帝的要求也更严格。因为他明白，在这种重大场合更能树立他的威信，使皇帝和其

他大臣都敬畏他。

有一次讲解《论语》，照例小皇帝首先朗读一遍，结果小皇帝不慎将一个字的发音读错。本来是个细微的错误，大家也都没有十分留意。没想到正在细心倾听的张居正立刻大喊一声，呵斥小皇帝犯下了不应犯的错误。

张居正声音十分响亮，震得宫廷上都发出回音。这下把小皇帝和在座的各位大臣也都吓了一跳。没想到一个小小的错误，张首辅就如此严厉，何况皇帝还是一个十几岁的孩子。小皇帝被吓得心惊胆战，丝毫不见帝王的尊严。他立刻改正错误重读了一遍。张居正的威严和权势，让各大臣都暗暗吸了一口凉气，没想到张大人连皇帝都敢严厉批评。

从万历元年（1573年）到万历十年（1582年），张居正一直在教皇帝四书五经。在这十年中，张居正有太后和皇帝作为后盾，使得朝廷大臣对他敬畏万分。因此，张居正独掌大权，轻易地扫平了反对势力，他的新法十分顺利地得以推行。

那时候的朝廷一片乱象。很多官员不认真办事，管钱粮的官，不知道花了多少钱；管刑法的官，不懂得法令条文；皇帝的命令、下级的报告，总是传来传去，无人过问。

一天，张居正趁万历皇帝召见他的机会，送上了一份奏章。万历接过来看了看，知道他是要把朝廷办事的方法改一改，很高兴，就称赞张居正说："你写得太好了，详细跟我说说！"

张居正大声说："我有三条办法。非把这种腐败作风改改不可！"

张居正的三条办法，一是命令各衙门建立收发文件的簿子。凡需要本衙门经办的，办理一件，注销一件，做到件件有着落。不及时办理的，要严加惩办。二是确定各个衙门的职责，尽责的升迁，不尽责的降罚。三是对府以上的官员要考察，重新任命，不合格的要撤职。

说完以后，张居正又加重语气说："我这个办法，又叫'考成法'。这样做了，就可以去掉现在办事拖沓的毛病。"

万历听完以后，拍着巴掌说："就照先生说的，马上施行吧！"

考成法的实行，使官员的办事效率提高了。在朝廷做官的人都不敢像以前那样随随便便，凡事有人管，整个国家一片新气象。

又有一次，张居正和大臣们谈起国家大事，说："现在全国各地的徭役太重了，我听说有些地方开始实行一条鞭的办法，我看这个办法好，应该在全国推广。"

什么是"一条鞭法"呢？原来，明朝时老百姓要替国家尽各种义务。有的时候是出去办事，像看管银库、看管粮仓，当看门的门子、防河的河夫、管囚犯的禁子，等等。还有的时候，上边需要钱了，老百姓就要一次次地掏腰包。这些差事几年轮一次，轮到富人家或者那一年差事不多，还好一些；轮到穷人家，那就苦得没法说了。轮到谁家，谁家就得又出人又出钱，弄得百姓们生活十分痛苦，都非常不满。

后来，好些地方官提出了一个新办法。他们主张按各家土地、人口的实际情况，分为几等。然后，把各家应缴的粮物折成钱，按等次有多有少，再计算出一个县应该上缴的银子总数，一次交收。至于那些杂七杂八的事，改由官府雇人，不再各家各户出人了，这就叫一条鞭法。这个办法简便易行，也减轻了百姓的负担，很快在不少地方施行开来。

张居正听说后，决定在全国推广一条鞭法。可有人反对，说它不如过去的办法好。张居正也不着急，让大家都试试看。过了几年，一条鞭法的效果果然很好。这样，张居正终于扫除障碍，将一条鞭法在全国推行开来。

一条鞭法的推行，是我国封建社会后期的一件大事。它大大简化了征收手续，同时使地方官员难于作弊。实行这种办法，使没有土地的农民可以解除劳役负担，有田的农民能够用较多的时间耕种土地，对于发展农业生产起了一定作用。同时，把徭役改为征收银两，农民获得了较大的人身自由，比较容易离开土地，这就给城市手工业提供了更多的劳动力来源。没有土地的工商业者可以不纳丁银，这对工商业的发展也有积极作用。总之，一条鞭法的推行，对明朝社会经济的发展，起到了一定的作用。

接着张居正又将眼光瞄准了国防。明朝在嘉靖时期，解决了南方倭寇骚扰的问题，但北方常有鞑靼骑兵的侵犯，给京城造成了很大威胁。张居正对此煞费苦心。如果不消除边防隐患，明朝统治始终不能稳定，老百姓生活也无法安宁。必须要有一位得力将领才能胜任，张居正的目光很自然地落到了抗倭英雄戚继光的身上，他相信能担当这个重任的只有戚继光。

戚继光被张居正调到了北方后，马上开始整备北方各镇的军务，重点防范鞑靼人。戚继光果然不同凡响，很快整顿了军队，加强了部队的战斗力；接着他命部队并征集民夫在山海关到居庸关这一段长城上重新修了几千座堡垒相互呼应，使防御能力大为增强。这一来让鞑靼骑兵寸步难行。他亲自训练的戚家军勇猛善战，加上坚固的防御工事，接连多次让敌军无功而返。鞑靼人只好求和，表示愿永远和明朝友好。一直战火不断的明朝北方边境终于安定下来。戚继光继荡平倭寇之后再次立下大功。当然，张居正善于用人的功劳也很大。

万历十年（1582年）六月，小皇帝已经二十岁，开始逐步接手朝政。这时，为国事夜以继日操劳的张居正以五十八岁之龄去世。

关于张居正的死因，历史上有些争议。

与张居正同时代的文人王世贞在其《嘉靖以来内阁首辅传》一书中认为，张首辅之死，实死于春药过度。

事实果真如此吗？

事实上，万历十年春节刚过，张居正就病倒了，病因很简单：痔疮。用中医的话来讲，痔疮之所以产生，是因为劳累过度："久坐则血脉不行，久行则气血纵横，经络交错。久坐久行，劳累过度，使肠胃受伤，以致浊气淤血，流注肛门而生痔疾。"另外，情绪因素也是一个主要的原因："喜怒起，气血侵入大肠，结积成块，易生便血。"

多年的文牍生涯和改革中的种种不顺心事儿，让常常火气十足的张居正得了很严重的痔疮，也不足为怪。自从张居正开始大刀阔斧地改革以来，他投身工作，食不甘、寝不寐，但一帮士大夫还是处处与他作对。

在当时的医疗条件下，痔疮虽不是小病，但也绝不是什么致人性命的大病，所以他也没太放在心上。

在床上痛苦了三个月之后，万历十年的三月，张居正请了一位"名医"为自己动手术割除痔疮。就如他的改革一样，这次要从根上祛除。

他把割除痔疮也当成了一项改革，然而这项改革失败了。由于当时的医疗条件有限，万历十年三月间动完手术后，张居正就永远地待在床上了。他曾上疏万历帝说："我的痔疮虽然根除了，但血气大损。数日以来，脾胃虚弱，吃不下喝不下，四肢无力，寸步难移……"

拖到了六月，张居正已奄奄一息。六月十八日，神宗命太监送去一封手谕，问张居正的政治遗嘱。张居正挣扎着写了一本密折，推荐了两名接班人。又过了两天，六月二十日，太师、中极殿大学士、吏部尚书张居正死于任上，终年五十八岁，用现在的话来说，是以身殉职，真正做到了"春蚕到死丝方尽"。

综观张居正施行的改革，应当说，使明朝中央集权的封建国家机器得到了加强，大致使"法之必行""言之必效"成为现实，国家的经济情况获得好转，财政收入得到增加，在国防方面提高了反侵扰的能力。当然，张居正提倡变革并不是为了减少百姓负担，而是为了稳固明朝的封建统治。所以，他的改革不会影响地主阶级的基本利益，而只是进行一些修补式的改善。虽是这样，张居正的变革在某种程度上还是对大官僚、大地主的特殊权益进行了限制，因此，他的改革也受到了这一阶层的强烈反对。

张居正病逝后，那些反对变革的人重新聚集起来，上奏弹劾张居正执掌政权期间专断蛮横，肆意妄为。他们指责张居正变革是"务为烦碎"，详细测量土地是"增税害民"，推行"一条鞭法"则是扰乱"祖制"。他们请求万历皇帝下旨将张居正死时追加的官爵与封号都取消，并抄没其家产。万历一一应允，而且实际处罚有过之而无不及。

万历为何对有教育之恩和辅佐功劳的张居正如此绝情呢？

说来也很简单。

张居正当国十年，所揽之权，是万历的大权，这虽是张居正效国的需要，但他的当权便意味着万历的失位。在权力上，张居正和万历成为对立面。张居正的效忠国事，独握大权，在万历的心里其实就是一种蔑视主上的表现。而且，张居正死后，万历开始亲政，推倒张居正，也就树立了皇帝自己的权威。所以，张居正死后被清算，并不奇怪。

此后，张居正的大儿子被逼迫得自尽身亡，其余家眷也遭到残害。张居正当政时所任用的一些官吏不是被免除了官职，就是被处以弃市之刑。同时，朝廷的政策又都恢复到了从前弊病百出的老样子。

张居正为国家操劳一生，鞠躬尽瘁，得来的却是家破人亡的惨剧，说起来让人寒心。寒心不只是就事情本身，更是对专制皇权无情的感叹。专制王朝的皇权无所谓恩情，它太现实了，作为臣子，你有功于国家和皇帝固然是好，但只要触及了皇权的毫毛，功劳再大也敌不过它的轻轻一击。

直到天启二年（1622 年），明熹宗为激励臣下，才想起昔日的大功臣张居正，予以复官复荫，但一切都晚了，无济于事。所谓"面劳瘁于国事，人亡而政息"，就是这么回事。

可怜生前身后名。对于张居正，有人骂，有人捧，但时间总能让历史恢复原貌，彰显公正的一面。正如现代史家朱东润先生所说："'誉之者或过其实，毁之者或失其真'，是一句切实的批评。最善意的评论，比居正为伊周。最恶意的评论，比居正为温莽。有的推为圣人，有的甚至斥为禽兽。其实居正既非伊周，亦非温莽；他固然不是禽兽，但是他也并不志在圣人。"

这正是：生前功名身后事，是非任由后人评。

深孚民望的"海青天"

海瑞是中国历史上著名的"清官"，他一生忠心于大明王朝，秉性刚毅，品性正直，洁身自爱，为政清廉，不阿权贵，不谄媚逢迎，被时人称誉为"海青天"……

海瑞，字汝贤，自号刚峰，生于正德十年（1515年），海南琼山人。

海瑞有一个不幸的童年。他的父亲在他四岁时便因病去世，小海瑞从此和母亲谢氏两人相依为命。母子二人靠着几亩薄田和海母做些零活维持生计，日子过得很是清苦。

海瑞的母亲谢氏是个善良而刚毅的女子。在海瑞父亲去世后，年仅二十八岁的她义无反顾地承担起掌管家庭的重任。

海母和"孟母三迁"故事中的孟母一样，深知幼儿教育的重要性，所以在海瑞年幼时期，海母就让他读《孝经》《尚书》《中庸》等圣贤书，以此向他灌输儒家的道德观和价值观。海瑞是个聪明的孩子，他能很快理解书中的意思，在每读过一本书时就会流畅地跟母亲交流书中所讲的道理。

谢氏不光在教育上对海瑞管教甚严，在生活中也时时处处注意小海瑞的一言一行，稍有出格，必大声呵斥，严厉教训，始终用自己强悍的意志主宰着海瑞的精神世界。她恪守"有戏谑，严词正色诲之"的原则，不让海瑞像其他孩子一样玩耍嬉戏，无情地剥夺了小海瑞本应快乐玩耍的童年时光，每当海瑞与其他孩子玩耍或者只是有了玩耍的念头时，都会遭到母亲严厉的批评加之义正词严的教诲。在谢氏这种近乎苛刻的教育模式的影响下，海瑞打小就不"戏谑"，他的房间不像其他小孩子一样有随处可见的玩具，而是满满的书籍，这样的环境自然使海瑞成了一个勤于思考、好学上进的好孩子。当然，能够在这样的条件下成才还体现了他骨子里就有的坚毅和不服输的精神。

然而正所谓"物极必反"，在母亲过于严厉的教育下，小小的海瑞总是一本正经，老气横秋，甚至可能连笑都不会。在母亲怪异而极端的教育下，他形成了孤僻的心理，好似得上了孤独症，这导致他成人后也总是和别人相处不好。

在母亲严格的教诲下，海瑞博览群书，诵阅圣贤子集，对先贤所讲述的道理认识深刻。海瑞认为，读书的目的就是学以致用，要把儒家先

贤们的理论付诸实际，就是要用这些来改变现实社会中所存在的各种弊端和恶习。所以他一直追求的目标就是把从经史子集中学到的东西运用于实践。他发誓日后如果做官，就要做个不牟取私利，不谄媚权贵，刚直不阿的好官，好官就是要为巩固大明江山、改革弊政、改变社会不良习气而努力。因此他自号"刚峰"，取其做人要刚强正直、不畏邪恶的意思。

嘉靖二十八年（1549年），三十五岁的海瑞赴京参加考试，以一篇《治黎策》中了举人。五年后，他被派到福建延平府南平县当教谕，开始了仕途生涯。

当时的南平，学风很是不正。本来教官就为数不多，可是他们却都无心教书，反而一意钻营。生员更无心治学，所以考入府学郡学的寥寥无几。海瑞到任后，加强了对教学的管理。在他的严厉督导之下，时间不长，就收到了明显的效果，学风开始有了大改变，教官和学员对海瑞是又敬又畏。

嘉靖三十七年（1558年），海瑞得到吏部的垂青，被委任为浙江淳安知县。在淳安任内，海瑞在整顿社会治安、兴修水利、发展生产方面做了许多工作，政绩为时人所称许。

除了造福一方百姓，海瑞还在他力所能及的范围内，尽其可能为民做主。

嘉靖三十八年（1559年）的一天，浙江总督胡宗宪之子路过淳安。由于当地没有给他送礼，他心里非常不高兴。住进驿站之后，便找碴将驿站的官吏倒吊在树上毒打。当时，围观者很多，但由于畏惧其父权势，谁也不敢出来劝阻。

有人将此事悄悄报告了海瑞，海瑞闻讯后火速赶来。见此情景，怒火中烧，指着胡宗宪之子厉声喝道："哪里来的刁顽之徒，胆敢在此地撒野？"旁边站立的众人怕他惹祸，连忙好心地小声提醒他说："这是总督胡大人的公子。"浙江总督胡宗宪是当朝权相严嵩的党羽，此时正是炙手可热。

海瑞故作惊讶地说道："哪有这样的事？此人哪会是胡公子？胡大

人一向教子有方，怎会纵容这种无赖之徒骚扰地方？分明是假冒胡公子之名的一泼皮无赖，还不给我将他拿下！"左右差役一拥而上，把胡宗宪之子一行人拘扣一起。

海瑞令人把驿吏放下来，又指着胡公子所携带的几十个箱子，当众说道："胡总督清正廉洁，所到之处，从不让地方属下铺张接待，更不许行贿送礼。而眼前这个人带了这么多行囊，肯定是搜刮了民脂民膏，还打着胡公子的旗号，这种行事哪有一点胡大人样子呢？"

说完，便令人打开箱子，以验明真假。

打开箱子后，里面装的都是白银。海瑞大怒道："这恶棍真是胆大包天，竟敢冒充总督之子，大肆行骗勒索，败坏胡大人的清名。"说完，他下令将其拉出痛打一顿，并把那些银两全部充公。

事后，海瑞给胡宗宪写了一封信。信中说："现查扣一冒名的刁民，冒充大人公子的名字，大肆行骗勒索，已获取大量赃物证据。为正大人的清名，已当众将其治办，并请胡大人示下。"

胡宗宪接到奏报，心知是自己的儿子不争气，却也不敢声张，只好打落了牙齿往肚里咽，自认倒霉。

权臣严嵩的另一党羽鄢懋卿也曾在海瑞这里碰了一个软钉子。嘉靖三十九年（1560 年），左副都御史鄢懋卿被任命清理盐法，南北各省的食盐征收专卖都归他节制，以期增加朝廷收入，加强抗击倭寇的财力。

对鄢懋卿来说，这是一件肥美的差事。因为他以钦差大臣的身份南来，名义上是查办江浙盐务，实际上是专门来搜刮民脂民膏的。话说"巡查巡查，白银大把；督办督办，黄金上万"。这位钦差大臣，在京掌握着各级官员升降的建议权，在外又有直接处置一切违法行为的决定权。所以，地方官员对他莫不毕恭毕敬。所到之处，各地官吏皆巴结逢迎，贿赂送礼。

鄢懋卿一行到达严州（明时浙江省西部一县）以后，严州知府马上大张旗鼓地迎接钦差。并派人告知海瑞，钦差在三日内将到达淳安，要他做好迎接的准备。海瑞对这个大奸臣早有耳闻，听说鄢懋卿带着他的

家眷、家丁、奴仆二十多人从京都启程，船队行到扬州时，搜刮来的金银财宝把三十几条大船已经装得满满的了。除了这些，还有官吏们上贡的一些名贵的木石花鸟。鄢懋卿在京城也听说过淳安知县敢打总督的儿子，人称"海刚峰"，在京城官员眼里，海瑞着实是个不知天高地厚的"海疯子"。鄢懋卿心里思量着，到了淳安一定要给他点颜色看看。于是，他先写了一纸公文派自己的亲信送到县衙。公文内容大概是：此次出巡，为彻查江南盐务。以百姓为重，素性俭朴，不嘉奉迎。凡饮食供帐，俱宜俭朴为尚，毋得过于华侈，靡费里甲……

海瑞看过公文，突然有了一个想法……

他给鄢懋卿写了一封请示，首先全文引用了鄢懋卿公文的内容，然后说："卑职按照大人的意思，规定各地迎送从简，但最近听到各地的传闻，说大人所到之处供应非常奢华，甚至听说大人每到一个地方都要置办宴席。淳安穷困简陋，财力物力都有限，如果按传闻办事，不仅劳民伤财，本县无法承担，百姓也难以答应，而且这样做我们也恐怕违背了大人一切从简的规定。如果按大人的规定办事，又怕那些传闻是真的，怠慢了大人。如此，我们左右为难，请大人明示。"鄢懋卿看到这个请示，心想这海瑞果然厉害。犹豫再三后批复海瑞，说是应该照章办事。

海瑞明白如果自己真的简单安排，鄢懋卿一定心有不甘，所以他知道最好的办法是，阻止鄢懋卿进入淳安……

三天后，海瑞带领县衙的官员，出城数十里，在桥头迎候鄢懋卿。迎接队伍浩浩荡荡来了三十几条船，鄢懋卿看到岸上海瑞带领这么多人在迎接自己，乐了，心想你海瑞也没传言的那么不明事理嘛。

"淳安知县海瑞率属官在此拜见钦差大人。"船一靠岸，海瑞带领文武官员全体下跪迎接钦差。鄢懋卿看了一眼跪在脚下的人，示意他们起来说话。

海瑞站起身，又说："大人此次出巡，以民间疾苦为重，通令各地供应务必简单，不得扰民，大人真是爱民如子啊！"

鄢懋卿得意地回应："本官乃朝廷命官，自当爱民如子，这些不算什么。"

"可是卑职听说大人出京以来，所过州县，收贿万千，山珍海味，无奇不有。如此耗费，我淳安小城恐怕满足不了大人。"说着，海瑞用手指向吃水很深的船队，义正词严地问道："大人的三十多船货物，就是沿途收受贿赂得来的吧。如若不是，敢让卑职搜船验证吗？"

鄢懋卿这才明白，海瑞出郊数十里，不是迎接，而是阻挡我进城。"放肆！我乃朝廷钦差，手握尚方宝剑，尔等如此无理，难道不怕死吗？"鄢懋卿恼羞成怒。

"尚方宝剑固然锋利，却也难斩无罪之人。海瑞只怕大人的车马船队有扰百姓安宁，故此挡驾！"海瑞据理相争。

鄢懋卿算领教了这个传说中的"海刚峰"的厉害，他无心再与这油盐不进的疯子纠缠，心想再继续下去说不定还会让自己更丢面子，所以命令船队立即开船，离开了这个是非之地。

不过，海瑞这一手不但吓退了鄢懋卿，也吓坏了严州知府。他对海瑞大发雷霆，问他为什么这样惹是生非。海瑞既不顶撞，也不辩白，等知府把脾气发够了，才作揖告退。后来，知府大人见海瑞此举并没有惹来什么祸事，又感激地对海瑞说："淳安百姓逃此一难，真难为你了！真难为你了！"

不过这回知府大人又搞错了。海瑞如此直言抗命顶撞上峰，连钦差大臣都被弄得下不了台，岂有不遭报复之理？果然，就在海瑞接到升任嘉兴通判调令，正准备和新任淳安知县办移交时，袁淳在京弹劾了他。袁淳也是严嵩一党，和鄢懋卿更是狐朋狗友。他作为巡盐御史出巡浙江时，在海瑞那里亲身领教了简慢的招待，还和海瑞大吵了一架，于是便弹劾海瑞"倨傲弗恭，不安分守"。尽管海瑞并无过错，也尽管严嵩已被免职，鄢懋卿也被充了军，但朝中大臣们此刻热衷的是权力与利益的再分配，没有人关心这个举人出身、既无后台而脾气又有些古怪的"七品芝麻官"。只是由于曾当过海瑞上司的朱衡已任吏部侍郎，极力向吏部尚书严讷推荐，海瑞才在免职后又被调任兴国知县。

到了兴国县后，海瑞的工作热情不减。借助在淳安时的从政经验，他紧锣密鼓地裁减冗员，丈量土地，减轻老百姓的负担，工作做得井井有条。

嘉靖四十八年（1569 年），海瑞升任右佥都御史、钦差总督粮道，巡抚应天十府。海瑞在任上解决了当地存在的水患问题，并打击了当地的豪强地主，使自己在应天十府一时名声大振！

五个月之后，即位不久的明穆宗朱载垕又改任海瑞为督应天粮储。当时，适逢海瑞的老对手高拱被穆宗召回朝廷主管吏部。这次复出，高拱首先就想到了如何报复海瑞。高拱对过去海瑞反对自己的事一直记在心里。那还是隆庆元年（1567 年），大学士徐阶被高拱弹劾。支持徐阶的海瑞即上书弹劾高拱。大学士张居正、宦官冯保等也上书弹劾高拱。最后，高拱只好辞职回乡。

高拱重新掌权后，将海瑞的粮储职务合并到应天由他人兼管，待海瑞赴应天上任时，已经没有他的职务了。这样，海瑞实际上被罢了官。

此时，内阁的首辅是张居正，他找到海瑞的同乡梁云龙，请他通知海瑞，自己要举荐他为礼部尚书，但有一个条件，要他在会试中录取张居正的儿子。梁云龙找到海瑞，将张居正的话转告给他。海瑞并不热情地说："礼部尚书我不当，他儿子能否考中，也与我无干，谢谢他的好意。"

张居正听到海瑞的话后，将保荐海瑞做礼部尚书的奏折撕得稀烂，大骂海瑞不识抬举。

得罪了权倾朝野的张居正，哪里会有好果子吃，海瑞只好赋闲在家，一待就是十三年。

在这段时间中，海瑞生活非常贫困，妻儿又全部死去，身边仅剩一个仆人和他相依为命。

张居正死后，朝廷下旨将被张居正排挤的诸臣召回，海瑞也被召了回来。

万历十三年（1585 年），海瑞被任命为应天都察院右佥都御史，后又改为吏部右侍郎。接到圣旨后，已七十二岁高龄的海瑞前往上任。途中，他听说御史房寰四十多岁的儿子抢了一个小女孩做第十三房小妾，一怒之下，海瑞派人将房公子押解到应天府，要求严厉惩办。房寰气急败坏地勾结一批贪官，联名上疏对海瑞发起攻击。海瑞毫不示弱，到任后继续大刀阔斧地整顿官场恶习，贪官污吏不时落网。

万历十三年（1585年）冬，海瑞又被提升为南都察院御史，为正二品官员。

高升之后，海瑞再一次发出告示，宣布严禁向官员馈赠礼物，并带头退回各种礼物。同时，他还明令各级官员禁止向百姓摊派徭役。为惩治贪污腐化，他主张应恢复明太祖定的旧规，对违法者用廷杖重责，废弃以钱赎罪的陋规。

这时的海瑞虽过古稀之年，但雄心犹在。不巧的是，忧思多虑的海瑞突然患病不起了。应天百姓听说海瑞重病缠身，纷纷入寺进香，求上天保佑这位"海青天"，但天不尽如人意，海瑞的病情一天重似一天。万历十五年（1587年），海瑞与世长辞，享年七十四岁。他临死前三天，兵部送来的柴薪费多算了七钱银子，海瑞让人如数退了回去。七钱银子实在不算什么，但海瑞却决不肯为这蝇头小利，毁了自己一世清白。

海瑞去世后，由于他没有子嗣，后事都是由他的好友金都御史王用汲负责料理的。王用汲到海瑞的住所，见堂堂朝廷正二品大员房间里的帷帐竟都是布的，而且都已经非常陈旧。清理他的家产时发现，海瑞的遗物除了满满一箱破旧发黄的圣贤书籍和几件破旧衣袍外，只有银子十余两。海瑞当时身上穿的最好的衣服，也已经洗得褪了颜色。王用汲看到这些，终于忍不住潸然泪下。王用汲找到众官员共同凑足料理后事所需的费用，又亲自率人为其沐浴更衣，入殓。

海瑞一生，虽不得官心、圣心，但深得民心。海瑞当政，不夺百姓一针一线，不随意增加百姓的负担。所以，海瑞出丧这一天，应天的官员和百姓前来参加的很多，当他的灵柩送到江面上时，穿白衣白帽送丧的人群挤满了长江两岸，沿江近百里为之哭泣。

人们为这位善良、刚毅、正直、清廉的官员，献上最诚挚的感激和

哀思。

海瑞的各种故事和传说也迅速在民间传颂，而且还被神化。最有趣的一个故事是这样的：万历年间，京城里抓住了一个作祟的妖怪。皇帝审问他时，还十分嚣张，说朝中的大臣他一个也不怕。最后万历皇帝急了，说你再敢胡闹，就把你送到应天海瑞那里去！这个妖怪当时就吓破了胆，再也不敢说一个字。

海瑞在民间名声之盛，由此可见一斑。

哪里有压迫，哪里就有反抗

明朝万历年间，矿监、税监为非作歹，鱼肉百姓，欺压百姓。正所谓"哪里有压迫，哪里就有反抗"，不屈的民众终于开始了反抗……

作为明朝历史上在位时间最长的皇帝（共四十八年），万历皇帝不但无任何同情百姓困苦的意识，而且还挥金如土、贪图安乐，是一个贪婪嗜财的昏庸君主。比如，他一次采买珠宝竟然花掉两千四百万两白银，这个数目与全国六年赋税的总和相差无几！

根据大略统计，只几年间，万历在营建陵寝上花掉了几百万两，织造费上花掉了几百万两，派遣人员大举伐木、建造宫殿，也分别花掉了几百万两。与此同时，派兵宁夏也花掉几百万两……

万历不管百姓生死，无休止地搜刮金银宝物，致使国库被挥霍一空。一旦缺少钱财，为了达到敛财的目的，他就想出许多荒唐的点子，例如他常常挖空心思，找出各种借口命令官府部门向他进贡钱财。他的妃子生了一个女儿，户部和光禄寺就必须向他献上白银十万两以示庆祝。公主出嫁，则要讨取数十万两银子作为嫁妆，若是皇子娶妻就要进献得更多。

他还大力提倡官吏们向他"进奉"，用这种秤称斗量的方式来表示忠心。谁进奉的钱多，就加以重用。于是官员、太监纷纷用这种进奉的方法讨好皇帝。官员们若触犯了龙颜，他最喜欢用的惩罚方式就是"罚俸"，即剥夺官员们的工资，因为这样可以省下一大笔钱，当然这只是对罪行不重的官员们施行。若是罪行严重的，当然就要使出他的另一个绝招——抄家。本来抄家的做法历代都有，但不同的是，历代封建王朝抄家后所得的财产都要"充公"，即登记造册，成为国家的公共财产，但是万历皇帝的抄家却是把全部所得归自己所有。

这样的做法最早用于对付曾经竭尽全力辅助他的内阁首辅张居正和内监总管冯保。从中得到甜头后，抄家的势头就变得一发不可收了。万历曾经私下里得意地对身边太监说，用这个办法捞钱简直比从国库中支取还容易，他当然乐此不疲。

不过万历也不是完全不好商量，官员们犯了罪，如果主动向他献上金钱，他也就"宽宏大量"地放人一马，但若是谁执迷不悟，那就别怪他不客气了。有个叫张鲸的太监，犯了欺君的大罪，按律当斩，但是由于他很机灵，及时向万历献上了一大批金银财宝，居然就大事化小，小事化了了，不但没有被治罪，反而还升了官。当时有的朝臣针对这件事直接向皇帝上书，说他以天子之尊而接受了内臣的贿赂，实在不成体统。万历非常生气，马上就治了这个官员的罪。

万历皇帝的"开源节流"后来发展到了极致。到万历末期，全国的府县有三分之二的地方官职位空缺，有人老了、死了或是罢了官，那个职位就从此空缺着，不再派新的官员去上任。朝中的六部是国家实际上的最高行政机构，但是到后来也只有三个部有尚书主事，国家的最高决策机构有一段时间只有一个人在任上。万历拒绝向这些空缺的职位派遣新的官员，这样就可以节省下一大笔支出了。这种办法使国家机构几乎陷于瘫痪，全国的官吏减少了一半以上，这是"节流"的办法。至于"开源"，万历想出的办法是派大批太监充当"矿监"，大肆搜刮民脂民膏。这就是历史上有名的"采榷之祸"。

矿监们凶横无比，名义上是开矿增加税收，但实际上根本不去勘探、开采，而是随心所欲地指地为矿。被指中的人家灾祸临头，只有献上金

银珠宝方能摆平，否则就被强拆房屋，甚至抢掠家产，侮辱妇女，胡乱杀人。有的则借口找矿，挖坟掘墓，搜取陪葬品。这简直是明火执仗，比强盗还甚。

当时有个叫陈奉的矿监，是万历年间矿监中最臭名昭著的一个。他出使荆州和兴国，常借口巡视到处殴打官吏，抢劫行人，激起民愤。一次他在巡查途中被数千群众围打。他在逃回荆州后，上书皇上，诬陷当地官府煽动叛乱。万历不问青红皂白，马上派人查办。

到了后来，矿监遍布山西、山东、陕西、四川、云南、福建、广东、湖北等地，全国百姓深受其害。

万历三十年（1602 年），万历一病不起，以为自己将死，想死后留个好名声，于是下了遗诏，停了矿税。不料，几个小时后他又奇迹般地活了过来。他睁开眼的第一件事就是赶紧派人去内阁收回遗诏。前前后后去了二十多拨人传达皇帝口谕，说矿税万万不能停。结果，"采榷之祸"始终没能废除。

除了矿监作恶，税监也作恶。

那时，手工业逐步发展，东南沿海的商业也日渐繁荣。苏州的丝织业最为发达，家业较大些的织机户纷纷开设工场，雇用织工，在这些工场当雇工的总人数已有好几千人，资本主义已在这里出现了萌芽。

工商业城市的繁荣，朝廷也大有利益可图。为在民间搜刮更多的钱财，万历派出大批宦官到东南沿海城市收税，这种收税的宦官叫税监。税监们不但征收大量的苛捐杂税，还乘机敲诈勒索，坑害百姓。

孙隆就是一个坏透了顶的税监。他一到苏州，就勾结那些地痞恶棍，到处设立关卡，凡是经过关卡的绸缎布匹，都要征收重税。很多商贩因缴不起税，都不敢进城做买卖。这一年苏州遭了水灾，桑田被淹，桑农无法养蚕。机户收不到蚕丝，不得不停工解散雇工。朝廷不来赈济灾民，孙隆还要向机户收税，规定每台织机收税银三钱，每匹绸缎收税银五分，就是变卖家产也得缴。这样，许多织造工场只有关闭，甚至破产，织工也就失业了，弄得民愤很大。

织工葛贤失业后，到街上另找活干，路过葑门，见到孙隆手下的几个税棍，正在围打一个卖瓜的农民。葛贤向围观的人一打听，才知道那瓜农挑瓜进城，经过税卡时，税棍们硬要逼他缴税。瓜还没卖，哪里有钱缴税？缴不出税钱，税棍就抢瓜。等那农民卖了瓜，买了点米回来的时候，税卡里的税棍早就盯住他，仍要逼他缴税，交不出就抢米。农民苦苦哀求，家里等米下锅，不答应用米抵税，又遭到税棍的毒打。

葛贤平常对税监的强盗行为早就窝着一肚子气没地方出，看到眼前的情景，怒火中烧，再也忍不住了。他挥动手里的芭蕉扇，高声呼喊："打这些恶棍！"一呼百应，路边的群众听到呼喊，也都涌向税卡。税棍黄建节见势不妙，想夺路逃跑，但他已在群众的重重包围之中，插翅也难飞了。群众拾起乱石瓦片，雨点般向他狠狠地砸去，这个作恶多端的家伙，在飞舞的乱石中头破血流，当场丧命。

此时，人越聚越多，群情激奋。葛贤看到黄建节被打死，知道大事不好，就和群众一起到玄妙观开会商量。大家的反抗情绪越来越高涨，都说要一不做，二不休，继续跟他们干。于是推举葛贤等二十多人作为首领，去找孙隆算账。葛贤他们兵分两路，一路打到那些税棍们的家，全都放火烧了；另一路浩浩荡荡，挥舞棍棒，冲进苏州税监衙门去捉拿孙隆。孙隆听到呐喊声震天，吓得战战兢兢，从后院墙爬了出去，逃到杭州去了。

朝廷税监被打还了得？此事一下惊动了苏州知府，便下令捉拿参加暴动的人。葛贤得到消息，不愿让大家受牵连，就自己到苏州知府衙门说："领头的就是我，要杀头我一个人顶着，与其他人不相干。"

知府正愁抓不到为首之人不好交差，见葛贤自己来投案，哪肯放过他，就把他关进大牢。

葛贤被关进监狱的那天，苏州市民都含泪为他送行，还有上千人为他送来酒饭衣物，表示慰问。葛贤再三推辞，可是谁也不肯再带回去，葛贤推辞不过，只有收下，然后分给被押的难友。

万历皇帝见百姓对葛贤如此爱戴，怕杀了葛贤会引起更大的民愤，

到时候更不好收拾局面，便把葛贤关了两年后释放了。这件事，对那些横行霸道的税监、税棍确实震动不小，使他们的强盗行为也稍有收敛。

此后，其他地方也发生了民众反抗税监的斗争，朝廷只得将所有税监都撤了回来。

明朝末年反矿监、税监的斗争，是中国历史上第一次以手工业工人和贫民为主的反封建压迫的一次斗争，在中国历史上具有重要意义。

当然，在当时的历史条件下，这种斗争的作用有限，最多也仅能逼迫朝廷撤回或者处死几名矿监税监罢了。

君王从此不上朝

"君王从此不早朝"是白居易《长恨歌》中的一句，用以讽刺唐玄宗爱美人不爱江山。然而与万历相比，只是不上早朝的唐玄宗实在算不上什么……

人们常说："没有天生的坏人。"这句话在万历皇帝的身上体现得特别明显。

作为明朝历史上在位时间最久的皇帝，万历其实在一开始，也不是个平庸的君主，毕竟在其当政的早期，他搞定了三大征，即东北、西北、西南边疆几乎同时开展的三次军事行动：平定蒙古鞑靼哱拜叛乱，援朝抗日战争，平定西南杨应龙叛变。

他对于每一次军事行动，似乎都充分认识到其重要性。而且，在战争过程中对于前线将领的充分信任、对于指挥失误的将领的坚决撤换，都显示了他的胆略。

然而很快，这位曾经有胆有识的皇帝就露出了他的另一副嘴脸。

在清算了张居正、搞定三大征之后，万历居然开始不理朝政了。他整天哼哼唧唧，说自己"一时头昏眼黑，力乏不兴"。礼部主事卢洪春还为此特地上书，指出"肝虚则头晕目眩"，大约希望皇帝能好好保养一下龙体。

不久，万历又自称"腰痛脚软，行立不便"，病情加剧，于是真的就不再上朝，总是召首辅沈一贯入阁嘱托朝政大事。

一个好端端的皇帝，年纪轻轻，看起来也挺能干的，怎么就沉沦成后来的昏君呢？不用后人去总结，皇帝当时的臣子就给他罗列出来了。

大理寺左评事雒于仁上了一道疏，疏中批评了万历纵情于"酒、色、财、气"，并献"四箴"，给皇帝提了点建议，也就是希望皇帝"戒酒""戒色""戒财""戒气"。这一个"四箴"可把皇帝气疯了，于是惩治了雒于仁。

其实万历的这些毛病正被雒于仁说中，都来源于他的"酒、色、财、气"。

万历好酒，一则他自己爱喝，二则明末社会好酒成风。清初的学者张履祥记载了明代晚期朝廷上下好酒之习：明代后期对于酒不实行专卖制度，所以民间可以自己制造酒，又不禁止群饮，遂饮酒成风。喝酒少的能喝几升，多的无限量，日夜不止，朝野上下都是如此。

万历头晕眼花，肾虚，那多半都是酒精多了闹的，虽然古时候的酒度数高不到哪去，但是也架不住万历没日没夜地猛喝。

说到好色，哪个皇帝不好色？万历自己也承认自己很好色。他对专宠贵妃郑氏，有自己的说法："朕好色，偏宠贵妃郑氏。朕只因郑氏勤劳，朕每至一宫，她必相随。朝夕间她独小心侍奉，委的勤劳。"

这样一个"勤劳"的妃子，把万历迷住了，万历日日宠幸其，怎能不肾亏？

至于贪财一事，万历在明代诸帝中可谓最有名了。他说"朕为天子，富有四海之内，普天之下，莫非王土，天下之财皆朕之财。"前也述及，在他亲政以后，查抄了冯保、张居正的家产，还将其全部搬入宫中，归自己支配。为了掠夺钱财，他派出矿监、税监，到各地四处搜刮，他把钱当成命根，恨不得钻进金银堆里。

关于"气"，在雒于仁上疏时，万历也说过："人孰无气，且如先生每也有僮仆家人，难道更不责治？"看来他认为惩治那些不听话的大臣，

便是一种生气。或许他认为这种"气"太多了，于是对朝政爱理不理。

不理朝政的万历在干些什么呢？其实他忙得很。每天躲在后宫里吃喝玩乐，醉生梦死。大臣们也没人敢管他，那就只能互相争斗着消磨时间，万历也不管，反正你们斗你们的，别打扰我的悠闲就行。

前已述及，万历不爱上朝管事，他也不轻易授权于太监或大臣，整个文官集团的运转陷于停顿，由于年轻时受到太监冯保和权臣张居正束缚，他对太监和大臣没有任何好感，但他又不愿意理朝政，竟导致朝内官员空缺的现象非常严重。

由于缺少官吏的管理，万历后期官府运作的效率极低。官僚队伍中党派林立，门户之争日盛一日，互相倾轧。东林党、宣党、昆党、齐党、浙党，名目众多。整个官府陷于半瘫痪状态。

但万历才不管这些，他只顾他自己的悠闲，他这一悠闲就是二十六年。万历四十三年（1615年），他才因"梃击案"勉强到金銮殿上亮了一次相，和各位大臣见了一次久违的面。

事件的经过是这样的：万历四十三年五月初四这天傍晚，蓟州（今天津蓟州区）男子张差（事后查明）手持木棍冲进了太子居住的慈庆宫（也叫东宫）。他顺利地冲过了第一道徽音门，因为门两旁根本就没有人。在过第二道麟趾门时，他遇到了阻拦。阻拦他的是两个六十多岁的老太监，行动已非常不便，别说拦人，连走路都没有力气了。该名男子见状，挥舞棍子将二人打倒在地，直接就冲到了慈庆宫大殿前，正要跨越石阶而上时，一位七十多岁的东宫当日值班太监发现了他。值班太监顿时惊慌失措，以为这位手拿棍子的人是一位武林高手，否则怎么会连闯二门，又毫发无损地冲到大殿来呢？

这时太子朱常洛也见到这位来历不明的人，之后他开始大声呼喊，瞬间便从各个角落里冲出了七八个太监，将此人围了起来。此人把棍子左挥右舞，一时竟无人敢靠近。太监们很快就发现，此人的棍法相当没有章法，即便会功夫，也肯定是个"三脚猫"，于是不知道谁喊了一声"上"，一帮子人一拥而上就将此人活捉了，并立即送到了东华门守卫指挥那里。

第二天，朱常洛把自己差点挨棍子的事情报告给了父皇万历，万历下令严查。于是，七天之内，巡城御史以及刑部等各级官员特事特办，火速审问，最后得出了一个结果：此人是个疯子。

这件事怎么想都有点蹊跷：一个神经不正常的疯子，凭着一根棍子就闯进了东宫？东宫虽然谈不上戒备森严，可也不是闲人想来就来的地方。这样的判决当然不能让想知道真相的官员满意，在这些人看来，这个判决明显是糊弄三岁小孩子的。

五月十二日，一位很想知道真相并且和张差接触过的官员宣读了他所查明的真相。在他这份所谓的调查里，主要有两条证据：第一，他曾拿饭给张差吃，张差能吃能喝，根本就不像疯子，而且他还招供说有人给他饭吃，并且让他进东宫见一个杀一个；第二，张差无论如何也不可能从东华门一直冲到东宫，如果不是有人事先安排布置，把张差安排到东宫附近，张差是不可能轻松闯进来的，除非他是神，否则这事儿没法解释。

等这份调查材料宣读完毕，刑部参与会审的全体官员都默然了，再也没有人说张差是疯子了。既然朝廷之中有人提出了质疑，于是办案的官员只好继续追查。这一查不要紧，竟然查到此事跟郑贵妃有关。据张差说，是郑贵妃宫内的两个太监庞保与刘成派他去刺杀太子的，所用的武器是一根棍子。

万历得知了查出的事情真相后大为恼火，这倒不是因为他宠幸的郑贵妃被牵扯进来了，而是他觉得这是自己的家事，何必要弄到这步田地呢？

他扣了大臣们的奏疏，但并没有堵住大臣们的嘴。大臣们依旧议论纷纷，并且屡屡上疏，要求还太子一个公道。这要求的背后其实就是说：您想换太子（万历本有替换太子之意，后文会有述及），立郑贵妃的儿子为太子，没门！万历大怒，在给内阁的谕旨中说道：张差就是疯子，就是疯子……第二天，他又给刑部谕旨：此案的张差是疯子。

郑贵妃在朝臣们的强大压力下，不得不站了出来，先是在万历皇帝

面前哭，接着又跑到太子朱常洛面前哭。终于，朱常洛这个三十多岁、险些就挨棍子的老爷们儿在这位妇人的哭诉下妥协了。他请求父亲万历不要把事情闹大了，万历自然应允。

在答应了太子的请求后，龟缩在深宫已经二十六年的万历终于上朝了，他要亲自把这件事和群臣们说个明白，作个彻底了断。

五月二十八日清晨，是大明王朝的京官们心情最复杂的一天，他们不知道这是皇帝把自己刑满释放了，还是只是放放风而已。

当内阁辅臣、六部五府的官员集结完毕后，身穿白袍、头戴白冠的万历在慈宁宫背靠左门柱西向而坐，在他右边站着身穿青袍、头戴翼善冠的太子朱常洛，朱常洛的左边则站着自己的儿子和女儿。

万历随便看了一眼，然后轻描淡写地说："前几日有个疯子闯进东宫伤人，外边多有闲话。这是要离间我们父子，很过分。"

大臣们跪在下面，想看皇上又不敢，不看，又有点心不甘：二十六年了，皇上才上一次朝，下一次再见又不知道是猴年马月了。

万历说完上述的话，又拉过朱常洛的手对众大臣说："这个孩子孝顺得不得了，我怎会有更换太子的意思？"说罢，他又指着朱常洛的儿子和女儿说："瞧，他们都长这么大了，你们还有什么可胡说的？"

然后，他用亲切的眼神看了一眼朱常洛。朱常洛急忙转身对大臣们说："你们看，我们父子如此相爱，你们却议论纷纷，造谣生事。你们目无君主，倒让我背上了不孝的罪名……"

万历接着又随便往下看了一眼，有气无力地问大家："你们还有什么意见吗？"

没有人出声。

万历似乎很满意，突然把声音提高了八度，对众大臣说："这张差分明就是个疯子，庞保和刘成也不是什么好人，全杀了！"说罢，站起来准备离去。

御史大夫刘光复或许是太久没见到皇帝的缘故，想开口启奏说几句话，哪怕是再说一句"皇上，今天天气真好，您的气色真好"之类的废话也行。不料，一句话没说完，万历就大喝一声："拿下。"几个宦官立即把刘光复抓住痛打，然后摔下台阶，在鲜血淋漓的惨号声中，刘光复被锦衣卫绑到了监狱。

没有人再敢说一句话，皇帝转眼就消失不见。从此，相见变成了怀念。

这就是二十六年之后万历唯一的一次朝会，没谈国家大事，只有那声莫名其妙的"拿下"，让大臣们胆战心惊，且后果惨重。估计这也是万历想要的结果：老虎不发威，别以为它是病猫！

此后又是五年不再出现，五年后，万历一命呜呼。就在万历把自己的基业一点点地向悬崖边上推去的时候，一个明王朝的掘墓者诞生了，它就是后金……

"一夜情"带来的系列惨剧

明朝末期的宫廷中曾发生了"梃击案""红丸案""移宫案"三大案。这三起事件本身并不是很重要，但却标志着明末纷乱和衰亡的开始……

一个正常人，一天不出门，容易；一月不出门，比较难；一年不出门，那太难了；要是三十多年都不出门呢？那可真的是"难于上青天"了。然而万历皇帝居然就真的做到了。

实际上，幽居深宫，大门不出、二门不迈的万历，用今天的话来说，就叫"旷工"。当然，作为明王朝的"老板"，他的行为叫"怠政"或许更为合适。

那么，万历的这种作为究竟为哪般呢？换句话说，究竟是什么原因让万历皇帝居然三十多年不上朝听政呢？

对此，史无所载，无从考证。很有可能，绝非是某一单方面原因所致，而是各方面原因综合使然，但从种种迹象来看，最主要的原因恐怕还是与册立太子之事即所谓的"立储之议""国本之争"有着很大的关系。

后代大凡研究这段历史的学者都认为，发生在明神宗万历年间的所

谓"立储之议""国本之争"，无论是对万历皇帝本人还是对整个大明王朝来说，都是一场灾难深重的悲剧。

悲剧发端于一件原本很不起眼的小事。具体来说，就是年轻的万历皇帝很偶然地与一个普通的宫女发生了一次关系，且很意外地生下了一个儿子。按理说，皇宫里的几千名宫女都归皇帝一人私有，皇帝与她们中的任何一人发生关系都不是什么生活作风问题，更不是什么道德败坏之事，这样的事情无论发生多少次，都合理合法，而且根本就不值得大惊小怪。

但没想到，就是这么一桩小事，一次偶然发生的"一夜情"，竟然会酿成了那么大的政治风暴。不仅在万历一朝，也在此后的明朝历史上产生了令人始料未及且无法挽回的政治后遗症，并由此导致了明朝的衰败。

事情的经过大致是这样的：那是万历九年（1581年）的冬天，时年十九岁的万历皇帝有一天去给生母慈圣太后请安，当时慈圣太后正好不在，而一个殷勤地为他端茶递水的年轻宫女却引起了他的注意。不知是由于当时正值青春期，身体内雄性荷尔蒙的作用使然，还是因为那身材颀长、体态丰腴的宫女的确颇有几分姿色，在年轻的万历面前风情万种、搔首弄姿之故。总之，万历一时欲火中烧，愣是当场就把那宫女给"临幸"（指皇帝与嫔妃同宿）了。

不用说，这个宫女就是后来的孝靖王太后，被万历称之为恭妃的王氏。

说起来，人世间有许多事真是令人难以预料。当时，万历原本不过是一时心血来潮，随便玩玩而已，可是，令他怎么也没有想到的是，就是这样一个小小的插曲，竟留下了那样严重的"后遗症"，不仅使他自己，也使整个大明王朝为此付出了惨痛的代价！

在和万历经历过一番巫山云雨之后，时年十七岁的王氏宫女没想到竟暗结珠胎，怀了龙种。明代很讲究礼义廉耻，虽然皇帝兴之所至，和某个宫女发生关系算不得什么大事，但和母后身边的侍女搞在一起总不算什么光彩的事。所以，事情过后，万历起先并不想让母后知道。后来某一天，慈圣太后忽然发现王氏宫女已经身怀六甲，便叫人把万历找来盘问。一开始他竟矢口否认，直到太后命太监取出文书房内侍记录的《内起居注》呈送到他的面前，上面白纸黑字清清楚楚写有某年某月某日某时皇帝于何地临幸宫女某某的字样。万历眼见证据确凿，抵赖不过，才对此供认不讳。

到了第二年的夏末，刚刚被封为恭妃不久的王氏宫女还真就生下来一个男孩，这便是万历的长子朱常洛。

万历在内心深处其实从未爱过出身低贱的恭妃，只是因为一时冲动，偶然地把她作为自己暂时的发泄对象。事实上，万历皇帝朱翊钧压根儿就不喜欢这个被命名为常洛的长子。

他宠爱的是郑贵妃和她的儿子。郑贵妃姿色娇媚，生性活泼，尤其懂得如何讨万历皇帝的喜欢。例如，其他宫中妃嫔见了万历皇帝无不毕恭毕敬，诚惶诚恐，唯有郑贵妃谈笑自如，还敢当面开玩笑，戏称万历皇帝是"老媳媳"，也就是"老太太"。万历不但不恼，反而因之更喜欢她，使她的野心得以滋生。

郑贵妃在万历十四年（1586年）生下了儿子朱常洵，比万历的长子朱常洛小了四岁。郑贵妃想把朱常洵送到太子座位上，以便自己有朝一日能够当上皇太后，因之曾约万历到大高玄殿（明朝皇家道庙）行香，要万历对神发誓，许立朱常洵为皇太子。万历不但听从，而且当面写了保证书，装在玉匣内，交给郑贵妃作为凭据。

不承想，万历想立朱常洵为太子的打算被大臣们知道了。户部给事中姜应麟、吏部员外郎沈璟首先上言反对，他们说："郑贵妃虽然贤明，但她的儿子是次子，不能违背'有嫡立嫡，无嫡立长'的嫡长子继承制的原则。"刑部主事孙如法还要求封恭妃为后，以确定朱常洛的太子地位。万历大怒，贬孙如法去了广东潮州。

到了万历十八年（1590年），万历又对大臣们说："我没有改变祖上规矩的意思，不过长子身体太弱，想等他身体强壮后再立为太子。"大臣们说："皇子已有九岁，可以做太子了。"万历无可奈何地说："我知道

了。"但迅即将主张立朱常洛为太子的吏部尚书朱薰、礼部尚书丁慎行削减了俸禄。

万历为朱常洵争太子位争了十五年，凡是主张立朱常洛为太子的大臣都受过打击，但大臣们就是不改口，一批又一批反复要求，这就是明朝历史上的"国本之争"。

大臣们的议论传到了慈圣太后耳朵里。一天，万历皇帝入慈宁宫看母亲，慈圣太后问："外廷诸臣多说该早定长子为太子，你打算怎么办？"

万历回答说："他是宫女生的儿子。"

慈圣太后正色喝道："你也是宫女生的儿子！"

万历吓得跪伏于地，不敢起来，从此不敢再说立朱常洵为太子的话了。

但朱常洛和他的母亲恭妃还是一直受冷遇。朱常洛十三岁才被安排上学。听课的第一天，正值严冬，天气寒冷，朱常洛浑身发抖。太监们聚在一起烤火，若无其事。讲官郭正域实在看不下去了，大声说："天寒如此，殿下当珍重。你们快出来取火御寒。"万历听说此事后，并不责怪那些太监，这说明这件事是他的有意安排。

到了万历二十九年（1601年），一天，万历患病，头晕目眩，迷迷糊糊睡着了。醒来后发现身边只有孝端皇后，并无郑贵妃，对郑贵妃顿时有些恼火，一怒之下宣布册立朱常洛为太子，将朱常洵封为福王，断绝了郑贵妃想做皇太后的梦想。

郑贵妃并不甘心失败，想以害死朱常洛来为朱常洵夺回太子位。万历四十一年（1613年），郑贵妃请来道士王子诏，刻朱常洛木像，以诅咒的办法，想害死朱常洛，但不起作用。

接着，就发生了前已述及的"梃击案"。此后，凶手张差被捆赴刑场，处以极刑。张差死后，庞保和刘成翻案，把一切都推得一干二净，但很多朝臣并不就此罢休，上疏要求一定要将元凶追查出来。

万历被奏疏搞得烦躁不安，大为光火，又加上怕夜长梦多，另生枝节，于是传谕司礼监，下令将刘成和庞保秘密处死。

这样在张差死后十几天，刘成、庞保也在内廷被司礼监拷打而死。其余相关之人被处以流放之刑。至此，万历和郑贵妃终于松了口气。不久，参与审理此案的官员相继被降职或革职。在万历的导演下，这场围绕"梃击案"掀起的轩然大波终于平息下去了。

然而一波未平，一波又起。不久，又发生了"红丸案"。

所谓"红丸"，又称"红铅金丹"，亦称"三元丹"，是明朝时期皇家使用的春药。其制法很奇特，据说是取处女初潮之经血，谓之"先天红铅"，加上夜半的第一滴露水及乌梅等药物，煮过七次，变成药浆，再加上红铅、秋石、人乳、辰砂（湖南辰州出产的朱砂）、松脂等药物炮制而成。

嘉靖年间，为了炼制类似的仙丹，差点要了嘉靖的命。没想到了明光宗朱常洛时期，这小小的"红丸"竟真的要了他的命。这就是轰动一时的明末疑案——"红丸案"。

应当说，在明代皇帝中，朱常洛可算是一位最不幸的皇帝。他的一生，始终处于宫廷阴谋漩涡之中。他的父亲万历皇帝朱翊钧偏爱他的异母弟福王朱常洵，而他则成为官僚士大夫们拥护、推戴的对象。围绕着他和福王，官僚们与万历进行了长达十多年的拉锯战。朱常洛自从做了太子之后，由于离开了母亲的怀抱，加上父亲对自己的冷淡，使他深感苦闷。所以，大部分的时间里，他都是纵情于酒色。

万历四十八年（1620年）七月，明神宗万历皇帝病逝。八月，太子朱常洛即位，是为光宗，改年号为泰昌。公正地说，朱常洛初即位时，还是想有一番作为的。刚刚即位，他便致力于扭转万历朝后期的一系列弊政。他挪用宫廷的日常开支款犒劳前线军队，解决了长期缺饷的燃眉之急；停止了民愤甚深的矿监、税监的活动；起用了许多万历年间因为直言进谏而遭贬斥的大臣；他还亲自考课大臣，破格提拔人才。种种作为显示出光宗是在朝一代明君的方向努力。但是，这个愿望并没有实现，而是随着光宗的突然驾崩，变成一个历史的春秋大梦。

泰昌元年（1620年）九月二十六日，三十八岁的明光宗病逝。前

前后后，他在皇帝的宝座上还没坐满两月，史称"一月天子"。

除了嗜酒，明光宗的死与他的酷爱美色是分不开的。据《明史》记载，即位之初，仅福王之母郑贵妃为讨好他送来的美女数目就有八名。朱常洛面对美女，自然是夜夜纵乐。本来就因为生活压抑而虚弱的身体，除了要承担众多的政事外，还过分贪恋美色，自然被累垮了。

可是，"老马不死旧性在"，他毫无节制之意，照样无休止地鬼混。一天夜里，为了寻求刺激，朱常洛服了一粒红丸，结果狂躁不已，狂笑不止，精神极度亢奋。次日早，侍寝的宦官连忙请来御医崔文升诊治。崔文升不知皇帝是阴虚肾竭，还以为是邪热内蕴，下了一服泻火通便的猛药。结果，朱常洛一宿腹泻三十余次，危在旦夕。

这下子崔文升闯了大祸，朝廷上唇枪舌剑，吵声骂声不绝于耳。大臣杨涟上书，指责崔文升误用泻药。崔文升反驳说并非误用，而是皇帝用了红丸造成病重。而病危之中的朱常洛，躺在病榻上还念念不忘红丸，想要服用。鸿胪寺丞（明代主要掌管朝会仪节等的官员）李可灼当即给了他一粒红色药丸，朱常洛服后，没甚动静。晚上，朱常洛又要求再服一粒，李可灼又给了他一粒红色药丸。结果。不大一会儿，皇帝手捂心口，两眼一瞪，两脚一蹬，就一命呜呼了。

皇帝一死，震惊朝野。人们不禁要问：红色药丸到底是不是红丸？为什么在皇帝病重之时，还给他这种丸药？崔文升和李可灼怎么这么大胆？崔和李有没有幕后指使者？

有人认为，李可灼给的"红色丸药"就是春药红丸。春药属于热药，皇帝阴寒大泻，以火制水，是对症下药。李可灼把春药当补药进上并没有错，只不过他时运不佳……

有人认为，那红色丸药并非红丸，而是道家所炼金丹。用救命金丹来对付垂危病人，治活了则名利双收，死了算是病重难救。李可灼很可能是这样想这样做的。

也有人认为，拿春药给危重病人吃，不合常理。李可灼明知自己不是御医，病人又是皇帝，治出了问题，脑袋都保不住。为什么还这样大胆？况且，皇帝洛纵欲伤身，亟须静养，怎么还用这虎狼之药？由此推断，李可灼必是受人指使，有意谋杀皇帝。

一路查下去，发现崔文升曾是郑贵妃属下之人。另外，李可灼是首辅方从哲带进宫来的，因此也要追查方从哲。方从哲无奈之下只好自请削职为民，远离中原，但仍然难以平息此事。最后，一位刚入阁的，与双方都无牵连的大臣韩炉上书才平复了众议。李可灼被判流戍，崔文升被贬放南京。"红丸案"才算了结。

那"红丸案"究竟与郑贵妃有没有关联呢？

人们联系到此前郑贵妃进献美女之事，认为这两件事情都是事先有预谋的。清人所编的《明史·崔文升传》中也认为："文升受贵妃指，有异谋"。但这只是后人的推测，并没有明确的证据能够证明崔文升就是受了郑贵妃的指使。

总之，"红丸"一案由于各派的争斗总算草草了解，但其中的疑点并没有弄清楚。后人为此曾进行过一系列的考证和争论，但最后也都没有结果。光宗的死是否与红丸有关至今依然是一个千古之谜。

真是"屋漏偏逢连夜雨"，就在"红丸案"还没有平息的当口，明宫内又发生了一宗案件。

当年，尚是太子的朱常洛在太子妃郭氏死后没有再册立太子妃。待做了皇帝后，他就将自己宠爱的妃子李选侍带入乾清宫。乾清宫为内廷的正宫，只有皇帝皇后才能在此居住。李选侍进入乾清宫后，拥有了照顾两名皇子的权利，皇后之位好像唾手可得。

然而朱常洛只做了一个月的皇帝就病逝了，他死前也未将李选侍封为皇后。如此一来，李选侍就只得搬离乾清宫。然而，李选侍却在乾清宫内以皇太子朱由校相要挟，命太监们手持棍棒守住宫门，不允许朝廷大臣亲近太子。她企图通过这种方式先将自己封为皇后，然后再封为太后。

针对这一问题，朝廷上下议论不断。历经一轮激烈的争斗之后，杨涟等众多大臣对李选侍愈加气愤，都上奏要求她马上搬离乾清宫，李选

侍则一直待到朱由校即位之时依然不愿搬走。

最后，东林党人杨涟、左光斗勇敢地站了出来，联合太监王安在乾清宫外斥退把守的太监。又招呼众多臣子齐集乾清宫门前，大声呼喊。王安还亲自威吓李选侍。李选侍见此情形十分畏惧，只好离开乾清宫，搬至宫女养老的鸾宫居住。这便是明朝历史上有名的"移宫案"。

"移宫案"实质上是一场政治斗争。当时，郑贵妃、李选侍和权宦魏忠贤来往甚密。魏忠贤想利用继位的明熹宗年幼之机，把持朝政大权，坚持让李选侍居住在熹宗所在的乾清宫内；而大臣杨涟、左光斗等人，为防其干预朝事，就一定要逼迫李选侍移出乾清宫。"移宫案"由此成为后来派系斗争的代名词。

上述三大案件是明朝最高统治阶级中全部矛盾的集中体现，尽管这些案件在当时好像皆有了确定的论断，但它们却成了日后朝廷中各路党派斗争的借口。明末的党派斗争由此变得日益激烈。

所以后世有人说："明朝并非亡于崇祯，实亡于万历"。此话不无道理。

祸国殃民的一对"九千岁"

怪事代代有，明朝特别多。我们知道，皇帝通常被称作"万岁"。那么，比"万岁"少一点呢，当然是"九千岁"。明朝的历史上，居然就出了两个祸国殃民的"九千岁"……

泰昌元年（1620年），明光宗朱常洛病逝，其子朱由校即位，是为明熹宗，次年改年号天启，历史上又称之为天启皇帝。

不知何故，在明朝的皇帝中，似乎喜爱抚养自己长大的女性比较常见。除了我们已经领教过的明宪宗朱见深与万贵妃外，明熹宗朱由校和他的乳母客氏也不遑多让。

按说一个乳母（也就是民间俗称的奶妈），身份卑贱、无权无势，是很难引起一国之君的注意的，更别说喜爱了。然而客氏却不但做到了

这点，还做得超乎寻常的好。

说起客氏的来历，实在是平常得不能再平常，甚至连当时的一般人都比不上。

客氏（？—1627），名客巴巴，又名客印月。明末河北保定人，其夫名侯二，育有一子一女，其女生下后几日就夭折了，后几年其夫亦死。十八岁（其女刚夭折时）被召入宫中，成为皇子朱由校的乳母（明朝宫规，妃子不得哺乳子女，传说是为了保持身材）。

由于熹宗皇帝出生后不久，他的生母就去世了。没有嫡母的熹宗，是客氏一手抚养长大成人的，因此熹宗对客氏有着极其深厚的感情，像生母一样看待客氏。

正因为客氏对熹宗既有养育之恩又有母子之情，因此十六岁的熹宗即位刚刚十天就封她为"奉圣夫人"，并赋予她众多特权。比如，客氏每年要回老家三四次，行前都让皇帝传下特旨，排场之大绝对在圣驾游幸之上，有家奴开道，后有八抬大轿，呼奴唤婢，前呼后拥；客氏的住宅豪华如王公贵戚的私邸，回到家中，她还要在大厅上接受众人的参拜，勒令家奴称她为"九千岁老太太"，每日三次向她请安问好，口称"老太太千岁、千岁、千千岁"，这抖尽了威风。不单如此，据说，就连当朝大臣见到她也要行国母之礼。

如此一来，后宫嫔妃们对客氏自然十分不满，背地里都议论纷纷；大臣们对客氏也颇有看法，多次上疏明熹宗请求逐出客氏。明熹宗在朝臣们的压力下曾几次不得已让客氏出宫，可是没过几天，便又将她召回宫中。

按理说，一个毫无身份地位的乳母有了这般境遇，只怕会整天乐得合不拢嘴。然而，正所谓"人心不足蛇吞象"，人的欲望总是无穷无尽的。受到熹宗恩宠的客氏并没有因此而满足，反而更不满足。

为了进一步扩张自己的权势，她绞尽脑汁，大明王朝在她的手里成了一个无助的玩偶。

当时在明朝的后宫里有一个普遍的现象，叫作"对食"。明朝规定，

宫中值班太监不能在宫内做饭，每到吃饭时间，只能吃自带的冷餐，而宫女则可以起火，于是太监们便托相熟的宫女代为温饭，久而久之，宫女与太监结为相好，称作"对食"，又作"菜户"，与宫外的夫妇无异。明初，这种现象还是偷偷摸摸的。到了万历以后，则是公开的了。如果有宫女久而无伴，甚至还会遭到其他宫女们的嗤笑。

客氏美貌妖艳，又正年轻，当然也不落"潮流"。

一开始，和客氏"对食"的是太监魏朝。魏朝是熹宗皇帝的贴身太监，伺候了熹宗十几年，按道理说这两个人"对食"本是很合适的，可惜好景不长在。

由于魏朝经常忙于其他事务，客氏逐渐受到了冷落。这时候，魏忠贤乘虚而入了。

说起历史上的魏忠贤，不知道的人不多。魏忠贤（1568—1627），原名李进忠，北直隶肃宁（今属河北）人。出身市井无赖，后为赌债所逼遂自阉入宫做了万历朝的太监，因结交了东宫太监王安，在宫中混得还算不错。

世界上没有不透风的墙，客氏和魏忠贤交好的事很快被魏朝发现。魏朝虽说也是一个太监，难以与客氏有夫妻之实，然而"吃醋"或"忌妒"之心人皆有之，太监又岂能例外。于是，魏朝顿时火冒三丈，怒气冲冲地去教训魏忠贤，两人各不相让厮打了起来。

由于这件事闹得动静实在太大，惊动了明熹宗。熹宗询问了客氏的意愿后，判决魏忠贤和客氏在一起。熹宗皇帝的"做媒"让客氏和魏忠贤以后再也不用偷偷摸摸了。只不过，一场场血雨腥风也因这两个人的结合拉开了序幕。

"赔了夫人又折兵"的魏朝因为这件事被他的顶头上司王安降了职，赶出了乾清宫。可是他的悲哀并没有结束，一场灾难很快来临。

和魏忠贤"对食"的客氏，贪婪凶残的本性暴露无遗。俗话说"一日夫妻百恩"，作为一个女人，她竟然没有一丝妇人之仁和一丁点"夫妻之恩"，反而是毫无理由、也毫无必要地要求魏忠贤私下派人陷害魏朝，后又让魏忠贤派人秘密将其杀害。

实际上，毕竟曾经和魏朝"兄弟一场"，也无大的恩怨和利益冲突（也就是为了一个名义上的妻子），魏忠贤本来还下不了这个手，可是在客氏的劝说下他最终决定斩草除根。魏朝就这样悲惨地离开了人世。

魏朝一死，魏忠贤的胆子越来越大了，他伙同客氏紧锣密鼓地进一步扫清宫中的障碍。当时宫中太监王安大权在握，为了进一步夺得更大的权力，他们把矛头指向了王安。

王安是明朝历史上少有的令人称道的太监。他为人刚直，从万历二十年（1592年）起就服侍朱常洛、朱由校父子。而且前曾述及，在"移宫案"中，王安是出了大力的。由此，明熹宗登基后，也很感激王安，对其"言无不纳"。最初，魏忠贤也投靠在他门下。

然而，王安此人心思不够缜密，又常常患病。因此，他与熹宗的接触逐渐变少，而魏忠贤借客氏之力日益亲近熹宗，大有取而代之之势。

天启元年（1621年）五月，明熹宗任命王安为司礼监掌印太监。按照惯例，王安自然要推辞一番。这时候，客氏的作用便显现出来了。她劝熹宗干脆批准了王安的辞呈。然后，魏忠贤唆使给事中霍维华弹劾王安，再让霍维华利用自己刚当上的秉笔太监身份矫旨把王安降职充当南海子净军（由阉割过的人组成的军队，用以保卫皇宫和皇陵等）。

从魏忠贤的本意上说，他原想就此放过王安。因为王安毕竟于他有恩，不忍加害，但是，客氏的一句话坚定了魏忠贤除去王安的决心。客氏说："尔我孰若西李（指李选侍），而欲遗患也！"意思是说，你我跟李选侍比怎么样，她都被王安逼得移宫僻居，我们为什么要留下遗患呢？于是魏忠贤派人杀害了王安。

王安死后，宫中便成了客氏和魏忠贤的天下。客氏更是依仗魏忠贤手中的权势，疯狂地迫害对她有所不满、不巴结讨好她的后宫嫔妃们。

明熹宗之父明光宗的选侍赵氏与客氏素有嫌隙，客氏便串通魏忠贤假造圣旨，赐其自尽。赵氏明知是客氏报复自己，但由于地位低下，无处申诉，便大哭一场，将光宗所赏赐的珍玩陈列案几之上，拜过之后悬

梁自尽。

宫中一位冯贵人对一手遮天的客氏与魏忠贤深恶痛绝，常在熹宗面前痛斥两人的所为，熹宗竟然毫不悲切，置若罔闻。客氏知道后，先假传圣旨将冯贵人幽禁，后又诬告她诽谤朝廷重臣，矫旨赐死。

成妃李氏替冯贵人向熹宗求情，客氏也将她关进冷宫，断绝饮食。幸好成妃聪明，早有防备，事先在宫墙夹缝中藏了食物，才得以幸免，但最终还是被客氏打发到熹宗看不见的地方充任宫女。

还有胡贵人，言语之间得罪了客氏，客氏对其恨之入骨，乘熹宗离宫祭祀之机，伙同魏忠贤将胡贵人暗杀，事后向熹宗谎报胡贵人暴病而死。

自此以后，宫中再无宁日，客氏和魏忠贤几乎主宰了整个皇宫，就连熹宗晚上临幸哪个妃子都是客氏说了算。为了巩固自己的地位，防止母以子贵，她暗地杀害熹宗的子嗣，有的还没有出世就被扼杀在母体里了。据史料记载，熹宗曾有三个皇子都先后夭折在她的手里。

狠毒的客氏不仅在宫内为非作歹，更是将魔爪伸向了朝堂之上。许多忠诚耿直的大臣因为向熹宗直言进谏得罪了她，就被她胡乱安上一个罪名，暗地里杀害。

魏忠贤自然也不甘落后。

明熹宗是个"木匠天才"，喜欢在后宫干些刀锯斧凿之事，而且乐在其中，对政事懒得过问。魏忠贤总是趁他做木工活做得全神贯注之时，拿重要的奏章去请他批阅，熹宗则每每都说："朕已悉矣！汝辈好自为之"。由此，魏忠贤逐渐把持朝政。

天启四年（1624 年），顾命大臣、副都御史杨涟怀着满腔的悲愤，在奏疏中列举了魏忠贤的多条罪状，指出魏忠贤"致掖廷之中，但知有忠贤，不知有陛下；都城之内，亦但知有忠贤，不知有陛下"，请求熹宗"大奋雷霆，集文武勋戚，敕刑部严讯，以正国法"。

魏忠贤闻讯后惊恐万状，慌忙跑到熹宗面前哭诉自己是被冤枉的。客氏也在一旁拼命游说，为魏忠贤开脱。两人一唱一和，弄得熹宗真假

难辨，好坏不分，反而好言抚慰魏忠贤，将杨涟革职为民。

挤走了杨涟，魏忠贤和客氏仍不肯善罢甘休，必欲置之死地而后快。他们授意锦衣卫北镇抚司指挥许显纯捏造供状，诬陷杨涟曾受辽东经略熊廷弼贿赂，将其打入大牢。后又以一枚大铁钉钉入杨涟头部，将其害死，死时惨不忍睹。

接着，魏忠贤和客氏开始大规模迫害东林党人士。

当时明朝朝廷内有一个派别叫"东林党"，他们是明朝末年以江南士大夫为主的官僚政治集团（"东林党"之"党"，是朋党而不是近代政党），在朝中有很大势力，而且反对魏忠贤专权。这让魏忠贤很是不满。天启五年，魏忠贤诬陷东林党的左光斗、杨涟、周起元、周顺昌、缪昌期等人有贪赃之罪，大肆搜捕东林党人。天启六年，魏忠贤又杀害了高攀龙、周宗建、黄尊素、李应升等大臣，东林书院被全部拆毁，讲学亦告中止。而负责防守边疆的孙承宗、袁可立等正直大臣也因为接近东林党人相继遭罢官。至此，东林党人基本被消灭殆尽。魏忠贤除掉了朝中最大的对手。

在客氏和魏忠贤的联手祸害下，天下百姓苦不堪言。

当时魏忠贤为了向后世标榜自己卓越的功劳，命令民间大量为他建造生祠。许多农民被强行带走做工，还被征收功德费。在建造过程中，无数的劳工饿死病死。当地官员，害怕遭受诛杀，都闭口不言。更有甚者还向明熹宗上书，说魏忠贤深得民心，民众主动要求为他建造生祠。昏庸的熹宗不知事情真相，还重赏了魏忠贤。

客氏还伙同魏忠贤收取大量贿赂，官员们为了加官晋爵纷纷盘剥农民。自此，明太祖朱元璋辛辛苦苦打下的江山在客氏和魏忠贤的手里几乎毁于一旦。

权势熏天的魏忠贤见客氏被人称作"九千岁"，也主动向她"看齐"。不过，一开始他还比较谦虚，只是自称"千岁"，然而拍马屁者岂能放过他。一日，督饷尚书黄运泰见到了魏忠贤的塑像，竟行五拜五稽首的大礼，连呼"九千岁"。自此，"九千岁"几乎成了魏忠贤的代名词。明

朝的历史上就这样诞生了两个"九千岁"。

大概是"九千岁"还不足以表达心中的祝福，据说后来又有人给魏忠贤加到"九千九百九十九岁"，离万寿无疆仅一步之遥了。

当时，离万岁只差一步的魏忠贤势力之大，令人咋舌。

人们将魏忠贤一伙人称之为魏党或"阉党"。据崇祯初年（1628年）清查"阉党逆案"的结果，一共清查出："首逆同谋六人，交结近侍十九人，交结近侍次等十一人，逆孽军犯三十五人，谄附拥戴军犯十五人，交结近侍又次等一百二十八人，祠颂四十四人，"共计二百五十八人，如果加上后来公认的"漏网"五十七人，那么共计三百一十五人。可见"阉党"规模之大。而其中许多人还手握重权，说这时的朱明王朝是"魏家天下"也不足为过。

天启七年（1627年）八月，年仅二十三岁的明熹宗结束了自己的一生。由于熹宗无子，在皇后张氏的帮助下，熹宗之弟、信王朱由检即位，是为明怀宗（后改毅宗、思宗），次年改年号为崇祯，后世多称之为崇祯皇帝。

明熹宗临死前还告诫即将即位的弟弟说："魏忠贤为国之忠良，可当大用。"可怜一代昏君到死都还没有醒悟。幸好即位的崇祯没有听从熹宗的遗命，而是除掉了魏忠贤。

客氏也没有逃脱惩罚。崇祯即位的当年十一月十七日，客氏被从私宅中带出，押解到宫中专门处罚宫女的地方浣衣局，严刑审讯。审讯得出的结果令人诧异：当时宫中有八位宫女怀孕，客氏承认这八名宫女都是自己从外面带进去的婢女。她是想将这些宫女生下的儿子当作明熹宗的子嗣，从而觊觎皇位。客氏的行为自然是罪不容诛，在浣衣局被活活用鞭子抽死。

没想到一个曾享尽人间富贵的奶妈，最后竟以这样的方式赴地府而去。不过，回顾她一生的所作所为，可谓死有余辜，罪有应得。

客氏和魏忠贤虽然死了，可是二人做出的那些令人发指的行径，对晚明政治和政局产生了严重影响，导致大明政权元气大伤，党争加剧，外患和叛乱迭起，大明王朝风雨飘摇，危在旦夕，已经走到了灭亡的边缘。

第七章　山河破碎风飘絮

辽东枭雄横空出世

所谓时势造英雄。正当大明王朝日益腐败不堪时，在辽东一个不起眼的地方，一个英雄已经横空出世。他很快就将吹响灭亡明王朝的号角……

明朝时，在我国东北，有一个少数民族，叫女真族，也就是后来的满族。他们过着打猎、放牧、采集、捕鱼的生活，人口越来越多。当时东北的物产非常丰富，人参、兽皮、松子、木耳、蘑菇……都是有名的特产。女真人经常把这些东西拿到集市上，和别人换粮食和日用品。

在集市上，人们经常能看到一个身材魁梧的小伙子。黑红的脸膛，宽宽的肩膀，带着采集来的人参和松子，在人群里来回穿行，还不时发出朗朗的笑声。这个小伙子，就是日后满族的大英雄、清朝的奠基人——努尔哈赤。

努尔哈赤原姓夹古氏，后改姓爱新觉罗，名努尔哈赤，嘉靖三十八年（1559 年）出生于建州左卫赫图阿拉（今辽宁新宾西赫图阿拉老城）一个女真贵族家庭。先辈从六世祖猛哥帖木儿始受明朝册封，官至右都督，祖父觉昌安任建州左卫都指挥，父塔克世继任指挥。努尔哈赤十岁丧母，十五六岁时寄居外祖父、建州首领王杲家。

努尔哈赤从小就喜欢练习骑马射箭，练得一身好武艺。后来他常到抚顺等地经商，广交朋友，学会了蒙古文、汉文。他还喜欢看《三国演义》及《水浒传》，从中学习韬略兵法。

当时，建州女真有好几个部落，互相攻杀。明朝总兵李成梁利用建州各部的矛盾来加强统治。

万历二年（1574年），明朝建州右卫指挥使、女真人王杲叛变明朝，被李成梁诛杀。其子阿台、阿海等人怀恨在心，誓为父亲报仇。阿台兄弟二人聚集昔日的部众，经常骚扰明朝边境，边关百姓苦不堪言。

万历十一年（1583年），明廷派李成梁率兵前往剿杀阿台兄弟及其部众。建州女真三卫之一的觉昌安及其儿子塔克世当时隶属李成梁麾下。眼看阿台兄弟盘踞的古勒城强攻不下，由于塔克世的女儿嫁给了阿台，李成梁便逼迫觉昌安与塔克世父子去城中劝降，但劝降无效果，觉昌安被李成梁关押起来。

后来，李成梁在建州女真部土伦城城主尼堪外兰的帮助下，攻破古勒城。明军入城后四处纵火焚烧，觉昌安被明军放的大火烧死，塔克世在去救父亲的时候也被明军误杀，其子努尔哈赤等人则被明军俘虏。

事后，努尔哈赤忍气吞声投靠了李成梁。不久，努尔哈赤和他的弟弟被李成梁的妻子悄悄放走。努尔哈赤回到建州之后，派人质问明朝为什么杀害其祖父和父亲。明朝官府既没答复也没有道歉，只是归还了努尔哈赤祖父及父亲的遗体。

努尔哈赤怀着满腔悲愤回到家里，翻出了他父亲留下的十三副盔甲，分发给他手下士兵，但是想到自己的力量太弱，不敢得罪明军，他就把怨恨全都集中在尼堪外兰身上。于是指挥手下士兵向土伦城进攻。努尔哈赤英勇善战，最后杀死了尼堪外兰。

灭了尼堪外兰后，努尔哈赤的声势越来越大。过了几年，他统一了建州女真，这就引起女真族其他部落的恐慌。当时的女真族共有三部，除了建州女真之外，还有海西女真和"野人"女真。其中以海西女真中的叶赫部势力最强大。万历二十一年（1593年），叶赫部联合了其他女真和蒙古九个部落，结成联盟，合兵三万，分三路进攻努尔哈赤。

努尔哈赤听到九部联军来攻，事先做好迎战的准备。他在敌军来的路上埋伏了精兵，在路旁山岭边安放了滚木石块。一切安排妥当，努尔哈赤就安安稳稳睡起觉来。他的妻子看了很着急，把他推醒，问道："九部兵来攻打，你怎么睡起觉来，难道你真的被吓糊涂了？"

努尔哈赤笑着说："如果我害怕，就是想睡也睡不着。"第二天，努尔哈赤派出的探子回报敌兵人数众多，将士们听了也有点害怕。努尔哈赤就解释说："别害怕，现在我们占据险要地形，敌兵虽然多，不过是乌合之众，一定互相观望。如有哪一个领兵先攻，我们就杀他一两个头目，不怕他们不退。"

九部联军到了古勒山下，建州兵在山上严阵以待。叶赫部一个头目冲来，马被木桩绊倒，建州兵上去把他杀了，另一头目看到这情景居然吓昏过去。这一来，九部联军没有统一指挥，四散逃窜，努尔哈赤乘胜追击，击败了叶赫部。又过了几年，努尔哈赤基本统一了女真族各部。

应当说，即便此时的努尔哈赤已然羽翼丰满，明王朝还是有能力遏制他的。遏制的棋子，就是作为辽东屏障的宽甸六堡。

六堡是早期李成梁镇守辽东的杰作，是辽东铁骑发家的本钱。只要六堡在明朝手里，辽东大地就有屏障保护，努尔哈赤也冲不出白山黑水，最多只能当几年"土皇帝"。

然而李成梁在万历三十四年（1606年）做出了一个令人瞠目结舌的决定——放弃六堡。数十年辛苦经营就此毁灭，十几万边民流离失所，七百里肥沃的土地，近万匹精良战马，皆落入努尔哈赤之手。李成梁还借此向明朝表功，说自己"招抚流民十万"。此举的直接后果，就是努尔哈赤获得了充足的战马，建立了他的王牌军队八旗铁骑。长远的后果，就是辽东再无险可守，努尔哈赤夺取辽东，已经一马平川。

努尔哈赤当然不会放过这个机会，万历四十三年（1615年），李成梁去世。次年努尔哈赤在赫图阿拉称汗，年号天命，国号金，史称后金。他就是后来的清太祖。

努尔哈赤建立后金后，并没有立即进攻明朝，因为他要做一件重要的事情——建立八旗制度。

八旗制度的雏形是女真氏族公社末期的狩猎组织。那时，每逢出师

行猎，氏族成员便每人出一支箭，以十人为一组，称"牛录"。努尔哈赤把它改造为常设的社会组织形式，每个牛录有三百人，分别以黄、白、红、蓝四色旗作为标志。由于兵力不断增加，努尔哈赤后来又在牛录之上设立甲喇和固山，以五牛录为一甲喇，五甲喇为一固山。甲喇设甲喇额真统领，固山由固山额真统辖。每个固山还设梅勒额真两人，作为固山额真的助手。这样，原来的四大牛录就扩大为四大固山，仍以四色旗为标志，又称四旗。后来又增编镶黄、镶红、镶蓝、镶白四旗，与前面四旗合称八旗。

八旗制度是"以旗统人"，即"以旗统兵"的兵民一体、军政合一的社会组织形式。八旗兵平时耕垦狩猎，战时则披甲出征。八旗旗主即八个固山额真都由努尔哈赤的子孙担任，他们集军事统帅和政治首领的身份于一身。努尔哈赤则是八旗的家长和最高统帅，他为八旗军队制定了严密的纪律。

八旗制度的实行，提高了女真的军事战斗力，也促进了后来满族社会的发展。一直到清朝在全国建立统治的一段时期内，八旗制度仍然起着极为重要的作用。

经过两三年的打造，八旗军制终于定型。万历四十六年（1618年）正月，努尔哈赤向明王朝亮出了他隐藏已久的獠牙："今岁，必征大明国。"同时他也抛出了他举世闻名的开战理由：七大恨。

当年四月，努尔哈赤连续攻破抚顺、清河，掠夺财物无数，并正式致书明朝，要求明朝对他进行册封。明王朝与努尔哈赤的战争开始了。

万历四十七年（1619年）正月，被努尔哈赤挑衅激怒的明王朝，在"三大征"结束近二十年后，再次吹响了集结号。以兵部侍郎杨镐为辽东经略，调全国七省精兵十二万人，兵分四路剿灭努尔哈赤。

二月十一日，杨镐在辽阳誓师，四路大军分别由杜松、刘綎、马林、李如柏率领，分别从朝鲜、抚顺、开原、清河四个方向发起进攻，意图直捣赫图阿拉，剿灭努尔哈赤。

努尔哈赤率六万人以寡击众，采取"凭尔几路来，我就一路去"的战术，集中优势兵力各个击破，仅用五天时间，即彻底击败明军。明朝四路大军里，杜松、刘綎两部全军覆没，马林部惨遭重创，只以身免，李如柏部仓皇逃回，明军损失士兵四万五千多人，阵亡将领三百多人。这场近乎耻辱的失败，就是历史上著名的"萨尔浒之战"。

当年对明王朝毕恭毕敬的女真部落酋长，一个拍李成梁马屁"无所不用其极"的小马仔，此时终成辽东枭雄。明王朝再次尝到了养虎为患的苦果，承平十七年的辽东大地，从此将迎来持续二十五年的兵灾。

此后，努尔哈赤继续扩张自己的势力，日益加强与明王朝的对抗，为最终建立大清王朝打下了坚实的基础。

有心治国，无力回天

明朝最后一位皇帝是明思宗朱由检，也就是崇祯。他堪称中国历史上最为勤勉的皇帝，却也是最富悲剧色彩的皇帝……

崇祯，即明思宗朱由检，是明王朝的最后一任皇帝，同时也是统治全中国的最后一位汉族皇帝。说他是一位典型的亡国之君，恰如其分。

然而，人又是复杂的。如果只是单纯就个人的品德而言，崇祯皇帝真的不能说是一个昏君，甚至，从某种意义上说，还能称得上是一个"贤君"，一个皇帝中的"劳模"。

的确，我们在他的身上能看到许多其先祖朱元璋的影子：自律、节俭、勤勉，假若只是以这些个人的优秀品质来论定的话，那么，这些"皇帝的美德"完全能够使他跻身到中国古代贤君的行列。

诚如我们所知道的，尽管贵为皇子皇孙，但崇祯的童年却极为不幸，还在他五岁的时候，他的母亲便死了。到他十岁的时候，他那不幸的、只当了一个月皇帝的父亲即明光宗朱常洛也一命呜呼，这使崇祯很小就成了孤儿。

平心而论，在个人品质上，崇祯朱由检还真称得上是一个非常优秀

的孩子，虽然"不幸生在帝王家"，从小没有了双亲的照顾，在势利冷漠的宫廷里几乎完全就是自由生长，自生自灭。他却并没有因此自暴自弃，自甘堕落，在不自觉中沾染上一些宫廷恶习，而是从小就自律甚严，非常节俭。

据《明史》记载，崇祯小时候用仿影的方式练习书法，如果纸张较大而范本的字较小的话，他一定会先将纸的一边对齐范本，写完后再把剩下的地方都写满，舍不得有一点点浪费。

这种节俭的习惯，即使是在他当了皇帝后也一如既往，没有改变。史载，坐上龙椅的崇祯，生活依然非常简朴，从不铺张。就像一个苦行僧一样，他经常不吃荤菜，只吃几碟蔬菜下饭，有时甚至只是像穷苦人一样喝点稀粥、吃点咸菜但求填饱肚子而已。

作为皇帝，而且是一个守成之君，能做到这一点，委实是难能可贵。要知道中国历代的皇帝，多半都生活奢华得离谱。光是在吃的方面，就非常考究，一餐饭吃个几十道甚至上百道菜实在是习以为常，所以古代皇宫中专为皇帝一个人烧菜做饭的"厨司"通常就有好几百人。在这方面，明朝其实也不例外。如史料记载，明代自正德以来，皇帝的膳食费每天要花上万两银子，但崇祯为了节省，却下令减少到每天只用一百多两。

在穿的方面，崇祯就更是节俭得无以复加。史载，有一次在御座讲筵时，在那儿专心致志"听讲座"的崇祯不小心将内衣袖子给露了出来，露出了衣袖上的补丁。看到皇帝衣袖上打的补丁，大臣们未免都很好奇，也很惊奇。于是，都情不自禁地在底下交头接耳，窃窃私语，且不时地朝他指指点点。

崇祯起先还纳闷，不知道发生了什么事，但很快他便反应过来，发现大臣们是在拿自己衣袖上的补丁说事，于是便不好意思地把破衣袖往里塞。据说，有一位大臣深受感动，站起来朝崇祯拜了一拜，然后很是感动地流着泪说："皇帝瘦而天下肥乃千古美谈，皇上您大可不必不好意思，您是在为天下人做表率啊！"

的确，在节俭方面，崇祯真的可以说是古代皇帝中的一个样板。史载，明代自万历以来，按宫中惯例，皇帝的衣服鞋帽应每天一换。可是为了节省，崇祯却改成每月一换。此外，他还把宫中金银之器尽皆撤去，都换成陶器，以厉行节约。

所以，有大臣说他是"为天下人做表率"，想来，真的是一点儿也不夸张。

再说"色"，从史书上看，崇祯一生可谓不贪女色，当皇帝十七年，从未放纵过自己，而宫中也从来没有过声色犬马之事。在这方面，可以说，即使是自律甚严的大明开国皇帝朱元璋也自感不如。

之所以不贪女色，倒并不是崇祯有什么生理问题。事实上，他的男性荷尔蒙也很强烈。相传，即位之初，有一次他在处理政务时，忽然闻到一股好闻的通常只有女人身上才有的"香气"，这使他禁不住引发了男女之思。他深感疑惑，当即找来太监询问。原来正是太监们在暗处焚香，且解释为"此乃宫中旧方"。崇祯立刻把太监训斥了一顿，下旨立即废弃这种容易让人想入非非的"宫中旧方"，并深有感慨地说："我父兄都是被这所害了的呀。"为了防止自己荒淫误国，后来他还多次诏令停止采选良家妇女充实后宫。

能做到这样，这在"后宫佳丽三千人"的古代皇帝中，虽然不能说是绝无仅有，但至少可以说是屈指可数，非常少见。

在历史上，崇祯的勤勉也是出了名的，没有多少皇帝可比。

据史书记载，自登基之日起，崇祯就坚持随时召见大臣，决断国政，无论白天黑夜均是如此，还常常连饭都忘了吃。用现在的话说，他一直都是"五＋二""白＋黑"，夜以继日地为国家大事辛勤操劳，一年到头几乎从来没有过"星期天"和"节假日"。

其中，最有说服力的例子就是：崇祯十五年（1642年）七月初九，他因"偶感微恙"，大约也就是头疼发热之类的小病而临时传免了早朝。这要是在他的爷爷万历皇帝那里，甭说是一次早朝，即便是十次、一百次"传免"，大臣们也会习以为常，而万历自己显然也不会把这当

回事儿。可是，就因为崇祯一直早朝惯了，因而即便是那一次早朝未能"出席"，竟也遭到了内阁辅臣的批评，而崇祯本人也既感激又羞愧，特亲笔写了手敕，对辅臣的"批评"予以褒奖，同时对自己的错误进行自我批评，并真心向大臣们道歉。

如果你认为这个故事还不够感人，或者认为它是否含有"作秀"成分的话，我们不妨再来看另一个故事。

这个故事说，有一次崇祯去看望他的一个奶奶，也就是他爷爷明神宗朱翊钧在世时宠爱的一个刘氏妃子。在崇祯小的时候，这个奶奶辈的刘太妃一直待他很好，没少给他关爱，所以崇祯一直与她的关系非常好。那天，祖孙俩见了面相谈甚欢，周围还有一些宫女和太监陪伴。可是谈着谈着，刘太妃忽然听到崇祯的鼾声，仔细一看，她发现崇祯不知什么时候居然已经睡着了。

"皇上实在是太累了！"见此情景，刘太妃忽然一阵心酸，禁不住感叹着说。于是，她吩咐宫女赶快找来被子替崇祯盖上，想让他在这里睡个好觉，并吩咐大家不要吵醒他。

可是，才一会儿，崇祯似乎就被自己的鼾声吵醒了。睁眼一看，见大家都在那儿悄无声息地陪他，未免有些不好意思，便站起身向刘太妃表示歉意，同时也准备就此告辞。

刘太妃请他再休息一会儿，他摇摇头，说还有许多要紧的事等着他回去处理。

望着这个做皇帝做得一脸憔悴的孙子，刘太妃心疼得话都来不及说，便已热泪盈眶。

崇祯一边安慰刘太妃一边用不无歉疚的口气说道："爷爷在时，没那么多事。如今天下多灾多难，我又没本事，即使是这么夜以继日地劳累，也总是有那么多处理不完的事！"

听了崇祯的话，所有在场的人都感动得流下了热泪。做皇帝做到这个份上，别人还有什么话说？

实际上，不单勤政，崇祯似乎还很有些明君的样子。比如，史书记载说，由于看到烟草对民间的危害后，崇祯曾两次下诏，要求国民戒烟。再比如，从他雷厉风行地铲除阉党一事上就更能看出些端倪。

由前述可知，明熹宗去世的时候，恰是客氏和魏忠贤最凶猛、最放肆之时。客氏与魏忠贤互相勾结，祸害后宫，独揽朝政，残害忠良，肆意妄行，把明朝拉进了灭亡的泥潭。

当时身为信王的朱由检非常了解客魏集团的猖獗狠毒。所以，在宣告由信王登基后，朱由检便从信王府搬进大内居住，而且不敢吃别人为他备好的饭菜，硬是用自己从家中偷拿来的干粮熬过了登基前最危险的那几天。从这一点可以看出，明末的宫里是多么的凶险可怕。

尽管崇祯对魏忠贤的独断专权深恶痛绝，可是他深知，自己刚刚即位，根基尚浅，不敢贸然采取行动，便只好韬光养晦，等候机会的到来。势力正强的魏忠贤并未将这位少年天子放在眼里，以为他与其兄长熹宗一样少不更事，不可能有什么大作为，便愈加猖狂嚣张。

朝野上下皆对魏忠贤强烈不满，崇祯抓住机会，先出其不意地铲除了魏忠贤的得力助手崔呈秀，后又对魏忠贤的党羽大开杀戒，将魏忠贤彻底孤立起来，之后下诏将他贬去凤阳看守陵墓。魏忠贤知道自己罪孽累累，在去凤阳的路上便上吊自杀了。

在此之后，崇祯惩处了数百名阉党分子，将他们或处以死刑，或放逐到边地戍守，或终身监禁，给了猖狂的阉党最严厉的打击。

崇祯在说笑间消灭了魏忠贤团伙，曾在一定时期内让明朝的中兴变成了可能。

然而他最终还是失败了。

失败的原因究竟在哪里呢？原因固然很多，数百年来人们也一直为此争论不休。比较一致的看法是，崇祯这个人虽有"德"却无"能"，而且自以为是，生性多疑，滥杀无辜（比如冤杀名将袁崇焕），最终导致了大明江山的覆灭。

袁崇焕蒙冤而死

袁崇焕是明朝著名的军事家。后被崇祯皇帝以诛杀毛文龙、"己巳之变"护卫不力以及擅自与后金议和等罪名正法。那么，崇祯为何要处死袁崇焕？真如有些人所言是中了敌人的"反间计"吗……

明天启六年（1626年）正月十四，努尔哈赤亲率十三万大军出沈阳，西渡辽河，向明朝宁远城（今辽宁省兴城市）发动了大规模进攻。当时，明军宁远守将是袁崇焕。

袁崇焕（1584—1630），字元素，广州府东莞县（今广东省东莞市）人，万历年间进士。从政之初，任福建邵武知县。天启二年（1622年），袁崇焕任兵部职方司主事。明朝后期，后金不断侵扰明朝边境，袁崇焕深感其辱，于是单骑出关考察关外形势，回到北京后，袁崇焕自请守卫辽东，被朝廷任命为辽东巡抚。

袁崇焕的才能，充分体现在军事方面。可以说，他是明末最善于与后金军队作战的明军将领。曾经向崇祯皇帝推荐过袁崇焕的官员吕纯如对袁崇焕有"不怕死、不爱钱"的评价，袁崇焕的军队也确实是明末最能作战的军队。

就在努尔哈赤进攻宁远前不久，袁崇焕刚刚协助兵部尚书孙承宗筑成了一条以锦州、宁远为重点的防线。不久后，孙承宗被握有大权的宦官魏忠贤排挤走了，魏忠贤的死党高第被派来负责锦州、宁远一带的防务。他一来就把大部分守军撤回了关里，留给袁崇焕的宁远守军只有一万多人。

正月二十四日晨，后金大军对宁远城展开了猛攻。努尔哈赤亲自督战，勇猛的后金士兵，头上顶着挡箭牌，冒着箭石火器，带着攻城器械攻城，前队倒下，后队又跟了上来，谁也不敢后退。明军虽然也奋勇作战，但是城中炮石火器毕竟有限，又不可能指望高第派兵来援。在这种形势下，袁崇焕认为明军应该速战速胜。他命令炮手们对准后金军最密集的地方，开炮轰击。只见炮声响处，烟火腾空而起，后金军血肉横飞，一片一片地倒了下去。

侥幸没有被打中的，慌忙回身逃命，你冲我撞，互相践踏，队伍大乱。努尔哈赤也在激战中受了重伤。

眼看后金军已经溃散，努尔哈赤知道已无法继续组织攻城，只得下令退兵。袁崇焕乘势领兵杀出城去，一直追赶了三十里，歼灭敌兵一万多人，才得胜回城。

努尔哈赤命令后金军的残兵败将，一直退到距离沈阳四十里的瑷阳堡才停了下来。他自己由于遭遇惨败，心情忧愤，伤势加重，发病死去。

努尔哈赤死后，由第八子皇太极继位。皇太极深知袁崇焕有胆有识，既佩服，又十分忌恨。他明白如果不除掉这个劲敌，就达不到进军关内的目的。于是，他想出一条可以除掉袁崇焕的反间计。

崇祯二年（1629年）十月，皇太极率军避开宁锦防线，绕道内蒙古，从喜峰口（位于今河北省迁西县与宽城县接壤处）进入关内，直逼明朝京城。

袁崇焕接到情报，连夜挥师入关。皇太极来到蓟州城下，见袁崇焕已经进驻蓟州，对袁军行动如此神速十分惊讶。皇太极绕过蓟州城，率领大军马不停蹄，挥师西进，一路接连攻下玉田、三河、香河，过通州直抵北京城下。

袁崇焕见后金兵西进，急忙赶往京师，两昼夜疾行三百里，于十一月初抵达北京左安门，此时袁崇焕身边只剩下九千兵马了。

就在这时候，北京城里突然到处流传着袁崇焕引导后金兵入关的谣言。袁军虽然在广渠门外，从凌晨打到傍晚，转战十多里，冲杀十多次，打退后金兵，但是崇祯却仍然猜疑他，不允许他的军队进城休息。袁军只好驻扎在北京城东南郊。

很显然，这是皇太极的反间计发生了作用。

那么，皇太极是如何施行反间计的呢？原来后金兵刚打到北京城下的时候，活捉了两个明朝太监，押在军中。皇太极让副将高鸿中、参将鲍承先按计行事。高、鲍二人夜里回营，坐在靠近关押两个太监的地

方，故意小声地说："今天撤兵是计谋，和袁督师（指袁崇焕）早有密约，这回大事可成了。"一个太监假装睡觉，把高、鲍的话记在心里。接着，后金军又故意放走太监。太监跑回皇宫，向崇祯皇帝报告了袁崇焕"通敌"的情报。

就在这当口，北京城里的明军又捉住好几个奸细，一个叫刘文瑞的说，袁崇焕曾让他带信给后金军，一个工匠说他知道袁督师想谋反。说来也怪，这些奸细招供之后就全都不见踪影了。

崇祯皇帝本来就多疑，听了太监的报告和京城里数起"奸细"的招供，信以为真，便以商议军饷为名召见袁崇焕。

袁崇焕刚进皇宫，崇祯便拉长了脸责问说："袁崇焕，为什么金军到了北京，你的援兵还迟迟不来？"袁崇焕一时不知如何回答才好。他正想答辩，崇祯帝已经喝令锦衣卫把他捆绑起来，押进大牢。八个月后，崇祯拒绝大臣的劝告，下令把袁崇焕杀了。

皇太极用反间计除掉了对手袁崇焕，高兴得无法形容。到了崇祯八年（1635 年），皇太极把女真改称满洲；又过了一年，皇太极改沈阳为盛京，并在此称帝，改国号为清。皇太极就是清太宗。

应当说，从史书的记载来看，崇祯虽然说不上是一个明君，也很难说是一个昏君，至少他是一个智力健全的人。那么，他为何仅凭几句谣言和几个奸细的话就逮捕并处死了一代名将袁崇焕呢？

而且，稍有智识的人都能看得出，皇太极的"反间计"设计得实在太"小儿科"，在袁崇焕被逮捕的八个月时间里，如果崇祯皇帝仔细地查证，事情一定会大白于天下，但是袁崇焕还是被处死。可见，崇祯要杀袁崇焕，显然并非误杀，而是蓄意。

实际上，崇祯杀袁的真实原因是他担心袁崇焕及东林党人对其专制皇权构成威胁。明朝后期太监专权，崇祯即位后，除掉魏忠贤阉党，起用东林党人，但当阉党对皇权威胁减弱时，崇祯又着力削弱大臣势力，从依靠东林党回归到倚用阉党群小残余。袁崇焕崛起于这种环境下，成为阉党余孽构陷的对象，也不足为怪。

从现有的历史资料看，找不出袁崇焕是东林党人的确实证据，但他为人耿直、豪放，敢说敢为，在主观意识上对东林党人应当较为认同。加之其主持整个对后金战局，权势颇重，偏偏崇祯又猜忌心极强，专权欲极盛。因而袁崇焕只要稍有不慎，必会惹上杀身之祸。

崇祯二年（1629年），袁崇焕以傲慢无礼和私通敌国的罪名杀辽东悍将毛文龙，并且先斩后奏，就是一大不慎，事后他悟道："文龙大帅，非臣所得擅诛。"而崇祯"骤闻，意殊骇"。对于袁崇焕这种敢于挑战自己皇帝权威的人，无论哪朝哪代的皇帝都是难以容忍的，也许这时崇祯就有杀袁之心了。

然而史书记载说，崇祯在"意殊骇"后，又对袁崇焕"优旨褒答"。这又是为什么呢？明末史家谈迁说，崇祯因为正期待袁崇焕"五年复辽"，故暂时容忍袁目中无君之举，但暗中采取了不少监视牵制措施。至"己巳之变"，也就是后金兵大举进犯、围攻北京城之时，崇祯感到靠袁崇焕复辽已无望，赖以维系君臣依存关系的支柱消失了。此时，后金施反间计，内廷阉党又捏造袁崇焕"引敌胁和""擅主和议""专戮大帅"三大罪状，崇祯虽有足够的时间辨明是非；而且，就他的智商来看，反间计、诬告等雕虫小技又岂能瞒得过他。然而，他从巩固皇权、防止大臣结党这一目标出发，还是杀掉了袁崇焕，并彻底摧毁了东林党势力。

可见，崇祯杀袁崇焕的真正动因，乃是为了维护专制皇权的需要，而后金的反间计不过为他提供了一个极好的借口而已。

从这件事情也可以看出，让崇祯做一个守成之君或许他还能应付过去，要让他做一个挽狂澜于既倒的伟大君王，那就真是"赶鸭子上架——强人所难"了。

压垮明王朝的那只"蝴蝶"

人们常说，历史的改变也许就在那不经意间。当一个叫毛羽健的人偷情被抓时，明王朝的历史也就将要改变了……

1979 年，美国气象学家洛伦兹在华盛顿美国科学促进会的一次讲演中提出：一只蝴蝶在巴西扇动翅膀，有可能会在美国的得克萨斯引起一场龙卷风。他的演讲和结论给人们留下了极其深刻的印象。从此以后，所谓"蝴蝶效应"之说就不胫而走，名声远扬了。

有意思的是，若用"蝴蝶效应"这一理论解读历史，也是有其意义的。比如，在导致明王朝灭亡的诸多因素中，蝴蝶效应恐怕也是其中之一。

我们知道，崇祯十七年（1644 年），当闯王李自成的大军攻破北京，崇祯皇帝于煤山自缢身亡后，明王朝便成了历史的云烟。

毋庸置疑，李自成担当了明朝掘墓人的历史角色，换了同一时代的农民起义军首领张献忠或者高迎祥，他们不见得能够完成这一伟大而又艰巨的任务。那么，人们不禁要问：当年李自成为什么要造反呢？是什么把李自成逼上了梁山呢？

其实，李自成加入起义军不过是一个历史的偶然，这个偶然与崇祯初年一次小小的驿站改革密切相关。

驿站是我国古代的通信机构，相当于现在的邮局，同时兼有官府招待所的职能。明朝时期，驿站机构已经相当完备，堪称世界第一。当时驿站密密麻麻遍布全国，驿站工作人员数以万计。官府传递信息确实极为方便，但是，驿卒们的工资在晚明时期成了朝廷的一个不小的负担，因为朱明王朝此时已是千疮百孔、奄奄一息了。

崇祯元年（1628 年），也即即位后的第二年，崇祯皇帝为了节省财政开支，采纳一个官员的建议，颁下一道圣旨，宣布裁撤全国各地的驿站。金口玉言的皇帝上嘴唇一碰下嘴唇，成千上万的驿卒们就得下岗失业没了生活来源，而李自成就是其中的一员。在饿死和造反之间，他最终选择了后者（可以想见，选择这条路的人一定不少）。从历史的角度看，对于李自成来说，裁撤驿站是不幸，更是幸运，但对于大明王朝却只能是万劫不复的厄运的开始。

那么，到底是哪个官员给崇祯皇帝提了这个最终导致明朝灭亡的绝命建议呢？——一个拥有浪漫而又富有诗情画意名字的人——毛羽健。

毛羽健，号芝田，湖北公安县人，娶妻温氏。此公名字固然是好，可惜人却不怎么样。毛羽健当时在朝中担任御史，负责监察百官，给皇帝提意见。为什么说这位毛御史不怎么样呢？因为他建议裁撤驿站并非出于忠君爱国、为国纾难的公心，而是出于大大的私心，出于一桩风流公案引发的火气。

原来，毛御史是个一等一的"妻管严"，可是又实在耐不住偷腥的欲火，于是就趁老婆温氏回湖北老家探亲的空当，在外偷偷摸摸找了一个"小三"。俗话说，"纸里包不住火"，"若想人不知，除非己莫为"，这段风流事最终还是传到了老婆的耳中。

一天，正当毛御史和"小三"如胶似漆、难解难分之际，老婆突然从天而降，几个耳光下来，打花了"小三"的粉脸，打歪了毛御史的鼻子，也打碎了二人的一场春梦。

温氏之所以能够腾云驾雾般从遥远的老家赶到京城大发雌威，是因为她"乘传而至"，用今天的话说，她是坐着驿站的高速马车回来的。当时的规矩是沿路各站的驿马轮流上路，马歇车不歇。

因为"偷腥"挨了老婆打的毛御史心里之窝囊可想而知，但天性"妻管严"的他在老婆面前又敢怒不敢言。可心里这把怒火总得找个地方发泄吧，想来想去，他认为自己的"好事"之所以被老婆撞见而招致受辱，全是因为驿站的缘故——没有这破东西，那"母夜叉"能回来得那么快吗？

于是，一不做，二不休，他给大明朝的崇祯皇帝上了一本，夸大其词地诉说驿站之害，并建议裁撤全国各地的驿站，正为财政入不敷出而头疼不已的崇祯当即拍板通过。于是，李自成失业了，没有了生活来源的他只好选择造反。最终，失掉了饭碗的李自成让崇祯皇帝失去了他的江山。

显而易见，这桩风流公案就是导致明王朝灭亡的那只"蝴蝶"。试想，如果毛羽健不偷腥或者他偷腥而不惧内，他就不会那么仇恨驿站，意欲

除之而后快；如果没有裁撤驿站之举，李自成就不会因为失业愤而加入造反者的行列；如果李自成没有被逼上梁山，就不会有后来的闯将、闯王，就不会有李闯王进北京，崇祯皇帝上吊自杀。历史也许就会改写。

诚如是，历史真会改写吗？

可惜历史无法假设，我们无从知道，但我们知道的是，李自成确实是被逼造反的。

李自成，原名鸿基，小字黄来儿，又字枣儿，万历三十四年（1606年）八月出生于陕西米脂县一个贫寒的农民之家。他自幼便由于欠债而被逼给一位姬姓地主放羊，二十一岁时把地主打伤了，只好逃到银川做了一个驿卒。

天启七年（1627年），陕北白水县农民王二带领几百个农民杀死了知县张斗耀，明朝末年的农民起义便由此开始了。陕北巡抚担心遭到朝廷责怪，便对知县被杀一事不闻不问，假装不知情，起义的队伍趁此机会迅速壮大起来。不久，高迎祥、张献忠等人也举起了起义的大旗。

崇祯裁撤驿站后，李自成失业回家，并举债为生。崇祯元年冬季，李自成因还不起举人艾诏的欠债，被艾举人告到米脂县衙。县令晏子宾将他抓起来游街，并想置他于死地，后由亲友救出。年底，李自成杀死债主艾诏。因人命官司在身，他知道一旦被官府抓住就只有死路一条，于是于崇祯二年（1629年）二月到甘肃甘州（今张掖市甘州区）投军。

当时，杨肇基任甘州总兵，王国任参将。李自成不久便被王国提升为军中的把总。同年在榆中（今甘肃兰州榆中县）因欠饷问题杀死参将王国和当地县令，发动兵变。

李自成起事后转战汉中，参加了王佐挂的农民军。崇祯三年（1630年），王佐挂被朝廷招降，李自成转投张存孟的农民军。崇祯四年（1631年）四月，张存孟在陕北战败，也降明。十月，洪承畴正式接任三边总督，逐渐剿灭陕西境内农民军。崇祯六年（1633年），走投无路的李自成率余部东渡黄河，在山西投奔了他的舅父"闯王"高迎祥，自称"闯将"。

崇祯八年（1635年），明朝派遣洪承畴从陕西出发，派遣朱大典从山东出发，从两个方向夹击起义军。经过一系列的交锋，起义军意识到必须联合起来作战才更有力量。同年，各路起义军在河南荥阳会师，共有十三家、七十二营，一同商议对付敌军的策略。李自成提出"联合应战、分兵攻击"的策略，得到了众人的支持与响应。

李自成的舅父高迎祥本是明末农民起义早期的一名优秀首领。不幸的是，高迎祥在崇祯九年（1636 年）被明军俘获，最后凛然就义。

主帅已去，谁来领头？大家认为李自成是主帅最信任的将领，加之其武艺高，勇猛善战，因此公推他为"闯王"。自此，李闯王威名广为流传。

崇祯十一年（1638 年），李自成率部从甘肃转移到陕西，准备向潼关进发。总督洪承畴、巡抚孙传庭事先得到情报，便在途中崇山峻岭间埋伏了三道防线，设计让开通向潼关的道路，引诱李自成军队进入他们预先设置好的包围圈之中。李自成不幸中计。当部队进入山谷中，官军突然杀出，他们猝不及防，上万名士兵壮烈牺牲，队伍也被冲得七零八散。李自成与部将刘宗敏等十七人，打退围攻敌人，冲出包围圈，长途跋涉，隐蔽到陕西商洛山区。在这里，李自成等十八人一面休息整顿，一面探听消息，伺机出击。

崇祯十三年（1640 年），被朝廷招安了的张献忠又重新反抗明朝。得知消息后，李自成喜出望外。他趁明军主力在四川追剿张献忠之际进入河南。

就在这一年，河南发生了一场历史上罕见的旱灾，哀鸿遍野，民不聊生。李自成一到河南，就开仓放粮，赈济灾民，并提出"均田免赋"的口号。于是，"迎闯王，不纳粮"的口号不胫而走，成千上万的流民纷纷前来投奔，短短一个月，队伍又壮大起来了，起义军从几百、几千，发展到几十万人。

崇祯十六年（1643 年）正月，李自成攻下承天（今湖北安陆），被举为"奉天倡义文武大元帅"。三月，李自成改襄阳为襄京，称"新顺王"，正式在襄阳成立了农民政权。同年秋，李自成攻占了西北的陕、甘、宁地区，并将其作为根据地。次年春，李自成将政权中心迁至西安，改

称大顺王，定年号为永昌，还公布了新历书，制造永昌钱币，抑制物价，安抚流亡者，压制地主与豪强劣绅，废掉八股文，挑选官员接手地方政权。

至此，李自成的起义军已拥有了百万精锐之师，即将开始对大明王朝发起总攻了。

一只鸡酿成的悲剧

发生在崇祯年间的孔有德叛明降清事件，对明王朝的打击是极为巨大的。然而许多人不知道的是，这一切其实不过是因一只鸡而引起⋯⋯

如果有人偷了别人家一只鸡，虽然这种盗窃行为为人所不齿，但其所带来的后果除了留下"小偷"的恶名外，最多被人痛骂乃至狂殴一顿。若要说因为偷一只鸡就会让一个王朝走向末路，那么，一定没有多少人会相信这种"荒唐"的说法。然而，这种事情在明朝却真的发生过。

万历四十六年（1618年），明朝军队和努尔哈赤的后金军经过"萨尔浒大战"后，后金由防御转入进攻，明朝在东北地区的统治开始全面崩溃。到崇祯年间，后金已基本上控制了东北地区，并伺机入关，山东半岛已成为明朝防御后金军渡海南下的前线。崇祯五年（1632年），发生在登莱沿海的孔有德叛乱及明朝平叛战争是明末山东的一个重大事件，对后来明清战局的发展产生了极为重要的影响。

那么，孔有德是何许人也？他为什么要叛变呢？

孔有德（？—1652），明末清初武将，辽东铁岭人，矿工出身，曾是辽东海盗，后投效明朝左都督平辽总兵官毛文龙，与尚可喜、耿仲明二人被合称为"山东三矿徒"。毛文龙后为袁崇焕所杀，其旧部由副将陈继盛统辖。崇祯四年（1631年），参将刘兴治在皮岛叛乱，杀陈继盛等十余人，总兵黄龙随即命骑兵参将孔有德率部下渡海剿灭刘兴治的叛乱。孔有德率军日夜兼程赶往皮岛，然而因为遇到飓风未能成功，部队损失很大，被迫撤回。

不久，朝廷命令孔有德北上辽东攻打后金。孔有德此前也曾率部屡次袭击后金军，给后金军造成了重大威胁。后金军几次企图入关都是在他的阻击下落荒而逃。

然而这次不一样。当时正值冬季，北风狂呼，大雪飘飞。孔有德的部队疲惫到了极点，士兵们已好几天没吃东西了。只是军令难违，这支被飓风折腾得死去活来的队伍不得不冒着风雪踏上了北归的路。

看着士兵们踉踉跄跄的步伐，孔有德不禁叹了一口气。这次出征他损失了将近一半弟兄，那些都是随他出生入死十几年的兄弟。现在情况更加不容乐观，沿途得不到朝廷的给养，弟兄们又冷又饿，还要行军，就是铁打的队伍也不行啊。

大军行动迟缓。行军多日，终于到达河北吴桥。然而，由于当时的辽东军军纪败坏，经常冒领军饷，骚扰地方，因此颇遭人诟病。当地官府也因之不喜欢孔有德的队伍，没有安排军粮，就连当地百姓也都纷纷闭门罢市。这下，就是出钱也买不着粮食了。

孔有德心里清楚，大家撑不了多久了。可是他也知道，毕竟这里不是自己的地盘，如果他的手下胆敢抢掠当地百姓的财物，那就必死无疑。因此，他下了死命令，不准任何人抢夺百姓的东西。无数次与死神擦肩而过，他不想再丢掉任何一个弟兄了。

对于这些随他出生入死的士兵们来说，朝廷的命令他们敢不听，但首领的命令他们不敢不听。

天渐渐暗了下来，呼啸的北风夹杂着雪花，似乎要把这群人吞没。队伍找了个避雪的地方驻扎下来，士兵们东倒西歪地互相依靠着休息。

然而，他们的肚子实在太饿了。在饥饿的驱使下，本能战胜了命令。终于，一个士兵忍不住了。

他没有去抢，而是偷了当地望族王象春的一只鸡。

极度饥饿下的他，顾不得收拾便把那只鸡在火上烤了烤，不管生熟就往自己的嘴里塞。那张大嘴就像一个收割机似的，转瞬便把那只鸡消灭了，连骨头都没有留。

很快，这位士兵的偷鸡行为就被发现了。当地官员要求孔有德将此士兵"穿箭游街"。

怎么办？

孔有德陷入了激烈的思想斗争。他必须给弟兄们找一条活路。

那就反吧！

就这样，孔有德率领他的士兵们在吴桥发生了兵变，史称"吴桥兵变"，时间是崇祯四年（1631年）八月。

兵变后的孔有德就像一匹饿狼，平时对明政府就很不满意的他，趁机发难，连克临邑、商河、新城，并打到青州。

对于孔有德叛乱如何处置，山东巡抚余大成与登莱巡抚孙元化意见不一，余大成主张剿除，并准备亲率三千精兵镇压，登莱总兵张可大也率军西进，准备与余大成部夹击叛军。而孙元化则认为对付后金军还需要孔有德、耿仲明等辽东籍将领的协助，且孔有德等人隶属其指挥，因而极力主张招抚他们。他一面命令张可大不许追击叛军，一面写信劝降。这让"吃了秤砣铁了心"的孔有德更加猖狂了。

第二年元月，孔有德率叛军东进围攻登州。

战争的阴云笼罩着山东大地。

登州可以说是大明朝最重要军事基地，城中有当时世界上最先进的红夷大炮二十多门、西洋炮三百门，其余火器和甲仗，不可胜数，可以说是整个辽东前线的后勤基地。

正当孔有德积极部署攻打登州时，在此防守的孙元化仍相信自己能招抚孔有德，对于叛军的进攻毫无防范。孔有德将计就计让部下三百余人诈降，混入登州城，与在城里的耿仲明等密谋策划，并趁夜间人们熟睡之时，里外夹攻，占领了登州城，活捉了孙元化。孔有德念及孙元化的提拔之恩，后又将他释放。孙元化不久逃回天津，被明政府处死，余大成也被罢免。登州城中堆积如山的物资，全成了叛军的囊中之物。叛军还将城中的居民驱赶到城门，大肆屠杀，数万手无寸铁的百姓被残杀在叛军的刀下，一时间血流成河，生灵涂炭。

不久以后，孔有德、耿仲明等人又攻破黄县。明朝急令谢琏为副都御史巡抚登莱，擢参政徐从治为山东巡抚，让徐从治驻守莱州城，以防备孔有德西进。

二月，孔有德率军围攻莱州。官军集中山东、保定、天津诸镇在登莱的数万兵力野战，结果一战大败，几乎形成第二个"萨尔浒"。溃军败回莱州者仅有数百人，山东巡抚徐从治、莱州知府朱万年只得退入莱州城拼死抵抗，同时向朝廷求援。自北京南下的总兵刘同柱，虽抵山东境内，却迟迟不敢到莱州解围。大学士周延儒与兵部主事张国臣等又提议招抚，张国臣等也自愿到阵前招抚孔有德等人。

由于明军主力部队的迟疑不前和主抚派的活动，更加助长了孔有德等人的气焰，他广招原部下，驻守皮岛的明将陈友德三千手下也加入叛乱的行列。叛军更是全力攻打莱州城。

对于明朝一些官员的招抚行为，坚守莱州的徐从治等人坚决反对。他们曾上书崇祯皇帝表达了坚守城池，宁死不屈的决心。可惜的是这封奏折崇祯竟然没有看到。

在徐从治、谢琏和莱州知府朱万年等的带领下，守卫莱州的军民"备刍粮，设守具，据敌数月"。在叛军的重重包围之中，尽管城中已到弹尽粮绝的地步，仍拒不开城投降。孔有德见状，拼命攻城，巡抚徐从治亲上城楼指挥，不幸被叛军炮火击中，重伤而死。他的死更激发了莱州军民守城的决心，守城士兵宁死不退半步。

八月，眼看招抚彻底失败，明廷终于决心集中大兵进剿，以浙人朱大典接任山东巡抚，太监高起潜监军，率诸军共计三万多人围剿叛军。孔有德由于此前几战告捷，过于自负，结果在沙河遭到辽东骑兵袭击遭遇惨败，损失半数部队，大将陈有时战死。丧失了机动部队的叛军不得不退守根据地登州。莱州于是解围。接着官军进围登州，攻击百日不克。

不久，孔有德手下大将李九成战死。叛军军心逐渐混乱，因此放弃登州，乘战舰百余艘出海，企图远逃，但被黄龙部击败。这样，叛军第一次突围失败。

不久，孔有德组织叛军第二次突围，但又遭到黄龙所率领的李维鸾、尚可喜等人的东江军的拦截打击，叛军大败。孔有德与残部狼狈弃船登陆，方得逃脱。

至此，把中国北方搅得鸡犬不宁的吴桥兵变宣告结束。大战之后的莱州城一片血色，满目疮痍，几乎成了一片废墟。这次大乱，明王朝最先进的火炮几乎全被叛军抢走，政治经济也遭受到了不可估量的损失。

崇祯六年（1633 年）四月，走投无路的孔有德等人从镇江堡（临鸭绿江出海口）降后金，降书中说："本帅现有甲兵数万，轻舟百余，大炮、火器俱全。有此武器，更与明汗同心协力，水陆并进，势如破竹，天下又谁敢与汗为敌乎？"皇太极大喜之极，亲自出城十里欢迎他们。

孔有德等人的归顺，不仅令后金获得了大量精良的火器，而且得到全套铸弹制药的工艺以及瞄准的知识与仪具。这些经搭配八旗步骑兵后，日后可打造一支几乎无坚不摧的劲旅。

孔有德等人降后金不久，就引后金军南下，攻克旅顺，控制了整个辽东半岛。崇祯九年到十年（1636—1637），他们又充当了清军（皇太极于 1636 年改后金为清）的急先锋，带领十五万清军攻打朝鲜，迫使朝鲜投降清朝，使明朝失去了可靠的邻国和在东面牵制清军南下的重要力量。朝鲜投降不久，孔有德、耿仲明、尚可喜等原辽东叛将又与清军合攻有两万精锐明军防守的皮岛，并在占领皮岛后，不时侵扰长山岛。至此辽东半岛及沿海岛屿尽失，清军自海路南下的门户洞开，山东沿海已成为防清的最前线。为褒奖孔有德等人的功绩，清廷将孔有德、耿仲明、尚可喜等三个辽东叛将均封为王，日后成为清军入关的得力干将。

就这样，一个曾经强大的王朝因为一只鸡，逐渐走入了穷途末路，实在令人唏嘘不已。

第八章　末日终于到了

历史在他手里拐了个弯

古时候，人们把侍候主人及其子弟读书的未成年仆人称作书童。书童的工作不外乎端砚磨墨、打扫卫生之类的。然而，明朝却有一位书童让历史在他的手里拐了一个弯……

自崇祯皇帝登基以后，后金的八旗军队一再南下，使京师北京常常处在惶恐之中。

崇祯十二年（1639年），明廷调任洪承畴为蓟辽总督，主持东北边防事宜。崇祯十三年三月，皇太极命郑亲王济尔哈朗、多罗贝勒多铎等人领兵修筑义州城（今锦州义县）。锦州守将祖大寿向明廷报称："锦城米仅供月余，而豆则未及一月，倘狡房声警再殷，宁锦气脉中断，则松、杏、锦三城势已岌岌，朝不逾夕矣。"闻此密报，明廷命洪承畴领步骑十三万，援锦州解围。洪承畴不敢冒进，驻扎宁远，窥探锦州势态。由于当时明朝财政困难，兵部尚书陈新甲主张速战速决，催洪承畴进军。

崇祯十四年（1641年）七月，洪承畴在宁远誓师，率十三万大军抵锦州城南乳峰山一带，与清军十多万大军相遇。双方在乳峰山战事胶着。

正当双方激烈地对峙之时，一个消息传来：清太祖第十二子阿济格突袭塔山，在潮落之时夺取了明军囤积在笔架山上的粮草十二堆。得知

粮草被劫的明军一下子骚动不安起来。未战而先失粮草，战已败半。

皇太极在得知这个消息后，急命清军以合围之势攻打明军。这一战他开了个好头。

明军在大清铁骑的冲杀下很快就溃不成军。为了争取时间筹集粮草，明军将领决定突围，企图逃至宁远。为了保险起见，明军决定分成两路进行突围。总兵吴三桂、王朴等人逃入杏山，总兵马科、李辅明等奔向塔山。为了逃命，明军将士自相踩踏，致使多人伤亡，其场面可谓一片狼藉。

清军乘胜追击，杀死明军无数。明军将领被俘者也不计其数。他们大多在一番挣扎之后，便降顺了清军，剩余明军则退入锦州城固守。

崇祯十五年（1642年）三月，明军锦州守将祖大寿率部献城归降，明军总兵邱民仰、王廷臣、曹变蛟被杀，洪承畴、祖大乐兵败被俘后被押至沈阳，清军占领锦州。

被俘的洪承畴一开始为表示忠于明室，宣布绝食，然而到了五月即剃发降清。洪承畴投降以后，明朝不知道他已经变节，崇祯皇帝还专门辍朝赐祭九坛，祭到第九坛的时候，方得到军报，说洪承畴降清了，一时京城大哗。

锦州失守，标志着明朝在辽东防御体系的完全崩溃。从此，山海关外，明朝仅剩下宁远一座孤城。

面对清军铁骑的虎视眈眈，崇祯心急如焚。他知道，他的王朝已面临巨大的危机。皇太极倘若挥师南下，明政权就岌岌可危了。而此时，李自成的大顺军也在节节进逼中。当时的京畿，可谓黑云压城，风雨飘零。

经过一番激烈思考，崇祯有些妥协了，他与兵部尚书陈新甲商议后，准备与清军议和，以给大明争取时间缓和压力。

得到锦州的皇太极一开始也并没想进军中原，他在一封给朝鲜国王的信里曾有"昔大金亦曾一统，今安在哉"的话。当时的他也许只是想占据东北并向明朝要些金银珠宝而已。

在这样的情形下，议和应该是明朝最佳的选择，但崇祯是个极其要面子的人。为了这个面子，他只是暗地里派兵部尚书陈新甲跟清军谈判。

崇祯十五年（1642 年）五月，皇太极在盛京热情地接待了陈新甲派来的马绍愉等和谈密使，给予他们优厚的赏赐。经过半个多月的谈判磋商，当马绍愉等人在六月初离开盛京时，皇太极为他们设宴饯别，并命军士将使团护送到明朝控制的连山（今辽宁省葫芦岛市连山区）境内。

皇太极还给崇祯皇帝写了一封长信，托马绍愉转呈。信中，皇太极在追溯了后金（清）与明朝开战的历史渊源后，又谈到尽管清兵已处胜势，但仍愿议和通好。

这封信的内容后来被收入《清太宗实录》得以保存，从行文来看，皇太极的态度比较谦恭，在一番客套话之后，皇太极提出了不算苛刻的停战四项条件，字里行间完全没有威胁的意味。

马绍愉等人回京后，把谈判的详情写成密报，交给了他的顶头上司、兵部尚书陈新甲。陈新甲看完之后大喜，急忙去书房写奏折准备向崇祯皇帝禀报。一急之下，他顺手把密函置于外室的案上，而他的这一不经意的举动恰恰为一场巨大的灾难埋下了伏笔。

就在陈新甲转身离去之时，他的家童不早不晚地进来了。这是个秀气而勤快的小伙子，年仅十六七岁。平日里他深得陈新甲的喜爱，因为他很会察言观色，家里有什么事情需要办，有哪些东西需要清理，陈新甲一个眼神他就知道该怎么去做。

今天他又像往常一样扫视着整个房间，看有没有什么事情需要他办的。

突然他的眼睛一亮，茶几上放的那封密函映入了他的眼帘。他露出了一个微笑。

毫无疑问这是一封要传抄的塘报（抄送诸臣的报告），这个小童为自己的精明深感得意。他没有犹豫，立马让府上的家丁把这份塘报交给各省驻京办事处传抄。

这一下可惹了大祸，本来是保密的议和经过，一下子被群臣百官知

晓。朝野为之哗然，很多大臣纷纷上书弹劾陈新甲贪生怕死、妥协求全、私定议和条款。

崇祯虽然极为愤怒，但是起初他还想袒护陈新甲，对他的大意泄密没有追究，还将大臣们的奏疏压下不发，希望不了了之，但过了不久，舆论仍然鼎沸，难以平息。迫于舆论压力，一向以中兴君主自居的崇祯在思想上发生了巨大的变化，他的内心不愿意给别人留下一个无法应付时局、向"蛮夷"低头的印象，感到议和是自己的耻辱，于是将责任一股脑儿地推给陈新甲，降旨责令陈新甲在监狱里悔过。

就这样，这个自以为聪慧的家童把他的主子送进了监狱。

实际上，此时的崇祯皇帝仍然很信赖、赏识陈新甲，这个处分完全是为了平息朝廷中的舆论，就处罚来看，是十分轻的。

事到如此，虽然议和之事已经不能再提，但陈新甲若能识时务明哲自保，还是可以保全性命和官位的。

然而陈新甲明显不够老练，他觉得议和自始至终都是在皇帝指示下进行的，自己并没有在其中增添什么额外的内容，于是在监狱里上书陈冤时，不但"不引罪，反而自诩其功"，还大量引用崇祯皇帝的原话，希望能得到赦免。

崇祯看到陈新甲的上书后，更为生气。为了堵住陈新甲的嘴，他便胡乱给他安了几个罪名，很快处决了。可怜的陈新甲，走在黄泉路上还不知道自己是怎么死的！

明清之间一个绝好的和谈机会就这样被一个家童毁掉了。

从此朝堂之上再无人敢提议和之事。即便是大家都觉得议和是最好的办法，也因为害怕招来杀身之祸而不敢提出。崇祯本人也因为亲自诛杀了议和大臣不好拉下脸面而止步议和。

上天留给大明王朝难得的一条生路就这样被堵死了。

令人伤心的是，直到亡国的最后时刻，崇祯才意识到"策辽事者，不宜战而宜和也"。可惜这只能是后知后觉，已经于事无补，无法挽回败局了。

失去最后一线希望

据说，李自成兵临北京城之际，曾派特使与崇祯皇帝谈判，企图订立和议。然而双方谈判破裂，崇祯最终自缢身死。这究竟是怎么一回事呢……

从某种意义上说，明朝末代皇帝崇祯真的是一个"死战派"，宁死不"和"，不仅不与女真人"议和"，而且，宁死也不与兵临城下的李自成讲和。

原来，就在崇祯十七年（1644年）初春，李自成的农民军已将北京城围得水泄不通，而崇祯事实上早已经成了瓮中之鳖。三月十八日的上午，也不知是李自成一时动了恻隐之心还是出于其他目的，他竟派一个名叫杜勋的人和崇祯帝谈判。而李自成之所以要让杜勋代表他入城，乃是因为这杜勋原本是崇祯重用的心腹太监，不久前才投降了李自成。

李自成谈判的要价并不高，他不过是让崇祯割西北一带给自己，立自己为王，并犒劳自己的军队白银百万。同时，李自成甚至还提出，如果崇祯皇帝答应他这些条件，他不仅立即退军河南，而且他还保证为明朝内灭群贼，外遏清兵，拱卫国门。

在当时的情况下，对于李自成来说，早已不需要谈判，一切皆木已成舟，水到渠成，需要的只是改朝换代，问鼎神器，将龙椅坐到自己的屁股底下而已。与崇祯谈判讲和简直就是多此一举。

但就是在这种情况下，李自成竟然还要和崇祯谈判，实在让人不知所以。其目的究竟是什么？历来见仁见智。

有人说，李自成不过是一个草莽英雄，并没有太多野心，对于北京，他似乎并不是很在乎，在他心里，十个北京都比不上一个西安。他只是希望当他的西北王，至于彻底推翻大明朝，他并不是很渴望。也就因为如此，他后来也并不是十分重视吴三桂，这才有了吴三桂降清。可以说，李自成并没有十足的兴趣统一和统治全中国，他还是在乎他的西北老家。

这种说法不能说没有道理，但是否就是李自成与崇祯谈判的初衷或是主要原因，史无记载，很难说清。

也有人说，李自成虽然可唾手拿下北京，不代表他可以坐稳天下。明朝虽亡，残余势力还是很强的，都跟他"死磕"的话，他也没那么强的势力到处灭火。先被招安，再利用自己的势力控制局面，剪除不利于己的势力，这个策略应该说是相对正确的（比起直接打下北京），唐末朱温就是先例。

这种说法应当说还不如上一个说法可信度高，因为综观李自成一生的作为，他的眼光还不至于远大到此，否则就不会连北京城的东南西北都没分清就被赶回了老家。

还有人认为，或许是李自成突然"良心发现"，一下子"厚道"起来，要对崇祯皇帝"先礼后兵"，这种说法纯属臆测。遍观史书，很难找出能佐证这种说法的确切证据，反面的例子倒是不少。这里不说也罢。

虽然对于李自成为什么愿意在即将攻破北京之际提出与朝廷议和，至今还没有一个令人信服的理由，但这对城中的崇祯皇帝来说，无疑是一个天大的好消息，并且李自成提出的条件，实在太宽大了，天下还是老朱家的，皇位还是自己的，其他的还有什么不能答应的？

此时，山海关总兵吴三桂已经率兵在赶往北京的路上，议和如能成功，北京城就有希望保得住，即便日后双方都变卦，议和谈好的条件都不算数，但只要崇祯能顺利离开北京前往南京，就能积蓄力量，再与农民军作战。到那时，鹿死谁手，尚未可知。

其实崇祯此时的内心深处已经暗自下定决心，同意李自成提出的条件，但他总是那么犹豫不决。而且，更重要的是，他竟然还是念念不忘自己的面子，不想由自己主动答应议和，而希望由内阁首辅魏藻德来"面折廷争"，劝谏自己"议和"，然后自己再假装迫不得已答应议和。

于是崇祯召来魏藻德问道："这个议和条件怎么样？现在事情紧急，请直说行还是不行。"魏藻德是状元出身，口才极佳，平时口若悬河，滔滔不绝。这时面对崇祯的发问，却闭着嘴巴，一句话也不说。

崇祯急了，走到龙椅背后，再次问魏藻德。魏藻德跪下来一个劲磕头，还是一句话不说。

坦率讲，这也怪不得魏藻德。因为有陈新甲"前车之辙"，魏藻德又怎敢轻易解"朕意"呢？所以，他铁了心不把崇祯想要他说的话说出来，而只是假装糊涂，在那里一个劲地"鞠躬俯首而已"，最后气得崇祯挥袖把他赶了出去。

崇祯毫无办法，只好命亲信太监再与李自成接触，同时向李自成的谈判代表杜勋说："我计议已定，另外会有旨意。"

就这样，从上午拖到下午，眼看太阳已西沉，谈判还没有取得任何实质性进展。李自成忍不住了，认为这是朝廷故意在使缓兵之计，再等下去各地救援北京的兵马将至。于是李自成再次派一名投降过来的太监申秀芝入城，面见崇祯皇帝，这次李自成就没上午那么客气了。

在申秀芝转述的话中，李自成先是因崇祯故意使缓兵之计而把皇帝大骂一顿，然后明确表明，请崇祯投降，并让出皇位。

时机稍纵即逝，崇祯已经被逼到了死角。

然而崇祯偏又还有那么一点骨气。他一听申秀芝的话，大怒，表示自己宁可一死，也绝不投降。谈判就此破裂。

就这样，死要面子的崇祯又一次显然也是最后一次做出了错误的决策：拒绝谈判，拒绝议和。从而将最后一线起死回生的希望，也是最后一根"救命稻草"，给彻底抛弃了。

当然，对于这次谈判，历史上是有异议的。许多人并不认同这件事的存在。

关于上述李自成想与崇祯帝签署和平协议做"西北王"的说法，记载在明末清初著名诗人吴伟业的《绥寇纪略》等书里。

吴伟业在自己的书里是这样说的，"十八日……贼攻彰义门甚急。监视宣大太监杜勋者先降贼，射书城上呼曰：'我杜勋也。'勋素贵，中官性服属其同类。见勋独身来，不发矢，相向加劳苦。勋曰：'宣大二十万人皆降,汝等守何益？我入城有所讲,将见上面陈之。'亟缒以入,

与诸珰耳语者良久。语不闻。守者前固已解体，既见耳目非是，似若持两端者，遂投兵喧呼欲下，不可止。贼乘之，外城遽陷。上闻变，登万寿山……"

但有人并不认同这种说法，认为吴伟业的记载似乎矛盾重重。第一，吴伟业把杜勋入城谈判写成了纯粹的个人行为，显然是不合逻辑的。作为崇祯皇帝曾经的心腹太监、宣大（明朝宣府、大同的合称）二十万明兵的监军，如果没有李自成的许可，他这个叛逆之臣显然不敢擅自射书城上。第二，杜勋既已登城，而且与守城太监耳语良久，时值混乱之际，惊慌失措的文武大臣又有谁敢阻拦他入宫面见崇祯呢？

因此，吴伟业的记载不能让人太过相信。不过，清初史学家戴笠对此也有记载。他是这样记载这件事的，"今后，闯复令杜勋求成，莫敢奏。内侍微言之。上召入，勋言李欲割西北一带，敕命封王，并犒军银百万，退守河南。受封后，愿为朝廷内遏群贼，外制辽沈，但不奉召入觐。因劝上如请为便。上语魏藻德曰：'今事已急，卿可决之。'藻德默然，曲躬俯首。时上忧感，于坐后倚立，再四以询。藻德终无语。上谓勋曰：'朕即定计，有旨约封。'大怒藻德，推御坐仆地，入宫"。

戴笠是清初一位比较尊重史实，而且态度严谨、秉笔直书的史学家。从他的记载可以看出，李自成委托杜勋向崇祯皇帝提出议和条款，被农民军攻城的炮声吓得心惊胆战、深知北京危在旦夕的崇祯，为了苟延残喘，也不得不准备与李议和，但崇祯是个"性多疑而任察，好刚而尚气"的皇帝，他认为以自己一国之君的尊崇地位去与草寇谈判，自然让人所不齿。而且按照崇祯在处理重大国事时的一贯做法，他更愿意把大臣推到幕前去——事情办成了，于自己的最高统治利益和名节无损，自然功劳也是自己的；相反，若事情搞砸了，出现了意想不到的事情，那办事的大臣就成了替罪羊。看看崇祯的过往，他早已将这套把戏玩弄得娴熟无比了。前述崇祯十五年时杀掉陈新甲之事就是明证。

从戴笠文中也可以看出，事情仅仅过去两年，面对崇祯帝要其谈判的要求，内阁首辅魏藻德当然不敢贸然答应，以致崇祯帝"推御坐仆地"，发了那样大的脾气。这个细节的记载，从一个侧面有力地证明了李自成与崇祯之间确实是有过和谈的事实。

　　或许有人会产生这样的疑问：仅依靠戴笠的一家之言就下结论，是不是显得有些草率？回到戴笠所载的话题上来。前面引述的"上谓勋曰：'朕即定计，有旨约封'"的结果怎样呢——也就是崇祯究竟定了什么计，下了什么旨，戴笠并没有记载。

　　不过另有一人补充了戴笠遗漏的历史资料。这个人就是崇祯十六年进士，"入翰林，为史官"，"而京师溃……为贼所缚，遭榜掠"的李长祥。他在自己的著作中说，"三鼓余，兵部尚书张缙彦巡城，自东来，将至正阳门，其处之城上有酒筵，上坐者一人，旁坐者皆内官。则数人见缙彦起。缙彦问何人？内官曰：'城下都督爷。'缙彦惊问何以得上？内官出一纸，草纸也。其上墨写'再与他谈'四字，帝之御书。缙彦默然。过正阳门西，总督京营襄城伯李国桢相遇，言其故。国桢曰：'败矣。奈何！吾有劲兵三千，将图与之战，只此尔！'缙彦去，计其所历，当至德胜门，正贼进之时也。今人谓：帝英主也，何与谈？其谈之者何事？缙彦再官浙江布政司，有问以巡城事，无异词。惟帝之御书草纸，谓是朱写非墨写。据十七日叛监杜勋至城下言，李自成遣来时，有议城上，太监与之上，则言自成邀朝廷割西北一带地。再欲犒师百万两，诚得如其议。则解兵去……至十八夜帝之草纸御书所云'再与他谈'，或即谈此"。

　　由此可见，崇祯是有心与李自成谈判的，只不过因为某些原因没有谈成而已。

　　李自成进京后，投降农民军并在李自成手下任职的孙承泽，是这一时期重要的历史见证人。关于和议的记载，他是这样说的，"二月，贼至宣府，监视杜勋同总兵王承胤出城迎贼……忽下谕云：杜勋骂贼身死，忠义可嘉，赠司礼太监，立祠宣府，有司春秋致祭，荫弟侄一人与做锦衣卫堂上官。谕下，举朝失色。三月，贼至都城，兵部以巡视京管科道光时亨、王章手札上闻，言城守太监曹化淳，王德化等夜缒杜勋上城，

饮于城楼，上亦不加诘责也"。

崇祯之所以对叛逆之臣杜勋"不加诘责"，是因为杜勋现在充当的是中介人，如果崇祯因为杜勋的反叛而加以"诘责"或杀之而后快，岂非断了与李自成的"和议"之路！孙承泽对这一矛盾现象的记录，也有力地证明了李自成与崇祯皇帝之间的和议谈判是成立的。

当然，无论历史的真相如何，崇祯最终还是放弃了与李自成和谈的可能。存在了近三百年的大明王朝，气数已尽，终将走进属于它的坟墓。

无可奈何煤山自缢

虽然崇祯有心杀敌，但已无力回天。当李自成农民起义军的隆隆炮声响彻耳边时，他唯有用自己年轻的性命为已延续近三百年的大明江山做了陪葬……

崇祯十七年（1644年）三月十七日，将北京城围得水泄不通的李自成农民起义军准备攻城。

由于北京城墙高大，难以进攻。起义军首先准备了几百张五丈多高的登城云梯，将弓弩、火铳也对准了城头。骑兵和步兵也各自做好了作战的准备。

突然，一声令下，万炮齐鸣，杀声震天。起义军在李自成带领下，同时进攻京师九门。守城明军本无斗志，面对起义军的猛烈攻势，更是心惊胆战，难以抵抗。

三月十八日，彰义门（今北京广安门）守将宦官曹化淳招架不住，打开城门，迎接李自成入城。这天晚上，各城门炮声不绝，崇祯皇帝坐卧不安，慌忙奔出宫外，登上煤山（今北京景山公园内），只见京城四面烽火漫天，不时传来大炮的轰鸣。他不禁自言自语地说："为什么李自成的军队到了京师，我们还蒙在鼓里？"

跟随他的宦官王承恩回答说："李自成派了许多党羽，带了很多钱财，京师文武官员被收买了不知有多少，就连兵部他们也钻进来了，所以兵部派出侦察李自成的探子，一个也没回来。陛下，彰义门一破，内城只怕也守不住了。"

崇祯预感到末日降临，在山上徘徊许久，无可奈何地回到乾清宫。

回到乾清宫后，崇祯决定准备后事。他先是提笔亲手写下给内阁的谕旨："命成国公朱纯臣辅佐东宫太子，提督内外军务。"然后命太监将谕旨送往内阁，然而这时内阁中早已空空如也。撂下笔，崇祯感慨万分，不禁痛哭失声。

苦闷到了极点的时候，崇祯愤然地站了起来，大声叫喊要左右进酒给他，身边的太监连忙给他把酒送了上来。此时的崇祯已是精疲力竭，感情由愤恨、失望转向了疯狂，他把周皇后和袁贵妃叫来，连呼左右倒酒，一口气饮了几十杯，然后又泪流满面地长叹道："朕上对不住列祖列宗，下苦了我百姓！"周皇后、袁贵妃等人也陪着流泪不止。

喝完这番悲怅失意的酒后，崇祯又将太子朱慈烺、永王朱慈炤、定王朱慈炯召来，准备将他们托嘱给各自的外祖父家，只希望能够给自己留下一点血脉。那时定王才十三岁、永王才十二岁，都还是孩子，对当时的险境还全不知情，身上穿的还是平时的华衣美服。见此，崇祯忙命左右寻来破衣，并亲自为他们换上。一边为他们系上衣带，一边心情沉重地对他们说："大明社稷就要完结了，致使天地祖宗都大为震怒，这实在是父皇的罪责和过失，但我已经尽力了。皇儿们今天还是皇子，明日就是百姓了。在战乱离别的时候，千万要记得隐姓埋名，不要出头露面，见到年纪大的人要称呼他们长辈老翁，见到年纪轻的要喊他们伯伯叔叔。万一保全了性命，一定要给父母报仇雪恨呀，千万不要把父皇今天的告诫给忘掉了。"说罢，将他们紧紧地搂在怀中。周皇后也上前搂住崇祯和孩子们，四人哭成一团。

最后，三个儿子在周皇后的连连叮咛声中由太监领出。左右的人见状也无不痛哭失声。

托孤的事情完了之后，崇祯转头对周皇后道："大势已去，你作为

皇后国母，也应当自尽了。"

周皇后听后，痛哭了起来，说："为妾侍奉陛下十八年了，最后，连劝你南迁的一句话你都不肯听，以至于到今日这步田地。可这也是天命啊！今日能为大明社稷殉身，对我来说也就没有什么遗憾了！"说完，周皇后径直跑回坤宁宫自尽身亡。

这时，崇祯又赐白绫给袁贵妃以及西宫众嫔妃，对她们说："皇宫马上就会被敌人攻破，嫔妃一定不能落到闯贼的手里。你们应当小心谨慎地守住贞节，以保全祖宗的礼制。"众人一边流泪，一边拿着白绫走入内宫自尽。

接着，崇祯又想到了公主们。崇祯心想：闯贼打进宫内，也不能让他们污辱了公主。于是他狠下心，提剑直奔宁寿宫长平公主居住的地方。长平公主见满脸杀气的父皇闯进来，便知道不妙，她扯着崇祯的衣襟哭了起来。

崇祯拔剑用袖子遮住面孔道："你为什么要生到我的家中！"一剑砍去，公主举起胳膊挡，结果被砍断右臂，昏倒在地。

接下来，崇祯又杀了幼女昭仁公主及几个嫔妃。杀完公主后，崇祯又前往察看后妃们自尽的情况。他先来到坤宁宫，刚进大殿，便有一个宫女向他报告说："周皇后自缢了。"崇祯摸摸周皇后的尸体，已经凉了，他哽咽着说："好……好……"接着又转身来到了西宫。这时，袁贵妃自缢的绳子断了，人跌倒在地上，刚刚苏醒过来。崇祯见状，拔剑连砍三下，袁贵妃也倒地身亡。

这时来了一个太监向他报告说：郭宁妃、庄妃割脉而亡；李淑妃、吴康妃跳水而死；王贤妃、郑裕妃等五人准备出逃，已经被擒。崇祯听后大怒，命令将这五妃带到自己面前，然后持剑，一剑一个，全部杀死。

此时，崇祯的精神已完全崩溃，杀完亲人，他茫然地坐在地上，呆呆地望着沾满鲜血的长剑和衣襟，整个人都痴了过去。

突然，"轰"的一声炮响，惊醒崇祯，他这才发觉已经是半夜了。崇祯不愿就死，带着数十名手持利斧的太监骑马跑到朝阳门，但接近城门时，城墙上竟然有太监向他开炮，崇祯一伙人只好前往正阳门，但正阳门城楼上已经悬挂起表示情况紧急的三盏白灯笼。他又到北边的安定门，但城门打不开，崇祯只好又回到宫中。

返回宫中之后，崇祯鸣钟召集众大臣，但是他敲了好一阵，却没有一个人来。此时他的身边只剩下太监王承恩一个人，两人走上了煤山（今北京景山公园），到达了山顶的寿皇亭。到了这般田地，崇祯万念俱灰，他满怀绝望的心情在一棵歪脖海棠树上自缢身亡。死时光着左脚，右脚穿着一只红鞋，时年三十三岁。

崇祯在他的衣襟上留下了这样的遗言："朕自登基十七年，逆贼直逼京师，虽朕薄德匪恭，上干天咎，然皆诸臣之误朕也。朕死无面目见祖宗于地下，去朕冠冕，以发覆面，任贼分裂朕尸，勿伤百姓一人。"

崇祯自杀，标志着明朝在全国统治的结束。

崇祯十六岁即位做了皇帝，既不过分贪恋女色、纵情享乐，也不懒散懈怠，而是尽心尽力，勤政节俭，把所有的精力都用在了朝政上。他全心全力地想要解救他的国家，然而最终还是用自己的性命做了大明江山的陪葬。

虽然崇祯的一生有这样那样的过错，虽然几百年来他也遭受了无数人的非议或者谩骂，但在生命的最后一刻，他之"勿伤朕百姓一人"的遗言，仍让人读之泪眼婆娑。

对于一个末代君王来讲，能做到上述这些，终归是难能可贵的。想想看，上下五千年的中国历史上，有几个专制帝王能作如是想？

最后的抗争

明朝灭亡了，李自成的大顺政权也走入了末路。然而，面对清军的铮铮铁蹄，人们并没有屈服，仍然在努力地抗争着……

崇祯十七年（1644 年）三月二十一日，崇祯皇帝自缢身亡没几天，

李自成毡笠缥衣，骑一匹高头大马，从德胜门进入北京城。他来到紫禁城的承天门（今天安门）下，立马仰望，感慨万千。

从陕西走到北京，从崇祯治下的一个普通的驿卒到大顺王，如今又来到紫禁城，整整十四年过去了。此时此刻，三十八岁的李自成怎么能不心潮澎湃！

然而，他很快就高兴不起来了。

原来，当时明朝的山海关总兵吴三桂手里握有重兵，而且他又处在抵御清军入关的最前线，因此李自成原本是要将他劝降，为己所用的。

然而，由于吴三桂最心爱的女人陈圆圆被李自成手下的大将刘宗敏掳为己有，吴三桂遂"冲冠一怒为红颜"，决定与李自成的农民军为敌。

消息传到北京，李自成也极为恼怒，他亲自带了二十万士兵赶赴山海关剿灭吴三桂。四月二十一日，李自成与吴三桂进行了一片石（今河北抚宁东北九门口）战役。战至四月二十二日，吴军渐渐不支。吴三桂于是投降清朝摄政王多尔衮，两军联手击溃了李自成。四月二十六日，李自成逃回京城，仅剩三万余人。

眼见好日子不多了，四月二十九日，李自成匆匆在紫禁城武英殿称帝。第二天，李自成就放弃了北京，往他的老家陕西逃窜。准确地说，李自成只在紫禁城的金銮殿宝座上坐了一天，堪称名副其实的"一日天子"。临行前，李自成军队火烧了紫禁城和北京的部分建筑，给京城百姓和古老的北京城造成了巨大的伤害。

此后，李自成的大顺军继续在河南、山西、陕西等地与清军抗战。至顺治二年（1645 年）五月初，大顺军的主要力量被清军歼灭，李自成本人也下落不明。中华大地至此大多落入清军手中。

然而，抗击清军的力量并未就此烟消云散，因为大明还有史可法这样的将领。

史可法（1602—1645），字宪之，祥符（今河南开封）人。崇祯元年进士，曾任西安府推官。后转赴各地平叛。崇祯十七年，史可法听闻李自成进攻北京，急忙率军进京勤王。军队抵达南京浦口时，传来北京失陷、崇祯皇帝朱由检自缢的消息，史可法向北痛哭失声，以头撞柱，血流到脚上。

国不可一日无"主"。在凤阳总督马士英和其他大臣的支持下，福王朱由崧在南京被拥立为皇帝，这就是弘光帝。历史上把这个南京政权叫作南明。

弘光帝朱由崧是个荒唐透顶的人，成天沉湎酒色享乐之中。他没有一丁点收复失地的进取心，而是大兴土木，建造宫殿，还派出宦官去民间搜罗美女。马士英利用弘光帝的荒淫作乐，不问国事，疯狂地结党营私，为非作歹。

此时，史可法是南明政权的兵部尚书。他本来不赞成让朱由崧做皇帝，但为了避免引起内乱，还是勉强同意，并主动要求到前方也就是长江北岸去统率军队。

那时候，长江北岸有四支明军，叫作四镇。四镇的将领都是骄横跋扈的人，他们互相争夺地盘，放纵士兵杀害百姓。史可法到了扬州，亲自去找那些将领，劝他们不要自相残杀，又把他们安排在扬州周围驻守，自己坐镇扬州指挥。由于史可法在南方将士中威信高，那些将领不得不听从他的号令，大家都称呼他为史督师。

顺治二年三月，清军在豫亲王多铎的率领下，挥师东进，直向南京攻来。就在这时，第一封劝降书已被送到史可法手中。

信是清朝摄政王多尔衮所写。信的大意是说，清兵已剿灭李自成的农民起义军，为崇祯皇帝报了仇；清军是顺天意合民心的，你们不应擅立弘光小朝廷，识时务者为俊杰，应削号就藩以降清朝；否则大军压境玉石俱焚；等等。

史可法立即给多尔衮回了一封信，义正词严地拒绝了他的劝降，郑重声明弘光朝是合法的，揭穿了多尔衮劝降的目的。

就在这时，拥有七八十万明军、镇守武汉三镇的大将左良玉突然调转枪头，声称要去南京"清君侧"。

马士英等人惊慌失措，忙调包括史可法在内的各路兵马，与左良玉

对抗。好在左良玉不久后在九江病故，内战才告停止，但这次事变给了清兵可乘之机，他们因此轻而易举地攻下淮安、泗州（今安徽泗县）。

史可法又急忙从南京奔回扬州。四月，清军兵临扬州城下。

此时此刻，史可法守的是一座孤城。城内仅有守军数千，而他发出的援救重镇扬州的命令，却没有一将一卒来援。

史可法与军民一起昼夜守城，把清兵一次次攻势全挫败了，但在炮火不断轰击下，城墙出现了一大缺口。清兵蜂拥而入。

史可法亲自到缺口与清兵拼杀。由于他身先士卒，大大地鼓舞了士气，士兵们同仇敌忾，一鼓作气，把清兵挡回去一小半儿。然而，很快又有大批清兵从缺口冲进城来。

史可法明白，扬州城即将被清兵攻陷，于是他抽出宝剑，准备以死殉国。当剑锋刚及颈项之时，被几个军官夺下。军官们搀扶着史可法奔小东门而去，准备从那里突围逃走。可未等他们走多远，就被一群清兵包围。

史可法神色自若地对清兵们说："我是督师史可法。告诉豫王，请他来杀我好了！"

史可法被带到多铎面前。多铎用一把腰刀指着五花大绑的史可法说："就因为你史可法顽抗，使我大清死了不少将士！今日被俘，你还有何话说？"

史可法面不改色，声如洪钟地说道："城存与存，城亡与亡。我头可断，而志不可屈！请杀我头好了！"

史可法这副大义凛然、视死如归的英雄气概，使多铎与清军兵将油然而生钦敬之情。多铎沉思良久，感慨地说道："督师你是我所见明朝第一忠臣也！我大清正需要你这样的忠烈之士。你只要投降，我可保你高官厚禄……"

史可法朗声说道："你不是说了吗，我既然为'明朝第一忠臣'，当然不会降清；降清，也就不是'明朝第一忠臣'。我史可法，临终能有'第一忠臣'头衔，其愿已足矣！"

多铎深知无法说动这个铁骨铮铮的汉子，便一刀向史可法头颅挥去……

史可法英勇就义，年仅四十四岁。

史可法遇害后，扬州百姓继续坚持巷战，同清兵顽强拼杀，许多人壮烈殉国。他们深受史可法的精神鼓舞，无一人投降，给清军以沉重的打击。

多铎因为攻城的清军遭到很大伤亡，心里十分恼恨，竟灭绝人性地下令屠杀扬州百姓。这场惨无人道的大屠杀延续了十天才结束。几十万扬州百姓死于屠刀之下，历史上把这件惨案称作"扬州十屠"。

扬州失守后不久，清军轻而易举攻占了南京。南明弘光政权宣告灭亡。

第九章　大明王朝的世俗百态

"结发夫妻"因她而起

在离婚率日益攀高的今天，人们很是羡慕那些牵手到老的"结发夫妻"。那么，你知道"结发夫妻"的说法是因何而来的吗……

有些老年夫妇喜欢说："我们是结发夫妻。"这句话含有一种强烈的幸福和满足，让人羡慕，人们也就肯定地知道他是她从第一次结婚以来唯一的丈夫，她是他从结婚以来唯一的妻子，这在几十年人生漫长的旅途中，是多么不容易啊！

那么，这样的夫妻为什么叫"结发夫妻"呢？

据说这种说法和明太祖朱元璋及其妻子马秀英有关。

马秀英（1332—1382），宿州（今安徽宿县）人，祖上曾是当地富豪。父亲马公，仗义好施，家业日贫。母亲郑媪，生下她不久后就去世了。

马公无子，视女儿为掌上明珠。马秀英自幼聪明，能诗会画，尤善史书，性格尤其倔强。按当时习俗，妇女全都缠足，马秀英坚决不缠，人称"马大脚"，这在当时要算是对封建礼教很大的反叛了。

长大后的马秀英，容貌秀丽，身材姣好。

而朱元璋呢，相传他从小患过天花而不死，留下了一副麻脸，加上他的下巴可能稍长，额骨稍凸，在当时人的印象里堪称奇丑无比。

不过，长相"雷人"的朱元璋桃花运却非常好，他长大后被马公家的女儿马秀英看中了。然而堂堂大户人家的小姐怎么能和他相配呢？马公自然不答应，但他又拗不过女儿的请求，最后便想了个鬼点子，让家人端来一盆清水，让女儿将长发放在水里划动，令朱元璋也将头伸进水里。然后说，若朱元璋的头发能和自己女儿的头发相接，就允许他们成亲。

这分明是在故意刁难。因为朱元璋从小就是个癞痢头，寸发不生。怎么会和马小姐的头发相接呢？

不过，奇怪的事情还真发生了。只见过了一会儿，马小姐的头发全粘在朱元璋的头上了。这下马员外无话可说，只好忍痛将女儿许配给了朱元璋。如果此说为真，那么马家这位小姐的眼光还真不错（一说马秀英是郭子兴的养女，由郭许配给朱元璋，此处姑不讨论）。

洪武元年（1368 年）正月，朱元璋登基称帝后，马秀英被封为皇后，成了“国母”“第一夫人”。朱元璋还把她比作唐太宗的长孙皇后，说：“家有良妻，犹国之良相。”马秀英听到后回答说：“陛下既不忘妾于贫贱，愿无忘群臣百姓于艰难。且妾安敢比长孙皇后，但愿陛下以尧舜为法耳！”

马皇后以皇后之尊留心政事，关心百姓，礼待臣下，这些言行举止，确实十分难得。史书记载，一日闲谈，马皇后问朱元璋，老百姓都安居乐业了吗？朱元璋说，这不是你所要问的。马皇后说，陛下是天下之父，妾为天下之母，子女的安危，做父母的可以不问吗？这是马皇后在劝朱元璋多关心百姓的疾苦，爱民如子。

马皇后善于学习借鉴。一次，她召集女史，问汉唐以来哪些皇后最贤，哪朝家法最正？女史们说赵宋王朝的皇后大多贤惠，家法最正。她就命女史集其家法贤行，念给自己听。有人认为宋朝为政过于仁厚，马皇后说：“过于仁厚，不犹愈于刻薄乎？吾子孙苟能以仁厚为本，至于三代不难矣。”

马皇后还不徇私谋利。她不仅自己不干涉朝政，还教育其他妃嫔不得干涉政事，甚至不让娘家人做官，以免外戚干政。洪武元年正月，朱元璋派人找到马皇后的亲族，打算赐予官职。但马皇后却制止说：“国家官爵当与贤能之士，妾家亲属未必有可用之才。且闻前世外戚之家多骄淫奢纵，不守法度，有致覆败者。陛下加恩妾族，厚其赐予，使得保

守足矣。"朱元璋只好作罢。有明一代得以避免后妃干政、外戚专权的祸乱，马皇后以身作则的榜样作用不可忽视。

马氏虽贵为皇后，但每天都亲自操办朱元璋的膳食，连皇子皇孙的饭食穿戴，她也亲自过问，无微不至。妃嫔等劝她这等下人能做的事，不必亲自操持，马皇后却说，亲自给丈夫料理饮食，从古到今，理所当然。且夫君性格暴烈，偶尔做的不可口了，你们什么人敢承担？只有我去做这件事，还可禁受。一次做的羹有点凉，引起朱元璋不满而发怒，拿起碗就向马皇后打去，幸亏马皇后反应快，急忙躲闪，但耳畔已被擦伤，更泼了一身羹污，但马皇后神情自若，换了衣服，重新做了热羹端给皇上，让朱元璋无话可说。这使妃嫔们深信马皇后说的不假，对她的德行也更加佩服。

最难得的是，马皇后还经常利用自己独特的身份，劝解朱元璋少杀或者不杀人。

据说有一年元宵节，朱元璋化装外出，夹杂在人群中观灯，见一灯上写着："女子肩并肩，乘风荡舟去，忽然少一人，却向岸边往。"谜底是"好双大脚"。朱元璋认为是讽刺马皇后的，大发雷霆，要严惩"刁民"，如查不出具体人，全城百姓一律遭殃。

马皇后听说后急忙劝解，说妾是大脚，自己不嫌，陛下不嫌，别人纵然是嫌，又有什么相干呢？陛下不是说幸亏妾脚大，才能背出陛下逃出死地吗？何况天子为民之父母，子女们随便说自己的父母，并没有伤害父母之心，做父母的怎能大怒不止，要置子女于死地呢？一席话说得朱元璋怒火全消，遂收回成命，使百姓免去了一场灾害。

朱元璋登基后，为强化封建专制统治，用法庭、监狱、特务和酷刑震慑臣僚和儒士，诛除异己。马皇后对此很是不满，屡加劝谏："陛下于人才固能各随其短长而用之，然犹宣赦小过以全其人。"朱元璋在前殿因朝政发火震怒回宫后，马皇后经常加以规劝："虽帝性严，然为缓刑戮者数矣。"

侍讲学士宋濂致仕还乡后，因孙子宋慎卷进胡惟庸案受牵连，被逮到京师判处死刑。马皇后想起宋濂教太子读书的功劳，向朱元璋求情，遭到拒绝。到吃饭时，马皇后闷闷不乐，不饮酒，不吃肉，朱元璋问其中缘故。她回答说，妾哀痛宋学士之刑，想代儿子为老师服"心丧"。朱元璋很不高兴，扔下筷子就走，但第二天还是下令赦免了宋濂，改判谪戍茂州（辖境相当今四川北川、汶川及茂县等地）。

洪武十五年（1382年），马皇后病重，朱元璋和大臣们四处为她求良医，马皇后自知难以痊愈，坚决不肯。她对朱元璋说："生死有命，祷祀何益？世有良医，亦不能起死回生，倘服药不效，罪及医生，转增妾过。"朱元璋叹息不已，继问马皇后有无遗言。马皇后呜咽道："妾与陛下起布衣，赖陛下神圣，得为国母，志愿已足，尚有何言？不过妾死后，只愿陛下求贤纳谏，有始有终，愿子孙个个贤能，臣民安居乐业，江山万年不朽。"言毕溘然长逝，享年五十一岁。朱元璋和宫人均恸哭失声，百官无不落泪。

综观马皇后的一生，她用心料理好家中、宫中事务，营造家庭和睦的局面，构建政界宽松的环境，无论对朱明王朝还是对朱元璋的家庭都作出了极大贡献，赢得了丈夫的尊敬与爱护。生前朱元璋将她比作历史上的贤后——长孙皇后，为她父母起坟立庙；死后，朱元璋不再册立皇后，表示对她的敬重和怀念。《明史》赞扬马皇后："母仪天下，慈德昭彰。"可以说，她当之无愧。

正是由于朱元璋和马秀英夫妻恩爱，白头到老。此后，人们就称赞这样的夫妻为"结发夫妻。"

明初大规模移民背后的"凶险"传说

在中国民间一直有一种说法，那就是中国人中有很大一部分人的祖先是来自山西洪洞大槐树。这种说法有根据吗……

记得曾经有一首叫《中国娃》的歌曲很是流行，其歌词还被纳入北京市小学三年级教材。歌词的前两句是：

姓啥从那百家姓里查，

祖籍在那黄土高坡大槐树底下。

读到这里，很多人都很纳闷，我们的祖籍怎么会在"黄土高坡大槐树底下"呢？而且，在我国的河北、河南、江苏、安徽、福建等地区至今还广为传颂着这样一首民谣：

问我祖先在何处，

山西洪洞大槐树。

祖先故居叫什么，

大槐树上老鸹窝。

实际上，上述《中国娃》的歌词和民谣记录了一件真实的事情。那就是从明朝洪武元年（1368年）到永乐十五年（1417）前后，明朝政府在山西进行了历时五十年、人数达到数十万、迁出面积达到当时我国一半以上国土面积的大规模强制性移民。这次移民是有史料记载以来中国历史上规模最大、时间最长、范围最广、意义最深远的一次大移民事件。由于当时朝廷是把这些移民都集中在洪洞县古大槐树下，进行登记注册后强制带走的，所以绝大部分移民后裔都把前辈出发的最后之地洪洞作为外迁之前的祖籍，将这棵大槐树作为祖籍的标志。人们也因此把这次迁徙俗称为"山西大槐树迁徙"。

关于当时迁徙的原因和情景，在民间有着各种各样绘声绘色的传说。

相传明太祖朱元璋在建立明朝的过程中，一个得力而勇猛的大将胡大海为他出生入死，立下了汗马功劳，因此，在开国大典后，朱元璋要论功行赏，就问胡大海想要什么，结果胡大海竟然恶狠狠地要求杀光河南的百姓。

原来，胡大海在参加朱元璋的部队之前，早年在河南林县一带讨过饭。因为他长得面貌丑陋、性格粗鲁，人见人怕，没有人敢把饭菜施舍给他，于是他就和河南人结下了仇恨。后来他参加了朱元璋的部队，得势后便发誓要去河南报仇雪恨。朱元璋不愿意他杀人过多，但又考虑到胡大海的赫赫战功，就允许他杀一箭之地。即可以在河南界内射一支箭，他可以杀尽这支箭射出范围内的人。不料，胡大海在用箭测量杀人范围时，一箭射在大雁屁股上，大雁因疼痛急飞千里，于是他就随着大雁一路杀去，几乎把河南、山东等地的人杀了个精光，后来朱元璋只好从当时地少人密的山西调拨人口过去。

人们还传说，当时官兵怕有人逃跑，就在移民们的小脚指上砍了一刀来识别身份，因此，移民后裔的小脚指甲都是复形的，也因此留下了"谁是古槐迁来人，脱履足趾验甲形"的话来。

把大便、小便，说成"解手"，在我国许多地方都是如此。那么，大小便同"解手"有什么关系呢？据说也是来自古大槐树下的移民。

原来，当时的移民是强制性的，人们难舍故土，就用各种方法反抗。因此，一路上逃跑的人很多。那些押解的官差为了防止移民逃跑，就在编队定员之后，把他们捆绑起来，才肯上路。先是大绑，即绑住两条胳膊，但这样行动起来很不方便。后来又改用小绑，即每人只绑一只胳膊，几十个人连在一条绳子上，相互牵连，谁也跑不掉。

这样一来，无论在行路当中，还是晚上歇息的时候，如果其中有人要大便或者小便，就得恳求押解的差人，给他们解开捆在胳臂上的绳子。最初时，移民们往往说："请大人把我的手解开，我要大便（或小便）"，后来说得多了，大家干脆就把这句话简化成"解手"。只要有人高声喊"解手"那就是他要大小便了。一路如此，天天如此，"解手"之声，此起彼伏，大家说顺了，就用得也习惯了。

到了目的地后，押解的官差给移民们松了绑，让他们在指定的地方定居下来，开始了新的生活，这时候，他们的手虽然解开了，大小便时也无须再先报告，更无须等人"解手"了，但由于路上的那段生活在他们的脑海里刻下了深深的烙印，因此他们仍然把大小便说成是"解手"。久而久之，"解手"就成了大小便的代名词。

这样的传说还有很多。

历史的经纬里，通常交织着神秘的丝线。然而，拂去这些民间传说扑朔迷离的浓雾，我们还是能看出明初大迁徙中那惨烈的真实。有人从《明史》《明太祖实录》《明成祖实录》等典籍中，从散乱的明代档案

里，索章摘句，缀辑编录，笺注出在明初近五十年的时间里，在洪洞大槐树下共移民十八次（洪武年间十次，永乐年间八次）。移民分别迁至京、冀、鲁、豫、皖、苏、鄂、陕、甘、宁等地。大迁徙触动了三晋百姓最敏感的神经，明朝统治者只得定出移民条律，按"四口之家留一，六口之家留二，八口之家留三"的比例迁移。历史学家吴晗先生在《朱元璋传》中这样写道："迁令初颁，民怨即沸，至于率吁众蹙。惧之以戒，胁之以劓刑。"这说明，当时的移民完全是在强权政治的胁迫下进行的。

六百多年过去了，山西大槐树迁徙的真实原因仍待考察，当年那棵古槐也早已作古。槐乡的后裔遍布全国二十多个省，四百多个县，有的还远在东南亚一些国家和地区。槐树之乡牵动着海内外华人的心。至今，每年4月1日至4月10日，洪洞当地的百姓还会举办"寻根祭祖节"，以方便海内外大槐树后裔前来寻根。

瞬间让人一丝不挂的明代"天启爆炸"

人畜、树木、砖石瞬间腾空而起，不知去向；千斤石狮被掷出数里外；居民们死伤无数，而死者皆赤身裸体，一丝不挂。这就是明代天启年间发生在北京的一场巨大的"灾变"……

明熹宗天启六年（1626年）五月初六，北京城的天空一大早就明亮如洗。上午九时左右，突然间，北京王恭厂一带传来一阵轰隆声，出现了一个特大的火球在空中滚动。天空中有丝状、潮状的五色乱云在四处横飞，有大而黑的蘑菇、灵芝状云柱直竖于城西南角，接着就发生了惊天动地的大爆炸，方圆二十三里之内，瞬间被夷为平地。

当时的《天变邸抄》（类似新闻报刊）这样描述事发时的情况："（当日）天色皎洁，忽有声如吼，从东北方渐至京城西南角，灰气涌起，屋宇动荡。须臾，大震一声，天崩地塌，昏黑如夜，万室平沉。东自顺城门大街（今宣武门内大街），北至刑部街（今西长安街），西及平则门（今阜成门）南，长三四里，周围二十三里，尽为齑粉，屋以数万计，人以万计。"

当时的皇帝明熹宗正在乾清宫吃早餐，突然地动殿摇，桌翻椅倒，明熹宗不顾九五之尊，起身冲出乾清宫直奔交泰殿。史书记载说，"内侍俱不及随，只一近侍掖之而行"，途中"建极殿槛鸳瓦飞堕"，正中近侍头部，脑浆迸裂倒地而亡。紫禁城中正修建大殿的工匠，因"震而下堕者两千人，俱成肉袋"。

皇帝的司礼太监刘若愚是这次大灾变的目击者之一，在他所著的《明宫史》一书中，详尽地记述了这场巨大灾变。据他记载，这天夜里，前门角楼出现"鬼火"，发出青色光芒，有好几百团之多，飘忽不定。不一会儿，鬼火合并成一个耀眼的大团。

有一些明朝时的书籍记载说，在事发之前，后宰门的火神庙中忽然传出音乐，一会儿声音细些，一会儿声音粗些。守门的内侍刚要进去查看，忽然有个大火球一样的东西腾空而起，迅即，东城发出震天的爆炸声，在爆炸中有许多人失踪。有一位新任总兵拜客，走到元宏寺大街，只听一声巨响，他和他的七个跟班，连人带马消失得无影无踪了。还有西会馆的熟师和学生一共三十六人，一声巨响之后，也没了踪迹。

还有另一些当时的书籍记载说，承恩街上有一八抬大轿正走着，巨响后，大轿被打坏扔在街上，轿中女客和八个抬轿的轿夫都不知去向。更奇怪的是，菜市口有个姓周的人，正同六个人说话。巨响之后，他的头颅突然飞去，尸体倒在地上，而他身边的六个人却安然无恙。爆炸之时，许多大树被连根拔起，掉落在远处，石驸马大街有一尊千斤重的大石狮子，几百人都推移不动，居然被一卷而起，落在十里外的顺成门外。猪马牛羊、鸡鸭狗鹅更是纷纷被卷入云霄，又从天空中落下。据说长安街一带，纷纷从天上落下许多人头来，德胜门一带落下的人的四肢最多。这一场碎尸雨，一直下了两个多小时。木头、石头、人头、人臂以及缺胳膊断腿的人、无头无脸的人，还有各种家禽的尸体，纷纷从天而降，真是骇人听闻。

更令人惊奇的是，当时一些书籍还记载说，这次遇难者，不论男女，

不论死活，也不管是在家中还是在路上，很多人衣服鞋帽尽被刮去，全都是赤身裸体，一丝不挂。有一篇时人的笔记记载着这么一件事：在元宏街上有一乘女轿经过，只听一声震响，轿顶被掀去，女客全身的衣服都被刮走，赤裸裸地仍旧坐在轿中，全身竟没有一丝伤处。他们的衣服都被吹到哪里去了呢？据说事后有人发现，衣服全都飘到了西山，挂在树梢上。而昌平县（今北京昌平区）校场落的衣服也堆成小山，其中器皿、衣服、首饰、银钱都有。

真是骇人听闻。

这次爆炸也与三千多年前发生在古印度的"死丘事件"、1908年6月30日发生在俄罗斯西伯利亚的"通古斯大爆炸"一起，并称为世界三大自然之谜。这次爆炸事件在明朝正史中也有详细的记载。《明史·五行志》记载说："天启六年五月戊申，王恭厂灾，地中霹雳声不绝，火药自焚，烟尘蔽空，自昼晦冥，凡四五里。"

从《明史》和其他相关书籍的描述中，可以想见当时爆炸的威力之大，以及造成的破坏程度之深。爆炸发生后的那些诸如"脱衣"之类的怪异现象至今无人能解释，但更加令人难以理解的是，当时的爆炸中心居然"不焚寸木，无焚烧之迹"。

这究竟是什么原因造成的呢？

有人认为是火药库爆炸所致，因为发生爆炸的王恭厂一带（大约在今北京西城区新文化街以南、象来街以北、闹市口南街以东、民族宫南街以西的永宁胡同与光彩胡同一带），自明代永乐年间起就是为工部制造、储存火药的火药库。有可能是火药库爆炸引起了这场灾难，后来又被记述者夸大了事实，所以出现了现在的面目。

有人认为是地震引起的，也有人认为是陨石坠落引起，或是由地震、火药及可燃气体静电爆炸同时作用。到了现代，又有人提出是因彗星闯入大气层在近地点爆炸造成的，但没有一个观点或说法使人完全信服，也无法解释这场爆炸中出现的低温无火、荡尽衣物的罕见特征。看来这个谜底的彻底解开还需要更多的时间。